1 무조건
팔리는
카피
단어장

COPY VOCABULARY 2000

무조건 팔리는 카피 단어장

20년 동안
베스트 상품 광고에 쓰인
카피 2000

간다 마사노리, 기누타 준이치 지음 | 이주희 옮김

📖 동양북스

어떤 글이든,
쓰다가 자꾸 막힌다면, 언제든 이 책을 열어보세요.
이 책에 있는 단어를 골라 사용하면,
다시 머릿속 생각들이 자유롭게 움직일 것입니다.

_간다 마사노리

'펜은 칼보다 강하다'

좋은 카피가 도저히 생각나지 않는다면 이 책을 펼쳐라

독자인 당신과 함께 그것을 증명해가는 것이 바로 이 책의 목적이다.

'카피라이팅'은 팔리지 않아서 바닥까지 내려간 자신감을, 어떤 것이든 팔 수 있다는 압도적인 자신감으로 바꾸는 기술이다. 그뿐 아니라, 그 어떤 사회문제도 해결할 수 있다.

하지만 사회문제보다 우선 발등에 떨어진 돈 문제부터 해결하고 싶다.

바쁜 직장인들이 매일매일 매출 목표 수치로 평가받고, 경쟁에 내몰리는 현실을 우리도 역시 통감하고 있다. 그래서,

당신의 업무 실적을 올려주기 위해서 카피라이팅의 이치를,

시간을 들여 가르쳐준다기보다는,

막힐 때마다 바로 옆에 두고 펼쳐보면서 구상할 수 있도록 도와주기로 했다.

다시 말해, 우리의 목표는 돈을 벌 수 있는 카피라이팅 기술을 해설하는 것이 아니라,

말하자면, 20년 이상 언어와 숫자를 다루면서 살았던 저자 간다 마사노리와 기누타 준이치가 당신이 글을 쓰다가 막혔을 때, 좋은 카피가 도저히 생각나지 않아 힘들어할 때, 바로 그때 필요한 단어를 골라서 쓸 수 있도록 도움을 주는 것이다.

'베테랑이 옆에 앉아서 카피 단어를 알려주는 것 같은 책'이라고 표현하면 약간 과장일지도 모르지만, 거짓말은 아닐 것이다.

지금 우리에게는 그런 책이 절실하다.

계속해서 카피 문장을 가르치고 있는 우리 입장에서는 만약 이런 카피 단어장이 있다면 방대한 시간을 절약할 수 있을 거라고 생각했다. 게다가 이 단어장을 우리의 클라이언트 측에 전달한다면, 그 기업의 현재 상품이나 서비스를 하나도 바꾸지 않는다고 해도 매출은 늘어날 것이기 때문에 더 바랄 것이 없을 것이다.

영업자부터 대통령까지, 누구나 '돈 버는 말의 기술'이 필요한 시대

이 책은 매출 목표 달성에 쫓기는 영업자나 마케터, 카피라이터만을 위한 책은 아니다.

세계적인 베스트셀러 작가인 다니엘 핑크가 조사한 바에 따르면, 직종과 상관없이 '타인을 설득하고, 영향을 끼치고, 납득시키는' 즉, 넓은 의미의 세일즈 업무에 근무 시간의 40%를 쓰고 있고, 이 비율은 나이가 많을수록 높아진다고 한다.

그러니까 자신이 세일즈와는 무관한 직업을 갖고 있다고 생각하는 사람들에게도 단어의 사용법을 마스터하는 일은 필수적이라는 말이다.

또한 정치 분야에서도 카피라이팅 기술은 결정타를 쥐고 있다. 2008년 미국 대통령 선거에서 오바마 진영은 웹사이트상의 신청 버튼의 카피를 '등록하다(Sign Up)'에서 '더 배운다(Learn More)'로 바꾸면서 구독자를 18% 더 획득했다.

또 2016년 미국 대통령 선거에서 트럼프 진영은 득표수 확보에 효과가 높은 단어를 가려내기 위해 광고 테스트를 56000패턴이나 실시했다.

사람의 마음을 움직이는 단어는 약 100년 동안 통신판매 비즈니스 분야에서 축적해온 광고

테스트의 실증 효과를 바탕으로 하고 있다. 디지털 혁명에 의해 그 효과를 측정하는 기술이 비약적으로 발전해 더 정교하고 치밀해지면서 성공 여부를 컨트롤하는 것도 더 쉬워졌다.

디지털이 지배하는 시대, 누구라도 만져볼 수 있는 '마법의 램프'가 있다면 그것은 바로 이미 우리가 일상에서 사용하고 있는 말의 힘을 최대한으로 이끌어내는 카피라이팅 기술이다.

사람의 마음을 움직이는 두 가지 요소

카피라이팅 기술은 디지털 시대를 맞아 수치를 파악하는 것이 쉬워져 바로 성과와 연결할 수 있게 되었지만, 아쉽게도 이 기술을 업무에서 활용하고 있는 사람은 매우 적다. 왜 그럴까? 그것은 카피라이팅의 세계가 심오하기 때문이다.

나는 약 25년 전, 외국계 기업의 대표로 일할 때, 매출 목표를 달성하지 못하면 해고될 상황에 처한 적이 있다. 그 위기를 모면하기 위해 카피라이팅 기술을 배우기 시작했다. 처음에는 이 기술은 어디까지나 테크닉이고, 세일즈나 프로모션 등의 영업 분야에서만 활용할 수 있을 줄 알았다. 하지만 성과를 올리려고 하다 보면, 모든 분야의 지식이 신기할 정도로 서로 연결되었다.

한번은 '간다 씨가 쓴 카피를 읽고 나서 우울증이 나았다'라는 연락이 와서, 임상심리사에게 그 이유를 물어봤더니 단어 사용법이 거의 심리 카운슬링과 같다는 말을 들었다.

이는 이미 노벨 경제학상을 수상한 행동경제학자들이 했던 이야기로 이를테면 '고객이 어떤 물건을 구입할 때는 합리성뿐 아니라 감정이 중요하다'라는 이야기인데, 이미 오래전부터 카피라이터들 사이에서는 상식이었다.

카피라이팅 기술을 배우기 시작하면, 이렇듯 생각보다 훨씬 방대한 자료의 산에 파묻혀서 지내야 하며, 광고 미디어의 급속한 변화 속도에 맞춰 진화에 진화를 거듭해야 한다. 이것은 꽤 복잡한 과정이다. 마치 구도자의 길을 걷는 것과 비슷하다.

또 상품의 매출 수치가 바로 나오기 때문에 많은 마케터가 바로 매출과 직결될 수 있는 카피를 쓰는 데만 매달렸다. '팔리는 단어'만 손에 넣으면 일을 잘한 것처럼 느껴져서 굳이 그 상품의 본질을 파헤쳐가며 생각하지 않아도 되었던 것이다. 그 결과, '단어'보다, 아니 어쩌면 그 이상으로 '중요한 요소'를 놓치고 만 것이다. 그것은 무엇일까?

바로 카피 문장의 '구성'이다. 카피 단어를 중시하면 '무엇을 어떻게 말할까?'가 중요한 기준이지만 구성을 중시하면 '무엇을 어떤 순서로 말할까?'가 중요한 기준점이다.

이 두 가지 기준점을 생각하면 사람의 마음을 움직이는 문장의 최소 단위는 바로 이것이다.

$$구성 \times 단어 = 반응률$$

이 두 가지 요소가 씨실과 날실처럼 엮여서 판매하는 상품을 알기 쉽게 카피로 만들 때, 이에 딱 맞는 '고객'이 모이게 된다.

그러면 다시 한 번 지금 손에 든 이 책을 살펴보자.

그렇다, 씨실인 '구성'과 날실인 '단어'로 이 책은 이루어져 있다. 그래서 '이 책을 컴퓨터 옆에 놓아두고, 필요할 때마다 참고할 수 있는' 것이다.

'PASONA'로 배우는 문장의 구성 법칙

독자들이 바로 사용할 수 있도록 구체적으로 설명하겠다.
　사람의 마음을 움직이는 '문장의 구성'은 전형적으로 다음의 순서를 취한다.

Problem 문제	고객이 안고 있는 '고통'을 명확히 짚는다.
Affinity 친근	판매자가 고객의 '고통'을 이해하고, 그것을 해결할 기술을 가지고 있다는 메시지를 전달한다.
Solution 해결	그 '고통'의 근본 원인을 밝히며, '해결'로 가는 접근법을 소개한다.
Offer 제안	해결책을 쉽게 받아들일 수 있도록, 구체적인 상품·서비스를 '제안'한다.
Narrow 범위 좁히기	상품을 구입한 이후 만족할 것 같은 타깃 고객의 범위를 '좁힌다'.
Action 행동	'고통'을 해결하기 위해 구체적 '행동'을 하라고 설득한다.

앞 글자를 따서 이 구성 법칙을 'PASONA 법칙'이라 부르고 있다.

내가 마케팅 컨설턴트로 활동하기 시작했을 때, 클라이언트가 쓴 카피를 수정해준 이후, 갑자기 매출이 몇 배나 뛴 적이 종종 있었다. 그것은 물론 팔리는 카피 단어를 사용했기 때문인데, 카피 문장을 뺄 때 이 구성 법칙에 충실했다는 점이 키포인트다.

그렇다면 이 법칙을 구체적으로는 어떻게 활용하면 좋을까?

예를 들어 설명해보겠다.

만약 지금 당신에게 이 책의 판매 카피를 써보라고 했다고 치자.

초보자는 '무엇을', '어떻게' 이야기하면 팔릴지, 잘 모르기 때문에 우선은 알고 있는 상품 정보를 열거하게 된다. 보통 이런 식이다.

> '희대의 마케팅 카피라이터가 성과에 쫓기는 모든 직장인에게 알려준다. 팔리는 카피 문장 2000개를 엄선. 인생 100세 시대를 풍요롭게 살기 위한 필수 실용서, 드디어 발간!'

이 문장은 형용사로 화려하게 꾸며져 있지만, 요컨대 '대단한 베테랑이 쓴 책이니까 틀림없다. 카피라이터를 꿈꾼다면 우선 이 책부터 읽어보세요'라는 내용이다.

결국, '나 대단하지?'라고 말하고 있을 뿐이다.

이것은 첫 데이트에서 '나 대단하지?'라는 말을 늘어놓는 것과 다름없기 때문에, 애프터 신청은 당연히 없다.

그러면 이제 머릿속에 PASONA 법칙을 떠올리며 생각해보자. 우선 고객, 즉 독자의 '고통'이 무엇일지에 대해 생각해야 한다. 그러면 자신의 관점이 아닌 독자의 관점으로 자연스럽게 사고의 전환을 하게 된다.

그러면…

'구체적인 숫자로 자신의 실적을 올려서 보여줘야 한다는 강렬한 압박(P)을 받고 있는, 지금까지 업무 성과가 별로 좋지 않았던 사람(A)이, 이 책을 설렁설렁 훑어본 이후 10분 만에 베껴 쓴 카피로, 자기 눈을 의심할 정도로 판매량을 올릴 수 있었던 비결은 엄선된 2000개 카피 문장 × 검증받은 구성 패턴(S)이다. 베테랑 카피라이터가 자신의 노하우를 독자들에게 알려주려고 편집한, 이 세상에서 널리 쓰이고 있는 카피의 축적 파일(O)을 드디어 공개한다.

카피가 잘 안 나와 고민하는 사람, 판매 실적이 저조한 사람(N)에게 따라 쓰기만 해도 팔리는 기쁨을 선사한다. 이 책에 나온 카피를 써도 팔리지 않는다면 평생, 팔리지 않는다. 인생 100세 시대를 풍요롭게 살아가기 위한 바이블을 당신의 손에(A).'

이렇게 되면 카피는,

Before '**PASONA 법칙**' 활용 전

희대의 마케팅 카피라이터가 성과를 내야 하는 모든 직장인에게 보내는 팔리는 카피 문장 2000.

After '**PASONA 법칙**' 활용 후

인생 100세 시대를 풍요롭게 살기 위한 바이블 — 카피 문장 2000 × 검증된 구성 패턴으로 판매에 약한 사람도 판매의 달인으로.

이렇게 바꾸면 시점이 크게 달라졌다는 것을 알 수 있을 것이다.

참고로, 이 머리말의 구성도 역시

P 사회문제보다 우선은 발등에 떨어진 돈 문제부터 해결하고 싶다.
A 당신이 매출 목표 달성 때문에 언제나 바쁘고, 쫓기듯 생활하고 있다는 걸 아주 잘 알고 있다.

S 우리의 목표는 '마치 베테랑이 바로 옆에 앉아서 노하우를 알려주는 것 같은 책'이 되는
   것이다.
O 구성 × 단어 = 반응률
N 이 책에 등장하는 카피라이팅 기술이 세계의 온갖 문제를 해결할 수 있다고 생각한다.
A 부디, 이 책을 읽고 응용해봐라.

이와 같이 PASONA 법칙을 써먹었다는 것을 알 수 있을 것이다.

물론, 이것은 기본형이다. 말해줘야 할 정보를 검색하고, 판매에 필요한 본질이 뭔지를 파악
하고 있다면, 각각의 요소는 순서를 바꿔도 된다.
예를 들면, 스마트폰을 보면서 구입을 검토 중인 고객에게 전달하기 위해서는

S '엄선된 카피 문장 2000 × 팔리는 형태 활용'과 같은 이 책의 유니크함을, 범위를 좁힌 고
   객을 대상으로 노출하는 것이 좋고, 또한
O 이미 알려져 있는 브랜드나 상품이라면, 할인을 먼저 시작하는 것이 좋을 것이다.

실제로, 이 머리말의 서두에 나오는,
'카피라이팅은 팔리지 않아서 바닥까지 내려간 자신감을, 어떤 것이든 팔 수 있다는 압도적
인 자신감으로 바꾸는 기술이다'라는 문장은
타깃 고객의 이익, 즉 해결(S)에 대해 일찌감치 언급하고 있다는 것을 알 수 있다.

한편, 텔레비전 광고와 같이 전파력이 높은 경우에는 고객이 안고 있는 고통에 대한 깊은 이
해를 15초의 스토리에 응축해서 제공하고, 그것에 공감(A)하는 듯한 연예인을 기용한다.

이렇게 원리 원칙을 알아두면 경험을 쌓아가면서 자유자재로 응용할 수 있는 것이다.

사람의 마음을 파고드는 단어의 놀라운 힘

'PASONA 법칙'에 따라 카피의 초안을 쓰기 시작하면, 상품은 이미 팔릴 준비가 빠르게 끝난다. 왜냐하면 고객이 구매를 결정할 때, 반드시 알아야 할 요소가 누락되거나 중복되지 않고 순서 대로 도출되기 때문이다.

그 본질은

① 타인의 '고통'(Problem)을
② 자신의 '가치'(Offer)로
③ '해소'(Solution)한다

이것이 'PASONA 법칙'으로부터 도출되는, 카피라이팅의 핵심 메시지이다.

당신은 업무 시에 활용할 수 있다는 점 때문에 이 책을 골랐을지도 모르겠다.
하지만 PASONA 법칙은 정보의 흐름을 읽는 사람의 시점에서 정리할 수 있기 때문에, 웹사이트의 레이아웃 구성, 졸업 논문이나 각본 등등, 모든 글쓰기에 활용할 수 있다.

나아가 타인의 고통을, 사회의 고통으로 바꿔도 그대로 사용할 수 있기 때문에, 사회적 난제의 해결을 제안하는 문서에 활용한다면, 당신의 타고난 '가치'와 '재능'을 저절로 이끌어낼 수 있다.

그래서, 이 글의 제목을 '펜은 칼보다 강하다'라고 정한 것이다.

고백하자면, 이 책의 저자인 두 사람 모두 처음에는 먹고살기 위해서 이 기술을 배우기 시작했다. 하지만 판매 성과가 나오기 시작하면서, 단어의 힘으로 이렇게 다이렉트하게 다른 사람의 마음을 움직일 수 있다면 어떤 사회적 난제도 해결할 수 있겠다는 생각이 들었고 큰 충격을 받아 더욱 몰두하게 되었다.

이 책을 선택한 독자 중에는 우리처럼 단어의 힘을 자각하여, 장차 우리와 같은 프로젝트를 함께할 인연도 있을 거라 생각한다.

그런 인연과 만날 날을 기대하고 있겠다.
그전에 우선 이 책에 나오는 돈 버는 단어의 힘을 사용하여, 눈앞의 업무에서 성과를 올려주었으면 한다.

한발 먼저 태어나 이 카피 기술을 배운 덕분에
당신에게 그 힘을 전수하게 된 것을 진심으로 영광으로 생각한다.

간다 마사노리

Problem

문제를 제기하는 카피

파는 것은 매우 자랑스런 행위다.
왜냐하면 그 본질은……,
자신의 '재능'을 유용하게 쓰면서,
타인의 '문제'를 해결하는 것이기 때문이다.

문제 발견의 달인, 카피라이터

파는 것은 매우 자랑스러운 행위다.

왜냐하면 그 본질은……,

자신의 '재능'을 유용하게 쓰면서, **타인의 '문제'를 해결하는 것**이기 때문이다.

그래서 '돈 버는 문장의 달인'의 필수 툴인 'PASONA 법칙'은

'문제(Problem)'를 생각하는 것부터 시작해야 한다.

예를 들어 당신이 업무 효율화에 도움이 되는 IT 서비스의

웹사이트용 카피를 지금부터 써야 한다고 상상해보자.

고객이 안고 있는 '문제'를 어떻게 말로 풀 것인가.

'저출산 고령화가 심각해지고, 인재 채용난으로 고민이 많은 현재…'
'4차 산업혁명에 따라가지 못하는 사장의 특징은?'
'일하는 방식을 개혁하지 못하는 회사의 치명적인 실수…'

여기서 밑줄 친 단어를 사용한다면, 완전히 NG다.
이 단어를 보자마자 읽는 사람은 이미 하품을 하고 있다.

돈 버는 카피라이터는 정치가나 경제 평론가가 아니다.

따라서 사회문제가 아니라 고객의 개인적인 큰 문제 — 즉 '고통'을 단어로 만들어야 한다.
이 점은 매우 중요하기 때문에 몇 번이나 반복하고 싶다.

초점을 맞춰야 할 것은 사회문제가 아니라,
개인의 '고통' '**고통**' '**고통**'이다.
그것을 끌어내기 위해서는 이런 질문을 해봐야 한다.

【열쇠가 되는 질문】

- 고객은 어떨 때에 고함을 지르고 싶을 정도로 분노를 느낄까?
- 어떤 것에 밤에도 잠 못 들 정도로 고민·불안을 느끼고 있을까?
- 그 '분노·고민·불안'을 느끼는 장면을 '오감'을 사용해 묘사한다면?

이런 질문에 대한 답을 생각한 후에,
앞서 언급한 업무 효율화에 도움을 주는 IT 서비스의 카피를 써보면 어떻게 될까?

'저출산 고령화가 심각해지고 인재 채용난으로 고민이 많은 현재…'
➜ 어라? 응모 제로? 정말로 채용 공고는 냈는가?

'4차 산업혁명에 따라가지 못하는 사장의 특징은?'
→ 젊은 IT 엔지니어들이 뭐 때문에 회사 뒷담화를 하는지 알고 있나요?

'일하는 방식을 개혁하지 못하는 회사의 치명적인 실수…'
→ '일을 억지로 시키는 게 아니라 알아서 하게 만드는 방식'으로 바꾸고 있습니까?

위와 같이 타인의 고통을 깊이 생각해보고 그것에서부터 발상을 한다면 훨씬 고객이 공감하는 단어를 사용할 수 있게 된다.

"그런데 우리가 판매하는 상품은 '고민 해결'이 아니라, '만족이나 쾌락'을 제공하고 있는 거라서 이 논리에는 해당되지 않는데요."

이렇게 반론하는 독자도 있을 것이다.
확실히 패션이나 엔터테인먼트, 외식업체 등의 상품 카피를 빼면서 고객의 고통을 생각하기는 힘들지도 모르겠다.

하지만 표면적으로 그렇게 보이는 것일 뿐이지 않을까?

- 귀가 중인 지하철 안에서 패션 사이트에 흠뻑 빠져 있는 여성 회사원에게는
  직장에서 개성을 죽이고 있다는 '**고통**'이 있는 것은 아닐까?

- 아이돌에 빠진 프로그래머에게는,
  히키코모리에서 벗어날 수 없다는 '**고통**'이 있는 것은 아닐까?

- 맛집에서 우아하게 시간을 보내는 부부에게는
  평소에는 너무 바빠 매일 만날 시간이 없다는 '**고통**'이 있는 것은 아닐까?

이런 방식으로…

- 이것저것 걱정해서 나에게 말을 걸어주는 사람이나
- 자신조차 깨닫지 못했던 고통을 알려준 사람에게

읽는 사람은 마음을 열고, 귀를 기울이기 시작하는 것이다.

돈 버는 카피라이터의 조건은,
다른 사람의 고통을 깨닫기 위한 공감의 마음을 갖는 것이다.

타인의 고통을 자신의 고통으로 느끼게 되면,
지금까지 숨어 있던 문제를 드디어 언어화할 수 있게 되고,
해결을 위한 정확한 방법을 제시할 수 있게 된다.

역으로 말하자면, 매출을 올리기 위해서 '문제'를 발견하는 것이 아니라,
진정한 '문제'를 발견할 수 있어야 매출이 올라가는 것이다.

따라서 돈 버는 카피라이터는,
'**문제 발견의 달인**'이라고도 말할 수 있다.

또 지금 우리가 살고 있는 세계는 여러 가지 난제를 안고 있다.
만약 이런 세계의 문제를 카피의 힘으로 표현할 수 있다면,
불안에 떠는 세계를,
희망으로 넘치는 보물섬으로 바꿀 수 있을 것이다.

문제점 지적하기

상품이나 콘텐츠는 누군가의 '문제'를 해결하기 위해 존재한다. 그러므로 그 문제를 제기하는 것으로 읽는 사람의 주의를 끌 수 있다.

그 전에, 반드시 알아두어야 할 것은 읽는 사람이 그 문제에 얼마만큼 당사자 의식이 있는가에 따라 제시해야 할 정보가 바뀐다는 것이다. 다이어트를 예로 들어 설명해보겠다. '여름까지는 어떻게든 살을 빼고 싶다. 멋진 스타일로 해양 스포츠를 즐기고 싶다'고 생각하는 사람이 있다고 하자. 그런 사람에게는 '효과적으로 살을 빼는 이런 방법이 있어요'라고 권하면 될 일이다.

그런데 메타보(내장지방형 비만) 체형이지만 '살을 빼야 한다'는 목적의식이 낮은 사람이 있다고 치자. 그 사람에게는 방금 전과 똑같이 '효과적으로 살을 빼기 위해서는 이런 방법이 있어요'라고 이야기한다고 해도 아마 관심을 갖지 않을 것이다. 전자의 관심사는 '빨리 살을 빼는 방법에는 무엇이 있는가(what)'이기 때문에 그 방법을 알려주면 그만이다. 하지만 후자의 경우에는 먼저 '살이 찌기 쉬운 체질이라는 것을 자각하게 하고, 쉽게 살이 찌는 체질이 왜 문제인가(why)'를 알려주는 과정이 필요하다. 이렇게 읽는 사람의 의식이 어느 지점에 있는지에 따라 카피의 내용은 바뀌게 된다.

≫ 문제

다른 표현 고민, 리스크, 위험성

'문제'를 제시하여 흥미를 끌면 계속 읽을 가능성이 높다. 만약 그 문제의 '해결책'이 유니크하고 흥미를 끄는 것이라면, 해결책을 함께 제시해라. 더 관심을 갖게 될 것이다. 다만, 그 해답이 얼마든지 예상이 가능하고 평범한 것이라면, 그다음 문장은 읽지 않을 것이다. 그런 경우에는 문제 제시로 끝내는 것이 좋다.

0001	초등학교 학부모 모임에서 일어나기 쉬운 문제
0002	구글의 이노베이션 전략이 안고 있는 문제점 (포브스 재팬, 2019년 4월)
0003	사회 초년생들이 자주 겪는 문제

≫ 실수

다른 표현 대실수, 착각, 함정

실수만 심플하게 제시하는 패턴이다. 심플한 만큼 파워가 약하기 때문에 관심이 높은 다른 내용과 함께 쓰거나, 숫자를 넣거나, 또는 '대실수'라고 쓰면 더욱 강렬한 인상을 줄 수 있다.

0004	첫 데이트에서 흔히 하는 옷차림 실수는?
0005	'눈 수술은 대학병원에서'라는 큰 착각(프레지던트 온라인(일본의 비즈니스 격주간지-옮긴이), 2019년 8월)
0006	누구나 반드시 하게 되는 5가지 실수~그러니까 손님이 오지 않는다(『당신의 회사는 90일 만에 더 벌 수 있다(もっとあなたの会社が90日で儲かる!)』 간다 마사노리, 포레스트 출판, 2000) *국내 미출간

≫ 자주 하는 실수

누구나 실수는 하고 싶지 않기 때문에 읽는 사람의 흥미를 끌기 쉽다. '실수'라는 표현은 몇 가지 변형이 있는데, 이 표현들을 사용할 때의 공통 포인트는 실수하면 곤란해지는 내용을 제시하는 것이다. 실수를 해도 데미지가 없는 내용이라면 흥미를 끌기 어렵다.

다른 표현 전형적인 실수

0007	한국인이 영어 문장을 쓸 때 자주 하는 실수 5가지
0008	높임말을 쓸 때 자주 하는 전형적인 실수
0009	첫 데이트 장소를 고를 때 남성이 자주 하는 실수 7가지

≫ 실수투성이의

'실수투성이'이기 때문에 실수가 많은 내용이 아니면 사용할 수 없다. 실수가 두세 개뿐인데 '실수투성이'라는 말을 사용하면, 읽는 사람은 실망하게 된다.

다른 표현 거짓투성이, **에 속지 마라!

0010	실수투성이의 학원 선택. 다니기 전에 알아두어야 할 것
0011	마케팅 상식은 실수투성이(『저예산으로 우량 고객을 잡는 방법(小予算で優良顧客をつかむ方法)』 간다 마사노리, 다이아몬드사, 1998) *국내 미출간
0012	오해투성이의 이슬람교! 일본인은 왜 그렇게 이슬람에 대한 오해를 하게 되었을까?(다이아몬드 온라인, 2019년 8월)

≫ A만이 꼭 B는 아니다

B 자리에는 '가치'나 '목적'을 넣고, A 자리에는 '일반적으로 필요하다고 생각되는 내용'을 넣는다. 0013처럼 '교사의 일은 일반적으로 교과서 내용을 가르치는 것이라고 생각하기 쉽지만, 그것뿐만이 아니다'라고 지적하면서 관심을 모은다. 전반부가 복수일 경우에는 '만'이라는 단어는 뺀다.

다른 표현 B는 A뿐만이 아니다, A에는 B도 필요하다

0013	교과서에 나오는 것을 가르치는 것만이 교사의 일은 아니다
0014	고시엔(일본의 전국 고등학교 야구 대회-옮긴이)에 출전하는 것만이 고교생이 야구를 하는 목적은 아니다
0015	취업을 준비하는 모든 학생들에게. 수입을 얻는 것만이 일의 목적은 아니다

≫ 벽

앞길을 가로막는다는 뜻의 대표적인 단어는 벽이다. 비슷한 말로는 '허들'이 있다. 허들은 넘는 것이 어렵긴 하지만 '노력하면 넘을 수 있는 것'이라는 긍정적인 느낌이 있기 때문에 벽과는 뉘앙스가 조금 다르다.

다른 표현 곤란, 막힘 포인트, **는 여기가 한계

0016	스타트업 기업을 가로막는. 성장의 벽
0017	이직이 어려워지는 나이의 벽을 감안해서, 미리 해두어야 할 것
0018	원격 근무의 시대로 지방의 벽이 사라질까?

≫≫ 환상

좋다고 생각했던 것이 사실은 그렇지 않았다, 또는 실재하지 않는 '환상'이었다는 의미로 사용한다. 넌지시 '당신의 생각은 틀렸어요'라고 말하는 것이다.

다른 표현	망상, 착각, 오해 **는 현실적이지 않다
0019	'나 같은 게 성공할 수 있겠어'라는 오해
0020	위너가 될 수 있다는 환상(*한국어판 「화젯거리를 만들어라」 평림, 2003, 현재 절판)
0021	꿈과 현실 사이의 갭, 데릴사위라는 환상

≫≫ 거짓말

'사실이라고 생각했던 것이 실은 아니었다'라고 문제를 제기하는 것이기 때문에 주의를 끄는 힘은 강하다. 다만, '거짓말'이라는 어감은 부정적인 인상을 주기 때문에, 가벼운 주제보다는 심각한 문제에 대해 사용하는 경우가 많다.

다른 표현	**의 착각, **를 믿어서는 안 된다
0022	'크루즈로 관광 진흥'은 말도 안 되는 거짓말 (프레지던트 온라인, 2019년 8월)
0023	할랄 인증이라는 거짓말, 진짜 이슬람을 알게 되면 비즈니스 찬스가 보인다
0024	마케팅 상식의 11가지 거짓말

≫≫ 나쁜 습관

스스로도 나쁜 습관이라고 알고 있지만, 좀처럼 못 고치는 습관 한두 가지 정도는 누구나 갖고 있을 것이다. '그 습관이 나쁜 영향을 주고 있어요'라고 지적하게 되면, 자신의 라이프스타일도 그것에 해당하는 게 아닌지 확인하고 싶어진다.

다른 표현	악습관, 모르면 손해 보는 **
0025	20대의 피부에 나쁜 5가지 습관
0026	금세 방이 지저분해지는 사람의 나쁜 습관 15가지
0027	당신의 아이는 괜찮은가? 초등학교 졸업 전에 그만두게 해야 할 11가지 나쁜 습관

≫≫ 잘 안 되는 사람

0028이나 0029처럼 '잘하고 싶은 것(연애, 스피치)'을 앞부분에 제시하고, 그것이 잘 안 되는 이유는 무엇일까라고 묻는 패턴이 있다. 또한, 0030처럼 '보통은 잘 풀린다고 생각되는 조건'을 앞에 쓰고, 그런데도 왜 잘 풀리지 않을까라고 묻는 패턴도 있다.

다른 표현	**가 약한 사람, **가 어려운 사람, **하수
0028	연애가 잘 풀리지 않는 사람들의 사고 패턴
0029	잡담을 못하는 사람들의 최대 특징
0030	스펙 좋은 그 사람은 왜 회사에서 잘 안 풀릴까?

≫ 아쉬운(나쁜)

의미는 '부족하다, 결여되어 있다'라는 뜻으로, 무엇인가가 빠져 있어서 아깝거나, 기대와 다르다고 느끼는 상태이다. '실망' 같은 인간의 주관적인 감정이 포함되어 있다. 또는 '매우 나쁘다'는 뜻으로, 단순히 부정적인 느낌을 강조하는 뉘앙스로도 쓰인다.

다른 표현 기대와는 다른, 해서는 안 되는, 이런 ✱✱은 싫다

0031	수트를 입었을 때는 번듯한데, 평상복의 패션 센스가 아쉬운 20대 남성이 옷 고르는 법
0032	'에이스 직원이 그만두는' 나쁜 회사의 특징 (프레지던트 온라인. 2019년 1월)
0033	아쉬운 자산 운용. 그러니까 돈이 늘어나지 않는다

≫ 자주 생기는 트러블

'자주 생기는'이라는 말을 붙이면, '이런 트러블은 나만 겪는 것이 아니다'라고 공감을 불러일으킬 수 있다. 0036처럼 그다지 생길 것 같지 않은 트러블도 '혹시나 나한테도 생기면 번거롭고 귀찮다'라는 생각이 들 만한 화제라면 흥미를 끌 수 있다.

다른 표현 있을 법한 트러블, 해버리기 쉬운 ✱✱

0034	컴맹에게 자주 생기는 트러블에 가장 효과적인 해결책
0035	학원에 다니는 학생의 부모와 학교 선생님 사이에서 자주 생기는 트러블
0036	단독 주택 이웃 간에 자주 생기는 5가지 트러블

≫ NG

'해서는 안 되는', '아웃', '상식에서 벗어난'이라는 뉘앙스로 사용한다. 어감이 살짝 가벼운 인상을 주기 때문에 격식을 차리는 문장에서는 너무 튀지 않는지 살펴보자. 또한 '나도 해당되는 건 아닐까?'라고 확인하고 싶게 만드는 효과도 있다.

다른 표현 아웃, 해서는 안 되는, 이런 ✱✱하고 있지 않나요?

0037	'힘내'는 언제부터 NG 단어가 됐을까? (동양경제 온라인. 2019년 7월)
0038	반려견을 훈련할 때 절대 하면 안 되는 NG 행동 5가지
0039	옥션에서 절대 사면 안 되는 NG 상품

≫ 매년 어려워집니다

기술의 발달 등으로 매년 간단해지는 것도 있지만, 시대의 변화나 경쟁 등을 이유로 매년 어려워지는 것도 있다. 해마다 어려워지기 때문에 지금 해두는 게 이득이라고 생각하게 만드는 표현이다.

다른 표현 매일 어려워지는, ✱✱는 이제 무리?

0040	미용업계의 신규 고객 모집은 매년 어려워지고 있습니다
0041	간병인 구하기는 해마다 어려워지고 있습니다
0042	부동산 가격 폭등으로 내 집 마련이 매년 어려워지고 있습니다

⋙ 부끄러운 기억(망신)

다른 표현 대망신, 얼굴이 빨개지는, 기억하고 싶지 않은 **

사람들이 피하고 싶어 하는 것 중의 하나로, '망신을 당하는 것'을 꼽을 수 있다. 우선, 망신을 당할 것 같은 상황을 묘사하고 상상하게 만든 다음, 그 후에 구체적인 예를 드는 패턴이 일반적이다. 부끄러운 기억이 잘 생각나지 않는 상황보다는 떠올리기 쉬운 장면 몇 가지를 사용하면 흥미를 끌기 쉽다.

0043	참관 수업 때 망신을 당한 적은 없나요?
0044	프레젠테이션 자리에서 부끄러웠던 기억이 있는 사람에게
0045	부하 앞에서 망신당한 기억은 없습니까?

⋙ **에도 정도가 있다

다른 표현 정말이지 **하기 짝이 없다, 너무 **해서 **하다

이 표현은 부정적인 것과 긍정적인 것 양쪽 모두에서 사용할 수 있다. 부정적인 의미로 더 자주 사용하는데 '도가 넘친다', '적당히 해라'라는 뉘앙스다. 긍정적인 의미로는 '참을 수 없다'는 뉘앙스로 사용한다.

0046	귀찮음에도 정도가 있다. 패스워드에 글자 수 제한이 있는 이유(닛케이 엑스테크(日経 XTECH-일본경제신문의 자매지-옮긴이), 2018년 9월)
0047	빨리 먹는 것에도 정도가 있다. 급하게 먹으면 당뇨병에 걸린다?
0048	너무 귀여워서 참을 수 없는 사진. 한번 보면 중독되는 강아지의 자는 얼굴 모음

 알려지지 않은 카피라이팅의 역사

미국에서는 카피라이팅의 역사가 100년이 넘었다. 미국은 땅이 넓어서 집집마다 돌며 영업을 하는 것이 쉽지 않아서 주로, '세일즈 편지'를 사용했기 때문이다. 이 긴 세월 동안 세일즈 편지에 쓰인 단어 중 가장 반응이 좋았던 것을 추려서 '강력한 단어 사용법'을 만든 사람이 바로 존 케이플즈나 데이비드 오길비 같은 위대한 광고인들이다.

그에 비해 일본은 미국보다 훨씬 좁기 때문에 대면 세일즈가 충분히 가능했고, 긴 편지를 이용한 판매 방식이라는 거 자체가 별로 없었다.

그러다가 인터넷이 등장하면서 카피라이팅의 중요성이 가파르게 상승했다. 그리하여 1990년대 후반, 이 책의 저자인 간다 마사노리를 비롯한 광고인들이 미국의 카피라이팅 기법을 일본에 도입하고 그 방법을 퍼트리면서 일반인에게도 알려지게 되었다.

그러나 여전히 학교나 직장에서는 카피라이팅을 가르치지는 않는다. 그러므로 카피라이팅 기술은 아직도 일부 사람들만 알고 있는 희소가치 있는 스킬이라 말할 수 있다.

절박감 나타내기

누구나 방 청소를 해야겠다고 생각만 하면서 그대로 두거나, 정기 구독하는 신문을 다른 걸로 바꾸고 싶다고 생각만 하면서 그대로 방치한 적이 있을 것이다.

이렇게 큰 변화나 결과를 알 수 없는 경험을 피하고, 현재 상태를 유지하려고 하는 것은 사람의 본성 중하나이다.

분명 그만두고 싶어 하면서도 계속 하는 경우, 뭔가를 하려고 생각하면서도 행동은 하지 않는 경우, 이것은 '현재 상태가 유지되고 있'는 상태이다. 이때의 인간 심리를 행동경제학에서는 '현상 유지 편향'이라고 부른다. 우리가 카피를 써서 어떤 상품을 팔 때는 지금 하고 있는 것을 그만두고 새롭게 뭔가를 시작하도록 독려해야 하기 때문에 이런 본성을 이기는 전략을 써야 한다. 과연 어떤 방법을 써야 가장 효과적으로 변화를 일으킬 수 있을까? 그중에 하나가 바로 지금 소개하는 '절박함'이다. '절박함'은 '왠지 지금 하지 않으면 안 되는' 이유를 부여하기 때문에 효과가 있다. 다만, 이때 너무 과하게 절박감만을 강조하면 그냥 위기를 부채질할 뿐인 '무시무시한' 문장이 되기 때문에 균형 감각이 필요하다.

≫ 끝

다른 표현 마지막, 최후, 라스트, 파이널, 디엔드

'시대착오적'이라는 것을 직접적으로 표현하는 말이다. '그만두는 게 좋다'라는 뉘앙스도 포함하고 있다. 0049, 0050처럼 '끝이다'라고 단언하는 단정형과 0051처럼 '끝인가?'라고 질문을 던지는 의문형이 있다.

0049	집안 청소 고민 이제 끝
0050	검색할 때 '최저가순'으로 배열하는 것은 이제 끝
0051	구글 광고는 이제 끝?

≫ 종말

다른 표현 최후, **에 안녕

'끝'과 같은 뜻이지만, 어감상 '종말'이라는 단어가 훨씬 심각하고 뭔가 무게가 느껴진다. '이제 끝'이라는 표현은 한 시대가 끝나고 또 다른 새로운 시대가 열린다는 희망적인 뉘앙스를 풍기지만, '종말'의 경우에는 '앞이 보이지 않는', '큰일이 난 것 같은' 울림이 있다.

0052	육식의 종말
0053	해외여행의 종말
0054	결혼 생활의 종말, 비극인가, 희극인가.

≫ 요즘 누가?

알고 있는 무엇인가가 사실은 이미 구식이 되었음을 지적하고, 그다음에 최신 정보를 제공하여 흥미를 유발하는 표현이다. 동시에 그것을 알면 남들보다 한발 더 빨리 나아갈 수 있다는 메시지를 전달한다.

다른 표현 시대착오적, 한물간, 구형의, **의 이노베이션

0055 요즘 누가 차를 사죠? 자동차, 빌려 타도 충분하다!

0056 요즘 누가 종이 통장을 쓰나? 모바일 뱅킹 사용법은?

0057 요즘 누가 집에서 김치를 담가 먹나? 새로운 김장 문화는?

≫ 말로

마지막이 좋지 않은 경우를 표현할 때 사용해서 궁금증을 유발한다. 어감상 긴장감이 감돈다. 그래서 긍정적인 단어와는 함께 쓰지 않는다.

다른 표현 끝장, 최후, 장래, 앞날

0058 일단 상대를 깔보는 말투를 즐겨 쓰던 그 남자의 말로

0059 어느 억만장자의 슬픈 말로

0060 상사와 심하게 싸운 신입 사원의 말로

≫ 다가오다

미래에 일어날 어떤 문제가 점점 더 가까이 온다는 뜻의 카피다. 심각한 사회문제를 상기시킬 때 자주 쓰인다. 공포감을 조성하고, '선동하는 표현'에 가깝기 때문에 주의해서 사용해야 한다.

다른 표현 닥쳐오다, 가까워오다, 찾아오다, 몰려들다, 임박하다

0061 제2의 블랙 먼데이? 세계 공황이 다시 다가온다

0062 다가오는 신종 바이러스의 위협으로부터 내 몸을 지켜라

0063 '괜찮으니까 마지막으로 한 잔만 더?' 다가오는 지방간의 위험

≫ 어제의

이 단어는 '하루 전'이라는 의미가 아니라, '과거의'라는 뜻으로 쓰이는 경우가 많다. 따라서 '시대착오적인', '이제 구식'과 비슷한 용도로 사용할 수 있다.

다른 표현 과거의, 시대착오적인, 지나간

0064 당신이 알고 있는 메모리는 어제의 메모리입니다(애플)

0065 어제의 나에게 질 수 없다!

0066 회사 동료한테 '어제의 코디'라는 말을 듣지 않으려면 알아야 할 패션 센스

⋙ 이미 **가 아니다

'이전에는 그랬지만 지금은 더 이상 그렇게 안 한다'는 것을 나타내는 표현이다. 자신의 주장을 꽤 강력하게 표현할 수 있다. '시대가 변했다'는 것을 강조해서, 궁금증을 유발한다.

다른 표현 이제 **는 아니다, 지금은 **가 아니다, 더 이상 **가 아니다

0067　GAFA(구글, 아마존, 페이스북, 애플-옮긴이)는 이미 위협적인 기업이 아니다 (『임팩트 컴퍼니(インパクトカンパニー)』 간다 마사노리, PHP연구소, 2019) *국내 미출간

0068　똑똑한 것만으로는 더 이상 이길 수 없다! 리더에게 필요한 4가지 조건

0069　현대 여성들에게 결혼은 더 이상 목표가 아니다

⋙ 모르면 손해 보는

'지금부터 제공하는 정보는 유익하거나 이득이 되지만, 알 만한 사람은 알고 모르는 사람은 모른다'라는 의미를 포함하고 있다. 그다음에 나오는 내용이 독자에게 도움이 된다면 설득력이 강한 카피다.

다른 표현 **를 하지 않기(막기) 위해서 알아두고 싶은

0070　모르면 손해 보는 보험료 상식

0071　모르면 손해! 의료비의 '숨은 비법과 함정'(다이아몬드 온라인, 2011년 1월)

0072　힘들게 구입한 신축 주택. 모르면 크게 손해 보는 세금 공제 혜택

⋙ 알아둬야 할

'모르면 손해 보는'과 의미는 같다. 다만, '손해를 본다'라는 표현이 직접적이고 강한 인상을 주기 때문에, 그것을 피하고 싶을 때는 '알아두어야 할'을 사용하면 편하다. '알아두지 않으면 곤란'하다는 뉘앙스를 전달하는 카피다.

다른 표현 알아두고 싶은, 알고 있는 게 최고

0073　회사원이 알아둬야 할 110가지 기초 지식(IT 미디어, 2011년 10월)

0074　기업가가 지금 모르면 안 되는 것

0075　홈페이지를 제작하는 모든 웹 디자이너가 알아둬야 할 것

⋙ 모르면 망신

'알아둬야 할 것'을 역설적으로 말하는 표현으로, '알아둬야 할'보다 임팩트가 강하다. '망신'이라는 단어는 사회적인 위치나 자존심을 자극하기 때문에 읽는 이에게 매우 강하게 호소할 수 있다. 다만, 뒤에 오는 내용이 망신을 당하는 것이 아닌 경우에는 피하는 편이 좋다.

다른 표현 모른다고 넘어갈 수 없는, 해서는 안 되는

0076　모르면 망신당하는 장례식 매너

0077　첫 프레젠테이션을 앞둔 직장인 필독! 모르면 망신당하는 스피치의 기본 법칙

0078　모른다고 그냥 넘어갈 수 없는 차세대 PC의 성능!

≫ 재림

과거에 있었던 일이 지금 다시 일어날 때 사용하는 카피 단어로, 긍정적이거나 부정적인 내용 모두에 쓸 수 있다. 0079나 0080처럼 긍정적인 것에 사용하면 '두근거리는' 느낌을 나타내고, 0081처럼 부정적인 것에 쓰면 '불안감'을 표현한다.

다른 표현 복권, 재등장, **리턴즈, 돌아온 **

0079	루빅큐브의 재림? 요즘 아이들이 빠지는 이유는?
0080	활기 되찾은 지방 볼링장, 재림의 주역은 60대
0081	불경기의 재림을 알리는 몇 가지 징후들

≫ 리스크(위험한)

피하고 싶다는 느낌이 확 드는 단어 중 전형적인 것이 '리스크'나 '위험'이다. 위험을 알리는 문장은 문제를 알리는 것보다 훨씬 심각하게 들린다.
그러니 진짜 큰일이 아닌 경우에 사용했다 괜히 '양치기 소년' 같은 느낌을 줄 수 있으므로, 남용은 피하고 때와 장소에 맞게 사용할 것을 권한다.

다른 표현 위태로운, 위험, 모험, 도박, 아슬아슬한

0082	첫 만남에 꺼냈다가 인상을 망치는 위험한 한마디
0083	위험을 무릅쓰고 도전한 사람만이 맛볼 수 있는 최대의 쾌감
0084	가정폭력이 '묻지마 폭행'보다 더 위험한 3가지 이유

≫ 덫

덫(올가미)은 누군가가 의도적으로 장치해둔 것이다. 자신 이외의 다른 누군가가 덫을 놓았다는 것을 짐작하게 한다. 스스로 부정적인 상황에 빠지는 '함정'과 비슷한 의미로 사용될 때도 있다. '함정'은 어딘가로 떨어지는 이미지인 반면, '올가미'는 누군가의 의도에 걸려드는 이미지이다.

다른 표현 음모, 트랩, 책략

0085	실손액이 4억 엔! 과학자 뉴턴, 시세의 덫에 걸리다 (닛케이 비즈니스, 2019년 5월)
0086	회사를 그만두고 창업하는 사람 앞에 드리워진 사회보장제도의 덫
0087	투자신탁의 덫. 퇴직금의 절반을 날린 노부부의 실패 사례

≫ 함정

이 단어를 사용할 때는 현재는 긍정적인 상황이라는 것이 전제로 깔려 있어야 한다. 좋고, 긍정적이고 행복한 상황이 지속되고 있는데, 생각지도 못한 곳에 복병이 숨어 있다는 것을 암시하면서 주의를 끄는 카피다.

다른 표현 개미지옥, 걸려들다, 계략, 빠지다

0088	건강 · 힐링 비즈니스로 성공하는 비결과 함정
0089	SNS 인플루언서가 된 여성이 빠진 함정
0090	'이럴 리가 없는데!' 순조롭던 연애에 숨어 있던 함정

≫≫ 맹점(사각지대)

다른 표현 약점, **의 빠져나갈 구멍, 틈

'맹점'과 '사각지대' 모두 '놓치기 쉬운 중요 포인트'라는 의미로 비밀이나 비결과 비슷하다. 그런데 비밀이나 비결은 그 정보를 갖고 있는 사람만 알고 있다는 뜻이 강한 반면, '맹점·사각지대'는 알기 힘들 뿐이지, 듣고 나면 이미 예상하고 있었다는 느낌을 풍긴다는 점이 미묘하게 다르다.

0091 이제는 모바일 시대. 마케팅의 맹점이란?

0092 아파트 값은 왜 오르기만 할까? 부동산 정책의 맹점은?

0093 흡연율은 정말 떨어졌을까? 통계의 사각지대를 살펴보자!

≫≫ 한계

다른 표현 리미트, 한도, 극도

지금까지는 괜찮았지만, 앞으로는 그렇지 않다는 경고의 의미로 사용한다. '같은 방식으로 계속 하면 언젠가는 벽에 부딪힌다'라는 뜻이 내포돼 있다.

0094 인사 평가 시 성과주의의 한계

0095 페이스북, '실패 존중' 문화의 한계가 보였다(닛케이 엑스테크, 2019년 8월)

0096 콜센터 직원의 비통한 외침. '손님은 왕이다'의 한계

≫≫ 격차

다른 표현 갭, 불균등, 불균형, 차이, **푸어

원래의 의미는 '가격이나 자격, 등급 따위의 서로 다른 정도'(표준국어대사전-옮긴이)라는 뜻이지만, 좋은 것과 나쁜 것, 높은 것과 낮은 것의 차이를 나타내기 위해 사용할 때도 많다. 읽는 사람의 콤플렉스를 자극히여 주의를 환기하는 카피다.

0097 점점 심각해지는 '빈부 격차'의 현실

0098 연령대에 따라 점점 더 벌어지는 IT 격차

0099 학력 격차로 직결되는 초등학생의 방과 후 시간 사용법

≫≫ 적

다른 표현 라이벌, 적수, 방해, 과제, 상대, 대항마

경쟁 상대나 라이벌을 표현하는 말인데, 카피에서는 '방해하는 것'이나 '과제'와 같은 뉘앙스로 사용하는 경우가 많다. 짧은 글자 수를 선호하는 인터넷에서는 '**의 적'이라는 표현을 기억해두면 편리하다.

0100 소통의 부재는 팀워크의 최대 적

0101 간식은 다이어트의 적인가, 아군인가?

0102 일찍 자고 일찍 일어나기를 방해하는 최대의 적은 바로 이것

≫ 무서운

다른 표현 위험한, 공포, 위험, 리스크, **에 숨어 있는 것

상상 이상으로 문제가 심각하거나, 생각지 못한 문제점이 숨어 있다고 알려주는 카피다. '사실은 무서운'이라는 형태로 사용할 경우, 원래 별것 아니라고 생각했는데, 사실 큰 문제가 숨어 있었다는 의미를 잘 전달해 준다.

0103	디지털 혁명의 무서운 이야기
0104	멍청하고 화를 잘 내는 아이를 양산하는 '인터넷 의존'의 공포 (프레지던트 온라인. 2019년 9월)
0105	사실은 무서운 어깨 통증. 단순한 어깨 통증이라고 방치하면 엄청난 사태 발생

≫ ~해주지 않는(~할 수 없는)

다른 표현 모자라다, 부족하다, 없었다, 눈치채지 못한, 빠져 있는, ~가 없는

중요한 뭔가가 부족해서, 문제가 생길 수 있다고 경고하는 카피다. '그것이 부족하면 노력을 해도 잘 되지 않기 때문에 미리 꼭 알아둬야' 할 것 같은 절박감이 들게 만든다.

0106	교과서에서는 알려주지 않는 기본 상식
0107	대기업에서는 배울 수 없는 이노베이션 전략
0108	'자주 무시당하는 사람'은 도저히 할 수 없는 일

≫ 긴급

다른 표현 급함, 선착순, 시급, 임시

이 카피를 사용할 때 자주 하는 실수로, 판매자만 서두르고 있을 뿐, 고객에게는 별로 상관이 없는 경우가 있는데, 그런 경우 아무리 긴급하다고 말해도 고객의 마음을 움직일 수 없다. 그러므로 고객에게 이득이 있다는 내용을 꼭 넣어야 한다.

0109	회원들에게 긴급 공지. 지금 신청하면 30% 할인 가격 제공
0110	생계가 막막한 자영업자 대상, 긴급 지원금 신청하세요
0111	온라인 한정 긴급 세일!! 연말까지가 득템의 기회!

≫ 카운트다운

다른 표현 초읽기, 초읽기 단계, 눈앞, 곧 시작되는

어떤 결정적 사건을 향해 점점 시간이 줄어들고 있다는 것을 강조하는 표현이다. 카운트다운이라는 말을 듣는 것만으로도 왠지 가슴이 뛰고 들뜬 기분을 느끼게 된다.

0112	BTS 새 음원으로 컴백 카운트다운
0113	미국 대선 결과 카운트다운 돌입
0114	코로나 19 백신 개발 카운트다운이 시작됐다

욕망에 호소하기

인간의 욕구는 적극적으로는 '갖고 싶은 욕구'와 '잃고 싶지 않은 욕구', 이 두 가지로 집약된다.

'갖고 싶은 욕구': 돈을 벌고 싶다, 시간을 절약하고 싶다, 편하고 싶다, 쾌적하게 살고 싶다, 건강해지고 싶다, 인기인이 되고 싶다, 즐기고 싶다, 교양을 갖추고 싶다, 칭찬받고 싶다, 유행하는 스타일을 해보고 싶다, 호기심을 충족시키고 싶다, 식욕을 채우고 싶다, 아름다운 것을 소유하고 싶다, 파트너를 끌어당기는 매력을 갖고 싶다, 개성 있는 사람이 되고 싶다, 다른 사람과 어깨를 나란히 하고 싶다, 기회를 잡고 싶다

'잃고 싶지 않은 욕구': 비판받고 싶지 않다, 재산을 잃고 싶지 않다, 신체적 고통을 피하고 싶다, 평판을 떨어트리고 싶지 않다, 트러블을 피하고 싶다

(『Successful Direct Marketing Methods』 Bob Stone, Ron Jacobs, McGraw-Hill, 2007) *국내 미출간

이 두 가지 욕구 중에서는 '갖고 싶은 욕구'보다 '잃고 싶지 않은 욕구' 쪽이 더 강하다고 알려져 있다. 이것이 바로 그 유명한 '손실 회피 편향'이다. 그러므로 전기료가 한 달에 '만 원 더 저렴해요'라고 말하는 것보다 '만 원 손해 보고 있어요'라고 말해야 더 강력하게 상대방의 마음을 움직일 수 있다.

≫ 인기 있다

다른 표현 인기의, 인기 많은, 사랑받다, 유행하다, **붐

인간의 가장 기본적인 욕구 중 하나인 성적인 인기를 끈다는 뜻으로 사용할 수도 있지만, 많은 사람에게 인기를 끈다는 이미지를 살려 '인기가 있다', '인기를 끌다'라는 뉘앙스로 사용할 수도 있다.

0115	점점 인기가 늘고 있는 마케팅 비법
0116	'라쿤처럼' 안경을 닦는 남자는 인기 있다 (프레지던트 온라인, 2019년 8월)
0117	불친절하지만 웬일인지 인기 많은 라면집의 비밀

≫ 돈 버는

다른 표현 벌다, 흑자가 되다, 수입을 늘리다, 매출 상승

경제적으로 풍요로워지고 싶다는 욕구는 거의 모든 사람이 갖고 있다. 그래서 돈에 관련된 표현은 자주 쓰인다. 그러나 그런 만큼 신용이나 확실한 근거 없이 사용하면 '수상하다'거나 '미심쩍다'는 인상을 준다. 전체적인 톤에 주의하면서 사용하는 것이 포인트다.

0118	『돈이 되는 말의 법칙』 (간다 마사노리, 살림, 2016)
0119	앞으로는 대차대조표로 돈 벌어라!
0120	회사를 관두지 않고 '부업으로 월 10만 엔 이상 버는' 요령 (동양경제 온라인, 2019년 1월)

≫ 돈 벌 수 있는

다른 표현 벌다, 득이다, 수익화, 현금화

의미와 사용법 모두 '돈 버는'과 동일하지만, '돈을 벌 수 있다'라는 뉘앙스를 품고 있다. '돈 버는'이라는 카피가 주로 '업무 내용'에 초점을 맞춘다면, '돈 벌 수 있는'은 '가능성'이나 '기회'가 있다는 뜻으로 쓰인다. 전후 문장과의 궁합이나 어감으로 적절하게 가려 쓰면 된다.

0121	끝까지 파고들면, 아직 더 벌 수 있다
0122	돈 버는 어필리에이터는 이것이 다르다
0123	갖고만 있어도 돈 벌 수 있는 자격증은 뭘까?

≫ 돈벌이가 되다(돈이 벌린다)

다른 표현 경기가 좋다, 지갑이 두둑해지다, 이득을 보다

'돈 버는', '돈 벌 수 있는'이 스스로 노력해서 돈을 번다는 뉘앙스라면, '돈벌이가 되다'는 자동으로 돈이 벌린다는 뉘앙스를 풍긴다. 돈을 모은다는 점에서는 모두 동일하지만, 강한 욕구이기 때문에, 미묘한 차이의 변형이 여럿 존재한다.

0124	자는 동안에도 돈이 벌리는 시스템을 구축하라
0125	직원도 적고 매출도 적은데 확실히 돈이 벌리는 회사의 특징
0126	돈벌이가 되지 않는 상품을 포기하기만 해도 회사는 이렇게나 돈을 벌 수 있다

≫ 대박

다른 표현 횡재, 떼돈

'돈벌이가 되다'보다 더 강한 이미지로 들인 밑천이나 노력에 비해 엄청나게 많은 이득을 봤다는 뉘앙스이다. 격식을 차리는 상황에서는 피하는 것이 좋다.

0127	미공개 주식으로 대박. 한정된 기회는 어떻게 손에 넣는가?
0128	마권 사는 법을 바꾸면 대박도 꿈이 아니다
0129	이번 주말은 역대급 대박 찬스

≫ 부富

다른 표현 돈, 리치, 재산, 보물, 자산, 저축

'돈'이라고 하면 생생하지만 격이 없게 느껴지는 반면 '부'라는 표현을 쓰면 조금 고상한 느낌을 준다. 또한 토지나 주식, 부동산 등 '돈' 이외의 자산도 마찬가지다. 단어 자체가 '풍부(豐富)한'이라는 뉘앙스를 갖고 있다.

0130	부로 바뀌는 아이디어를 낳는 7가지 발상법
0131	미국에서 진행 중인 부의 집중 현상. 상위 3명의 자산이 국민 절반의 합계 이상(포브스 재팬. 2017년 11월)
0132	부와 명성을 손에 넣은 사람이 그다음으로 원하는 것

≫ 성공

성공이 무엇인지는 말하기 어렵지만, '잘 풀린다'는 의미로 생각하면 여러 가지 상황에서 사용할 수 있다. 이 단어를 사용한 표현의 앞뒤에서 구체적인 '성공 내용'을 금세 파악할 수 있도록 써야 한다. 그렇지 못하면 메시지 자체가 추상적이 되어 읽는 사람의 신뢰를 받기 어려워진다.

다른 표현	번영, 번성, 석세스, 영화를 누리다
0133	『비즈니스의 성공은 디자인이 좌우한다(ビジネスの成功はデザインだ)』(간다 마사노리, 매거진하우스, 2010) *국내 미출간
0134	『성공해서 불행해지는 사람들(成功して不幸になる人びと)』(존 오닐, 다이아몬드사, 2003) *원제는 『The Paradox of Success』(1993), 한국어판 제목은 『특별한 원칙』(홍익출판사, 2005)
0135	성공하는 리더의 공통된 4가지 특징(포브스 재팬, 2019년 6월)

≫ 즐거운

'즐긴다'라는 쾌감의 감정을 중시하는 사람에게 효과적인 단어다. 그래서 '돈을 벌고 싶다', '효과적으로 하고 싶다'처럼 다른 욕구가 강한 사람들에게는 와닿지 않을 수 있다. 카피를 읽는 대상이 누구냐에 따라 가려 써야 할 필요가 있다.

다른 표현	기쁜, 유쾌한, 행복, 해피
0136	지적 수다를 즐기는 사람들을 위한 모임
0137	나이 들수록 즐겁게 사는 사람들의 생활 습관
0138	아이의 공부 시간을 즐겁게 만드는 비법

≫ 이기다

경쟁에서 이긴다는 직접적인 의미 이외에도 엄격한 생존 경쟁에서 이겨 '살아남다'라는 뉘앙스로도 쓰인다. 경쟁 심리에 호소하는 카피라 할 수 있다.

다른 표현	쟁취하다, 승리하다, 거두다, 승리의 여신이 미소 짓다
0139	앞으로는 시대에 역행하는 것이 이긴다!
0140	'지식 경쟁'에서 이기기 위해서는 드러커를 읽고 있을 여유 따윈 없다(닛케이 비즈니스, 2019년 6월)
0141	아파트 청약 당첨에서 승리하려면 꼭 알아야 할 정보

≫ 지지 않는

'이기다'가 정공법이라면 '질 수 없다' 즉 '손해 보지 않는다'라는 카피는 갖고 있는 것을 빼앗기기 싫어하는 인간의 본능을 자극한다는 면에서 훨씬 더 호소력이 강하다. 또한 0144처럼 '부정적인 것으로부터 나를 지킨다'라는 뉘앙스로 사용하는 경우도 많다.

다른 표현	뒤지지 않는, 손해 보지 않는, 지키는, 자존심을 건
0142	더위에 지지 않는 여름 식사 메뉴 15가지
0143	주식으로 손해 보지 않기 위해 차트 읽는 법
0144	함부로 말하는 사람 앞에서 지지 않는 대화법

≫ 싸우다(전쟁)

다른 표현 맞서다, 막다, 도전하다, 챌린지, 전쟁

원래 전투를 표현하는 말이지만, 병 등 부정적인 것에 '맞서다, 막다'라는 의미로도 쓰인다.

0145 치주병 균과 싸우는 G·U·M(썬스타-일본의 제약회사-옮긴이)

0146 코로나19와 전쟁 중인 우리에게 가장 필요한 것은 면역력

0147 회사에서 일보다 인간관계로 전쟁을 치르는 사람이라면 꼭 알아야 할 상식

≫ 지키다

다른 표현 막다, ＊＊프루프, ＊＊를 용서하지 않는

안전에 대한 욕망은 인간의 기본적인 욕구 중 가장 대표적인 것이다. '내 몸을 지키고 싶다, 가족의 안전을 지키고 싶다'는 욕구를 자극하는 표현이다. 0150처럼 '지금의 상황을 바꾸고 싶지 않다'='현상을 유지하고 싶다'라는 감정에 호소하는 용도로도 쓰인다.

0148 시골의 귀찮은 인간관계로부터 나를 지키는 방법

0149 담배 연기로부터 아이의 폐를 지키기 위해 필요한 것

0150 자신의 페이스를 지키기 위한 업무 방식

≫ 대비하다

다른 표현 준비하다, 각오하다, 준비하다, 마련하다

이 카피도 역시 안전에 대한 욕망을 자극하는 표현이다. 앞으로 일어날 부정적인 사건에 대한 대책을 세워둔다는 의미로 쓰이는 것이 일반적이다. 0153처럼 긍정적인 것에 대해 '기대해 주세요'와 같은 문장으로 사용할 수도 있다.

0151 100세 인생 시대, 우리는 과연 대비할 수 있을까? (포브스 재팬, 2019년 1월)

0152 설마 했던 데이터 손실에 대비하는 효율적인 백업 방법

0153 잘 팔리는 카피라이팅, 'PASONA 법칙'이면 끝, 충격적 체험에 대비하라!

≫ 대책

다른 표현 방책, 사수, 안전망, ＊＊예방

미리 준비한다는 의미로, '대비하다'와 비슷하지만 상대적으로 더 중요한 사건이나 사태에 사용하는 경향이 있다. 또한 '대비하다'는 동사이고, '대책'은 명사이기 때문에 문장 내에서의 사용법도 다르다.

0154 상속세 대책, 빠르면 빠를수록 유리한 이유

0155 스팸 메일 대책이 순식간에 효과적으로 바뀌는 방법

0156 피부과에 물어봤다, '자외선 차단 대책'에 효과적인 식사법

≫ 준비

이 카피를 평범한 문장으로 사용했을 때는 효과가 떨어진다. 절박함이 없기 때문이다. '예방' 관련 상품이나 서비스는 일반적으로 팔기 어렵다는 것이 정설이다. 그러므로 '미래를 위해 지금 준비하지 않으면 안 되는 절박함'을 표현하거나, '준비했을 때 확실히 메리트가 있다'는 것을 강조해야 한다.

다른 표현 | 마련, 사전 교섭, 만일을 대비해

0157 | 30대, 지금 집 살 준비를 하지 않으면 안 되는 이유

0158 | 내 아이, 초등학교 입학하기 전에 꼭 준비해야 할 것

0159 | 10년 후를 준비하는 사람, 그렇지 않은 사람, 당신은 어느 쪽인가요?

≫ **하기 전에

단순히 시간의 흐름상 '~이전'을 말하는 것뿐 아니라, '잘하기 위해서, 실패하지 않기 위해서, 미리 준비해둔다'라는 의미까지 포함해서 사용하는 경우가 많다.

다른 표현 | 앞서, **해도 되도록, **를 예견한

0160 | 문장을 쓰기 전에 체크해야 할 '2가지 요소'

0161 | 하와이 여행 전에 알아두어야 할 현지에서 자주 생기는 트러블 10가지

0162 | 프로 골퍼가 라운딩 전에 꼭 하는 하반신 트레이닝

≫ 사고 싶다

우리가 '어떤 물건을 사고 싶다'고 생각할 때 꼭 그 물건이 없으면 생활에 지장이 생기기 때문은 아닐 것이다. 단지 그 물건이 갖고 싶고, 소장하고 싶은 마음이 있을 수 있는데, 이것이 바로 소유욕이다. 이 카피는 소비자의 소유욕, 구매욕을 있는 그대로 드러내는 표현이다.

다른 표현 | 갖고 싶다, 손에 넣고 싶다

0163 | 보너스 3달치를 합쳐서라도 사고 싶은 손목시계

0164 | 한번은 사보고 싶은 기차역 도시락 베스트 10

0165 | 크리스마스 선물로 사고 싶은 예쁘고 편리한 굿즈

≫ 놓칠 수 없는

'손해 보고 싶지 않다'라는 욕구를 겨냥하는 카피다. '자칫 잘못하면 기회를 놓칠 수 있다'는 것을 은근히 내비친다. 텔레비전 프로그램이나 일반 상품뿐 아니라 눈에 보이지 않는 가치, 존재하고 있지만 지나치기 쉬운 정보 등의 넓은 의미로 사용할 수 있다.

다른 표현 | 눈을 뗄 수 없는, 잊고 싶지 않은, 깜빡할 수 없는

0166 | 연말정산 시 당신이 놓치면 안 되는 몇 가지 사실

0167 | 이번 겨울 놓칠 수 없는 고성능 다운 재킷

0168 | 유럽 여행에서 절대로 놓칠 수 없는 미술관 전시

≫ 실패하지 않는

다른 표현 실수하지 않는, 틀리지 않는

인간의 본능은 싫은 것으로부터 도망치고 싶은 욕망 쪽이 훨씬 더 강하다. 이 '손실 회피 편향' 때문에 더 강하게 어필할 수 있는 카피다. 다만, '실패할지도 모른다'는 생각을 전혀 하지 않는 사람에게는 '성공하는 **' 쪽이 훨씬 먹힌다는 것을 알아둬야 한다.

0169 퇴직금 운용자는 필독! 실패하지 않는 자산 운용법

0170 실패하지 않는 소셜 미디어 마케팅 가이드

0171 실패하지 않는 공부 비법

≫ 후회하지 않는

다른 표현 후회 없는, 분하지 않은

기본적으로는 '실패하지 않는'과 같은 맥락의 카피다. 그런데 좀 더 자세히 들여다보면, '실패'는 '일이 잘 안 됐다는 사실'을 가리키는 것이고, '후회'는 '잘 되지 않은 것을 유감스럽다고 생각하는 감정'에 초점을 맞추고 있다. 문장의 성격에 맞게 골라서 사용하면 된다.

0172 후회하지 않는 자동차 선택 기준

0173 팔 때 후회하지 않으려면 꼭 알아야 할 아파트 구입법

0174 사회에 나왔을 때 후회하지 않는 대학을 선택하려면?

≫ 탈脫

다른 표현 스톱**, **로부터의 도주

'탈(脫)'은 '탈출하다, 빠져나가다'라는 의미이기 때문에 싫은 것으로부터 도망친다는 것을 매우 짧게 표현할 수 있다. 짧은 문장으로 의미를 전달해야 하는 카피라이팅의 세계인 만큼 편리하고 효과적으로 사용할 수 있다.

0175 탈원전 시대, 뜨는 비즈니스는?

0176 직장인의 70%가 겪는다는 번아웃 증후군 탈출법

0177 탈중국을 검토 중인 IT 기업들, 대안은?

≫ 안녕

다른 표현 굿바이, 작별

'탈'과 같은 뉘앙스지만, '탈'이 스스로 벗어난다는 느낌이라면, '안녕'은 문제를 갖고 있는 쪽이 사라진다는 느낌이 강하다. 또한 '탈'보다 '안녕'의 뉘앙스가 더 부드럽다.

0178 프록시 작업은 안녕(Proxy Workflow RIP)(애플)

0179 불면증과 굿바이하는 가장 확실한 방법

0180 생리통 걱정, 이젠 안녕~

질문 던지기

제목이 질문 형식인 카피를 자주 볼 것이다. 그런 제목에는 두 가지 효과가 있다.

1. 계속 읽게 만든다

질문을 받으면 우리 뇌는 그 답을 찾으려고 한다. 예를 들어 제목에서 '왜 **인가?'라고 물으면, 저절로 '**이니까'라는 설명이 듣고 싶어져서, 그다음 문장을 읽게 된다.

2. 이후에 어떠한 행동을 촉구하는 효과가 있다

행동경제학에서는 이를 '프라이밍 효과(priming effect)'라고 하는데, 여기서 '프라임(prime)'이란 '선행 자극'을 말한다. 먼저 어떤 자극을 받았을 때, 그것이 이후의 행동에 영향을 미친다는 것이다. 예를 들어 '앞으로 6개월 안에 차를 새로 구입할 예정인가요?'라는 질문을 받으면, 구매율이 35% 오른다거나, '이번 선거에서 투표하러 갈 예정인가요?'라는 질문을 받으면 투표율이 오르는 현상도 여기에 해당된다(『넛지』 리처드 H. 탈러, 캐스 R. 선스타인, 리더스북, 2018).

이 카피의 포인트는 문장 끝에 '?'를 붙이는 것이다. 물음표의 유무에 따라 계속 읽힐 확률은 매우 달라진다.

≫ 란?

제목으로 쓰기에 가장 기본적이고 사용하기 쉬워서 자주 눈에 띄는 표현이다. 그만큼 '**란?'의 '**'의 부분에는 반드시 흥미를 끄는 내용이 들어가야 한다.

다른 표현 **의 점의, **를 생각하다, **란 무엇인가?

0181	새로운 화폐의 등장, 비트코인이란?
0182	자금 확보 수단으로 강력한 효과를 자랑하는 '크라우드 펀딩'이란?
0183	프랑스의 아름다운 5개 도시 여행. 파리에는 없는 매력이란? (일본경제신문, 2019년 9월)

≫ 왜 **는 **일까?

'**란?'과 더불어 매우 자주 쓰는 카피 중 하나이다. 먼저 수수께끼를 낸 다음, 이어지는 문장에서 답을 말해주는 것이다. '란?'과 마찬가지로 궁금한 단어를 넣어줘야 한다. 읽는 사람이 정말로 궁금해하는 주제가 뭔지, 흥미진진한 이야깃거리가 뭔지 잘 파악해서 문장을 만드는 것이 포인트이다.

다른 표현 어째서 **는 **인가?, **가 **인 이유

0184	『동네 철물점은 왜 망하지 않을까?』 (야마다 신야, 랜덤하우스코리아, 2005)
0185	왜 고급 프렌치 레스토랑의 메뉴는 유난히 길까? (프레지던트 온라인, 2019년 9월)
0186	왜 스포츠 선수는 포르쉐가 아니라 페라리를 타고 싶어 할까?

≫ 어째서 **일까?

다른 표현 **의 이유(원인), **가 **인 까닭

'왜 **는 **일까?'와 같은 패턴이지만 '왜'보다 '어째서'의 사용 빈도수가 적기 때문에 흔하다는 느낌이 덜하다. 다만, 약간 더 구어체의 느낌을 풍기기 때문에 가볍거나 부드럽다는 인상을 줄 수 있다.

0187 어째서 그 사람은 하는 일마다 잘 풀릴까?

0188 어째서 스마트폰이 세상을 평정하게 되었나?

0189 컬러 사진? 어째서 흑백 사진이 컬러로 보일까?
(뉴스위크 일본판, 2019년 8월)

≫ 어떻게

다른 표현 하우 투 **, 어찌하면, 어찌하여

'어떻게' 한 건지 그 방법에 대한 궁금증을 유발하는 표현이다. '노하우'나 '수단'이 중요한 경우에 사용하면 좋다.

0190 도저히 회생 불가능했던 그 회사는 어떻게 다시 부활했을까?

0191 어떻게 하면 기억력을 향상시킬 수 있을까?

0192 어떻게 하면 단기간에 성적을 올릴 수 있을까?

≫ 왜 어떤 사람은 **할 수 있을까?

다른 표현 왜 한정된 사람만이 **할 수 있을까?

'왜 **는 **일까?'와 비슷한 것처럼 보이지만, 이 표현은 '당신 이외의 어떤 다른 사람들은 이미 잘 되는 방법을 알고 있으니, 그 비결을 공개하겠다'라는 뉘앙스를 전달할 수 있다.

0193 왜 일부의 사람들은 페이스북 광고로 효과를 올리는가?

0194 왜 어떤 사람은 주식으로 큰돈을 벌고 있을까?

0195 왜 어떤 사람들은 자기 전에 간식을 먹어도 살이 찌지 않을까?

≫ 왜 어떤 사람은 **하지 못할까?

다른 표현 왜 일부 사람은 **할 수 없을까?

'왜 어떤 사람은 **할 수 있을까?'의 역 버전이다. 할 수 없는 것에 초점을 맞춰서, 어떤 '원인'을 지적하는 표현이다. 은근히 '당신만 못하는 게 아니다'라는 뉘앙스도 포함되어 있다.

0196 왜 어떤 한국인은 술을 전혀 못 마실까?

0197 왜 어떤 사람들은 아침에 일찍 일어나지 못할까?

0198 왜 어떤 사람은 변화를 극도로 싫어할까?

≫ **할 때 흔히 하는 실수는?

이 카피의 포인트는 '흔히'와 '실수'이다.
'흔히'라는 단어를 보면 혹시 나에게 해당되는 것인지가 궁금해진다. 그런데 실수라는 단어와 함께 쓰니까 궁금증이 더 커진다. 이 카피의 다음 문장에서 그 실수의 사례를 들어주면 된다.

다른 표현 누구나 하기 쉬운 실수, 자칫 잘못하면 **하기 쉬운

0199	존댓말을 쓸 때 누구나 흔히 하는 실수는?
0200	첫 만남에서 한국인이 가장 많이 하는 실수는?
0201	미용실을 선택할 때 흔히 하는 실수는?

≫ 가장 흔한 **증상은?

'흔히 하는 실수'와 마찬가지인데 '가장 흔한'이라고 강조해서 더욱 궁금하게 만드는 카피다. 바로 뒤따라오는 문장에서 해결책을 제시하면 된다. 병의 증상뿐만 아니라, 기계의 고장 등에 대해서도 사용할 수 있다.

다른 표현 **에 짐작 가는 일은 없나요?, 이런 증상이 나타나지 않았나요?

0202	모르고 지나칠 수 있는 가장 흔한 당뇨병 증상은?
0203	방치하면 큰 병 되는 목 디스크의 가장 흔한 전조 증상은?
0204	반려견이 아플 때 보이는 가장 흔한 전조 증상은?

≫ 공통적인 행동의 징후는?

어떤 상황 혹은 질병 등등에서 공통적으로 나타나는 징후를 미리 알려준다는 것이 포인트이다. 사람은 본능적으로 문제 해결보다는 예방에 소홀하기 때문에, 예를 든 것처럼 '퇴사', '이별', '치매' 등 구체적인 상황을 드러내는 단어와 함께 사용해야 효과적이다.

다른 표현 공통적인 행동 패턴은?, **징조가 없었나요?

0205	이별을 결심한 연인이 보이는 공통적인 행동 패턴은?
0206	퇴사를 결심한 직장인의 공통적인 행동 징후는?
0207	치매 걸린 사람이 보이는 공통적인 행동 징후는?

≫ 어느 쪽?

이 표현의 장점은 몇 가지의 가능성을 제시해서 읽는 사람이 고를 수 있게 한다는 점이다. 게다가 '어느 쪽?'이라는 질문을 받으면, 왠지 답을 고르고 싶어진다.

다른 표현 어느 것, ** or **, 좋아하는 **

0208	거절당했을 때 4가지 반응, 당신은 어느 쪽?
0209	부자의 마인드, 빈자의 마인드, 당신은 어느 쪽?
0210	자주 생기는 5가지 피부 트러블 – 당신은 다음 중 어느 쪽?

≫ 어떤 타입?

의문형으로 묻고, 선택하게 한다. 0211이나 0213처럼 사람을 몇 가지의 카테고리로 분류하거나, 0212처럼 '자신이 어디에 해당하는지'를 확인하고 싶게 만드는 용도로 쓸 수 있다.

다른 표현 무슨 타입?, **의 *분류(패턴)

0211 나쁜 일이 생겼을 때의 반응. 당신은 어떤 타입?

0212 이번 감기는 어떤 타입? 코, 목, 기침 타입별 대처법

0213 부동산, 주식, 펀드? 타입별로 추천하는 재테크 노하우

≫ 무슨 족(파)?

'타입'과 같은 뉘앙스이지만, '타입'이 자연스런 느낌인 것에 반해, '족'은 자신의 의사로 선택한 것이라는 의미가 포함되어 있다. 소속감을 주는 단어이므로 여기 해당되는 사람의 마음을 끌 수 있다. 선호도나 자존심, 정체성으로도 해석할 수 있다.

다른 표현 당신은 무슨 스타일?, *파? *파?

0214 신용카드족이라면 꼭 알아야 할 포인트 팁

0215 2030 영끌족이 늘고 있다

0216 찍먹파 vs. 부먹파? 탕수육은 어떻게 먹는 게 더 맛있을까?

≫ 무엇이 문제인가?

언뜻 틀리지 않은 것처럼 보이는 것에 대해 사용하면 효과를 발휘할 수 있다. 읽는 사람이 모르는 새로운 정보를 제공한다는 목적으로 쓰인다. 단순히 알려주는 것이 아니라 질문을 하면서 흥미를 불러일으킨다는 것이 포인트다.

다른 표현 뭐가 잘못됐나?, **의 진실

0217 피케티의 이론, 무엇이 문제인가?

0218 한국의 공교육, 어디서부터 무엇이 잘못됐나?

0219 낙태죄, 무엇이 문제인가?

≫ **하고 있습니까?

'**하고 있습니까?'의 '**'에 들어가는 내용이 뒤에 오는 질문 덕분에 기억에 남기 쉽다. 0220처럼 상품명을 바로 넣어도 강한 임팩트를 주지만, 관심 있는 화제로 흥미를 끌고 난 다음에 상품을 소개하는 것도 좋다.

다른 표현 **했습니까??

0220 세콤 하고 있습니까?(세콤)

0221 부모님이 80세 이상으로 건강하신가요? 그렇다면 상속세 대책은 세우고 있습니까?

0222 초봄 자외선 대책은 준비하고 있습니까? 방심하면 바로 생기는 기미, 주근깨

≫≫ 준비하셨나요?

'새 차를 구매할 예정이십니까?'라고 질문하는 것만으로 신차의 구매율이 35% 상승했다는 사례가 실제로 있다(『넛지』). 단순히 질문하는 것처럼 보이지만, 이후 행동을 유도하는 이른바 '프라이밍 효과'를 기대할 수 있는 카피다.

다른 표현 구입하겠습니까?, 구입을 검토 중인 분께, 살 건가요?

0223 아내의 크리스마스 선물, 준비하셨나요?

0224 1년 동안 고생한 나 자신에게 주는 생일 선물, 준비하셨나요?

0225 부모님을 위한 명절 선물, 준비하셨나요?

≫≫ 알고 계신가요?

이 표현은 두 가지 효과를 기대해볼 수 있다. 한 가지는 모르고 있을 듯한 정보를 제공하여 흥미를 끄는 효과. 그리고 또 한 가지는 굳이 알고 있는 것을 다시 한 번 물어보면서 그 행동을 유도하는 효과이다.

다른 표현 알고 있습니까?, 알고 있었습니까?

0226 알고 계신가요? 미세먼지에 대해

0227 프로바이오틱스의 효능, 알고 계신가요?

0228 건강보조식품 부작용, 알고 계신가요?

≫≫ 갖고 싶지 않나요?

욕망에 호소하면서도 질문을 던지면서 여운을 남기는 카피다. 정말 갖고 싶어 하는 마음에 직접적으로 와 닿는 내용으로 구성해야 효과가 있다.

다른 표현 갖고 싶지 않습니까?, 갖고 싶지 않으세요?

0229 10대 시절처럼 탱탱한 피부, 갖고 싶지 않나요?

0230 나만의 캠핑 카, 갖고 싶지 않나요?

0231 예쁜 테라스가 있는 집, 갖고 싶지 않나요?

≫≫ **할 예정인가요?

'준비하셨나요?'와 마찬가지로, 질문을 통해 행동을 유도하는 표현의 대표적인 예이다. '투표하러 갈 예정인가요?'라고 묻는 것만으로 투표율이 높아진다는 사례도 있다(『넛지』).

다른 표현 **할 생각인가요?, **의 예정은 있습니까?

0232 이번 선거에 투표할 예정인가요?

0233 당신은 보고 싶은 영화가 있을 때 누구랑 볼 생각인가요?

0234 올 연말연시에 해외여행을 갈 예정인가요?

⟫⟫ 만약 **라면 어떻게 하시겠습니까?

'당신이라면 어떻게 하시겠습니까?'라는 질문을 받으면 누구나 '나라면 어떻게 할까?'라고 생각하게 된다. 특히 '이런'이라는 단어와 함께 쓰면 더 흥미롭게 느껴진다. 그다음에 오는 문장에서 구체적인 예를 들어주면 된다. '내 일처럼 생각하게 만드는 것'이 키포인트인 이 카피는 광고에서 자주 등장한다.

다른 표현	만약 **라면 어떻게 하시겠습니까?
0235	만약 당신의 결혼식에서 이런 일이 생긴다면 어떻게 하시겠습니까?
0236	만약 상사에게 심하게 지적을 당한다면 어떻게 하시겠습니까?
0237	당신의 가족이 만약 이런 일을 당했다면 어떻게 하시겠습니까?

⟫⟫ **할 수 있나요?

YES/NO로 대답하기 쉬운 질문이기 때문에, 'NO' 또는 '모른다'라는 답변이 나온다는 전제가 깔려 있어야 그다음 내용을 제시할 수 있다. '네, 가능합니다'라는 답변이 나오게 카피 문장을 쓰면 당연히 설득력이 떨어진다. 약간 도발적인 뉘앙스의 카피로 '당신은 못한다'라는 뜻이 내포돼 있다.

다른 표현	가능합니까?, 할 수 있습니까?
0238	많은 사람들 앞에서 떨지 않고 말할 수 있나요?
0239	60세 이후, 당신은 일하지 않아도 걱정 없이 살 수 있습니까?
0240	싫은 사람의 부탁, 어색하지 않게 잘 거절할 수 있습니까?

⟫⟫ 잊으신 건 없나요?

재촉이나 확인을 할 때 위화감이 적은 표현이다. 0241처럼 제목이나 표제어로 사용할 수도 있다. 내용에 흥미를 갖게 만든다.

다른 표현	잊고 있지는 않나요?, 잊지는 않으셨죠?, **를 확인해주세요
0241	'잊으신 건 없나요?'(이메일 등의 제목으로 사용)
0242	자동차 오일 교환, 잊고 있지는 않나요?
0243	의료비 공제 신청, 잊지는 않으셨죠?

⟫⟫ 어떻게 될까?

미래를 전망하는 표현이다. 간단하고 기본적인 표현이지만, '앞으로의 상황을 궁금해하는' 사람에게는 흥미를 끌 수 있다.

다른 표현	어떻게 달라질까?, ** 대예측!, **의 행방에 다가가다?
0244	비트코인의 운명, 앞으로 어떻게 될까?
0245	내년 수도권 부동산 시장, 어떻게 달라질까?
0246	은행이 망하면 내 예금은 어떻게 될까?

궁금하게 만들기

'호기심'은 인간이 갖고 있는 가장 강한 욕구 중의 하나다. 앞으로 소개할 표현은 사람이 갖고 있는 호기심을 자극하는 카피들이다.

예를 들어, '그 사람이 결혼하지 못하는 이유', '왜 꼭 금요일 밤에만 일이 생길까?' 등과 같은 문장을 보면, '정말 왜 그럴까?'라는 생각이 들면서 다음 이야기도 계속 읽어 싶어진다. 이런 카피를 사용할 때는 정말 호기심을 끄는 주제인지를 잘 생각해야 한다. '호기심'이라는 단어의 사전적인 뜻은 '새롭고 신기한 것을 좋아하거나 모르는 것을 알고 싶어 하는 마음'이다. 다시 말하면 우리에게 이미 흔한 사물이나 잘 알고 있는 상식 같은 것은 호기심의 대상이 되기 어렵다는 것이다.

예를 들어, '앞치마가 하얀 이유'라는 제목은 '더러움이 눈에 띄어 위생 상태가 한눈에 들어오기 때문이겠지'라고 바로 짐작이 가능하기 때문에 호기심을 자극하기 어렵다. 그런데 같은 흰색이라도 '흰색 비행기가 많은 이유'라는 제목을 붙인다면 흥미를 갖는 사람이 늘어날 것이다. 혹은 앞치마를 소재로 쓰더라도 '앞치마가 하얀 "의외의" 이유'라고 약간의 변형을 가미해서 제목을 붙인다면 읽는 사람의 입장에서는 '혹시 내가 모르고 있는 사실이 있을지도 몰라' 하고 호기심이 생기게 된다. 그러므로 카피를 쓴 다음에 '이 카피가 정말 호기심을 불러일으킬 수 있을까?'라는 기준으로 다시 한 번 체크해보기를 바란다.

≫ 이유

다른 표현 이론, 근거, 까닭, 연유

'**의 이유'라고 표현하면, 그 이유가 궁금해진다. 간단한 표현이라 누구나 사용할 수 있기 때문에 어디서나 자주 볼 수 있는 카피다. 하지만 기본적인 표현이기 때문에 그만큼 평범해지기 쉽다. '그 이유의 내용'을 잘 생각해내는 것이 키포인트다.

0247	비오는 날 허리 통증이 더 심해지는 이유
0248	아이폰으로 갈아타는 이유(애플)
0249	불황에도 장사 잘되는 국숫집. 그럴 만한 이유

≫ 사정

다른 표현 원인, 까닭, 속사정, **와 **의 인과관계

'이유'와 같은 의미인데, 격식을 차리는 문장이라면 '이유'가 더 잘 어울린다. 하지만 약간 캐주얼한 느낌을 내고 싶거나, '숨겨진 진짜 이유'라는 뉘앙스로 사용할 때에는 '사정' 쪽이 딱 맞는 경우가 많다.

0250	스마트 스피커가 일본 시장에서 실패한 속사정
0251	성실한 사람일수록 돈이 모이지 않는 까닭
0252	그녀가 신혼여행에서 돌아오자마자 이혼한 속사정

⋙ 의미(의의)

다른 표현 가치, 본질, 핵심, 배경

'이유, 사정'과 비슷하지만, 이유나 사정이 배경에 무게를 두고 있다면, '의미, 의의'는 가치 그 자체에 무게를 두는 뉘앙스를 풍긴다.

0253	인공지능 스피커 도입이 의미하는 것
0254	모든 형태에는 의미가 있다(애플)
0255	아파트 고층에 출몰하는 바퀴벌레, 그 의미는?

⋙ 해야 할 이유

다른 표현 해야만 하는 이유, 왜 **하지 않으면 안 되는가

누구나 '**이니까 **해야 한다!'라는 말은 듣기 싫어한다. 그것이 아무리 기본적이고 옳은 말일지라도 직접적으로 명령을 받으면 상대방은 방어 본능이 발동하여 거절할 가능성이 높아진다. '해야 할 이유'라는 카피는 읽는 사람이 스스로 판단할 수 있도록 여지를 남겨서 센 느낌을 부드럽게 만들어준다.

0256	대출을 받아서라도 고등학생이 해외 유학을 가야 하는 이유
0257	굳이 새해 계획을 세우지 않아도 되는 이유
0258	정년퇴직까지 기다리지 않고, 회사를 그만둬야 할 7가지 이유

⋙ 실패하는 이유

다른 표현 잘 되지 않는 이유, 왜 **하는 것이 좋은가

'실패를 두려워 말라', '실패에서 배우다'라는 말이 있듯이 실패는 절대로 부정적인 측면만 있는 것은 아니지만, 피할 수 있다면 피하고 싶은 것이 인간의 본성이다. 그러므로 실패하는 이유를 미리 알려주는 카피는 솔깃하게 들린다. 이 카피를 쓸 경우에는 다음에 오는 문장에 반드시 실패하는 이유가 들어 있어야 한다.

0259	디지털 시대에 고객 모집이 실패하는 2가지 이유
0260	연애를 이론으로만 배운 사람이 실패하는 정확한 이유
0261	집에서 햄버그스테이크를 만들 때 실패하기 쉬운 이유

⋙ 진짜

다른 표현 진정한, 리얼한, **의 속내

이 단어는 우리가 일반적으로 알고 있는 상식이나 어떤 사실의 이면에 또 다른 진실이 있을지도 모른다는 느낌을 풍기는 데는 최적이다. 적재적소에 잘 사용하면 호기심을 불러일으킬 수 있다.

0262	밀레니얼 세대가 부동산 투자에 빠진 진짜 이유
0263	모두가 잊고 있는 '학교 숙제'의 진짜 목적(프레지던트 온라인. 2019년 9월)
0264	요즘 초등학생이 취미 학원에 다니는 진짜 이유

≫ 진짜 이유

열심히 노력하고 있는데 성과가 오르지 않는다, 대책도 세우고 있는데 잘 되지 않는다. 이럴 때 '진짜 이유'를 알려준다고 하면 지금 '내가 알고 있는 것 말고 다른 중요한 뭔가가 있다'고 생각하기 마련이다. 중요한 정보를 놓치고 싶지 않은 마음을 공략하는 카피다.

다른 표현 진짜 내막, 사실은 **가 **였다!

0265 1억 연봉임에도 가계가 적자인 진짜 이유

0266 당신의 연애가 잘 풀리지 않는 진짜 이유와 3가지 해결책

0267 매출이 떨어진 진짜 이유는 따로 있었다

≫ 사실은 대단한

'별거 아니라고 생각한 뭔가가 알고 보면 굉장한 것'이라는 의외성을 강조하면서 정보를 제공하는 카피다. 일반적으로 알려져 있지 않은 비밀이 있다는 것을 은근히 암시하면서 호기심을 자극하는 것이다.

다른 표현 실은 대단한, **재고, 재평가

0268 사실은 대단한 하루 한 시간 걷기의 효과

0269 단 6분이지만 사실은 대단한 국민건강체조의 위력

0270 디지털 네이티브 세대에게 알려주고 싶은 사실은 대단한 손글씨의 힘

≫ 근원

'어떤 일이 일어난 근본적인 원인이 뭘까'에 대해 궁금하게 만들면서 주의를 환기시키는 카피다. 많은 사람들 혹은 대부분의 사람들이 근본적인 원인이라고 지목한 것이라면 효과는 더욱 커진다.

다른 표현 뿌리, **의 고향

0271 만병의 근원, 스트레스가 비만의 원인?

0272 많은 창작자들이 공통적으로 말하는 발상의 근원은?

0273 외모가 별로인데도 당당한 그 사람, 자신감의 근원은 뭘까?

≫ 이렇게

'이렇게'라는 말을 들으면 '어떻게?'라고 그 이유가 궁금해진다. '이것, 저것, 그것, 어느 것'이란 말에는 모두 동일한 효과가 있다. 이 카피는 '도대체 어떤 일이 있었기에 일이 잘 풀렸지?' 하는 궁금증이 일게 만든다.

다른 표현 이렇게 해서, 이리하여

0274 심혈을 기울인 수프는 이렇게 완성된다. 24시간 밀착 취재

0275 나는 한국에 살면서 이렇게 중국어를 마스터했다

0276 이렇게 최연소 프로 기사의 기록은 경신되었다

≫ 어떻게

다른 표현 (도대체)어떻게, **한 방법

'그의 운명은 어떻게 될 것인가'처럼 다음 이야기를 기대하게 만드는 문장은 익숙할 것이다. 이 단어는 '어떤 방법으로?'라는 의미로 쓰는 경우도 많다.

0277 월급만으로는 살 수 없는 세상. 어떻게 부수입을 만들까?

0278 평사원이었던 나는 어떻게 연 매출 100억 원의 회사 사장이 되었나

0279 자신의 반려견에게 물려 엉겁결에 뒤로 나자빠진 그녀는 어떻게 되었을까?

≫ 이토록

다른 표현 이정도, 이만큼, 이정도로

그다음 내용을 궁금하게 하는 단어 중 하나이다. '이토록'이라는 말을 들으면 '어느 정도'인지 그 수준이 저절로 궁금해진다. 평균적인 수준보다 훨씬 좋은/나쁜 것을 떠오르게 하기 때문이다.

0280 그가 여성들에게 이토록 사랑받는 이유

0281 왜 물건을 버리는 것은 이토록 어려울까?(라이프해커 일본판. 2016년 3월)

0282 파워 스톤의 효과는 이토록 대단하다

≫ 밝혀져

다른 표현 밝혀지다, 백일하에, **폭로, 고백, 해명

'불명확했던 이유가 드디어 밝혀졌다'고 하면 누구나 궁금해질 것이다. 비밀이 밝혀졌다는 뉘앙스를 품고 있어서 더 그렇다. 문장의 말미를 '밝혀져'라고만 해도 그다음 문장이 읽고 싶어지는 효과가 있다.

0283 불행한 일이 한꺼번에 일어나는 이유, 학문적으로 밝혀져

0284 초부유층의 전용기 이용, 예상외의 실태가 밝혀져(포브스 재팬. 2018년 11월)

0285 현지 조사로 밝혀진 호주 난민 수용소의 실태

≫ 글로벌

다른 표현 월드와이드, 유니버설, 세계의 **, 국제**

'글로벌'='세계의'라는 의미이지만, 실제로 사용할 때는 '세계적인', '세계적으로 진행되고 있는'의 뜻으로 쓰일 때가 많다. 지금은 국내에 머물러 있지만, 언젠가는 전 세계를 무대로 활동하고 싶다는 생각이 강한 사람에게 효과적이다.

0286 글로벌 기업을 만드는 방법

0287 글로벌 시장에서 대박 난 한류 콘텐츠들

0288 글로벌 시장을 제패한 넷플릭스의 인재 관리법

≫ 참과 거짓

다른 표현 진위, **의 검증, **의 리얼

틀린 것을 지적(거짓)하는 것뿐 아니라, 올바른 것(참)도 동시에 알려주는 문장에서 쓰는 단어로, '객관적인 정보를 제공한다'는 인상을 준다. 특정한 단체의 시각에 치우치지 않고 제3자의 입장을 표명할 수 있다.

0289	고구마와 물김치, 김말이 튀김과 떡볶이, 음식 궁합의 참과 거짓
0290	비타민 알약의 효능에 대한 참과 거짓
0291	인구 감소 시대의 참과 거짓(닛케이 비즈니스, 2016년 1월)

≫ 주목

다른 표현 주의, 클로즈업, 골목, 지금 핫한 **

'주목!'이라고 서두에 사용하는 경우나, '**에 주목'이라고 문장 끝에 사용하는 경우 등 문장 속 여러 위치에서 사용할 수 있다. 단, '주목'이라고 하면 읽는 사람의 기대치가 커지기 때문에, 뒤에 나오는 문장에서 어떤 이야기를 할지 잘 생각하고 써야 한다.

0292	주목! 결혼 판타지를 버린 여성들이 주도하는 뉴 트렌드
0293	코로나 시대 급부상한 게임 사업 주목!
0294	올 여름 공개될 주목할 만한 영화 3선

 ## 마케팅이란 무엇인가?

마케팅과 카피라이팅은 일심동체이다. 카피라이팅은 언제나 마케팅 안에 속하는 거라고 보면 된다. 그렇다면 애초에 마케팅이란 무엇일까? 마케팅과 세일즈는 어떻게 다를까? 이것을 난석으로 설명해주는 피터 드러커의 말이 있다. "이상적인 마케팅이란 세일즈가 불필요하게 만드는 것이다. 마케팅의 목적은 고객의 마음을 제대로 이해하고, 거기에 맞춰서 제품과 서비스를 제공해서 저절로 팔리게 하는 것이다."

나는 여기서 나오는 '고객의 마음을 제대로 이해하고, 거기에 맞춰서 제품과 서비스를 제공한다'는 것을 'PMM(Product Market Matching)'이라고 부른다. 프로덕트와 마케팅이 잘 매칭되면 저절로 팔리게 되는 것이다. 그와 반대로, PMM이 잘 되지 않으면 무슨 짓을 해두 잘 팔리지 않는다. 그리고 당신의 상품, 서비스가 고객에게 딱 맞아떨어질 때, 그것을 언어로 잘 표현해내는 것이 카피라이팅의 역할이다.

갭 만들기

당신이 지금 다니는 직장에 불편한 사람이 있는데 매일 얼굴을 보는 것조차 싫은 상황이라고 가정해보자. 그런데 우연히 간단한 스트레칭만 해도 나쁜 기분이 순식간에 유쾌해질 수 있다는 사실을 알게 되었다. (물론 실제로 그런 스트레칭이 없다고 하더라도) 그리고 그 스트레칭 방법을 알려주는 동영상을 적절한 가격에 구매할 수 있다는 걸 알게 된다면 결제 버튼을 누를 확률이 높아진다.

이렇게 되는 이유는 당신의 '지금 상태'와 '되고 싶은 상태' 사이에 갭이 생겨났기 때문이다.

'고객의 반응은 바로 이 갭의 양으로 결정된다'고 나는 말하고 싶다. '지금 나의 현실'과 '이루고 싶은 나의 상태' 사이의 갭 또는 '현재'와 '미래' 사이의 갭이 존재하지 않으면 사람은 군이 행동하지 않기 때문이다.

꼭 현재 상황에 불만이 있는 경우에만 갭이 생겨나는 것은 아니다. 생각지도 못한 멋진 미래가 보일 때에도 갭은 생겨날 수 있다.

우선 '읽는 사람이 겪고 있는 현재 상황'을 잘 생각해야 한다. 그리고 당신이 제공하는 상품이나 서비스가 그 갭을 없애줄 수 있다는 것을 언어로 잘 표현한다면, 팔릴 확률은 단번에 높아질 것이다. 부디 여기에 소개하는 단어를 잘 활용해서 갭을 표현해보기를 바란다.

≫ (게으름뱅이)가 (성공했다)

다른 표현 이런 내가 **, 어째서 그 사람이 **

'게으름뱅이가 부자가 되었다'처럼, 일반적으로 알고 있는 상식과는 전혀 다른 의외성을 연출하면서 주목을 끄는 카피 단어다. 이 문장을 읽는 사람은 '게으름뱅이도 되는데, 나한테도 기회가 있을지 몰라' 하고 기대하게 된다.

0295	잘 노는 사람이 돈도 잘 번다!
0296	영업 경험이 전무한 간부 출신의 내가 신기할 정도로 매출을 올리기 시작했다(『불변의 마케팅』)
0297	한 번도 골프를 쳐본 적 없는 내가 2개월 만에 110타를 치게 된 연습법

≫ 인생을 바꾼

다른 표현 인생을 급변시킨, 드라마틱한, 전기가 된

이 상품이나 서비스가 당신의 인생에 큰 전환점이 될 수 있다고 말하는 문장에서 쓰는 카피 단어다. 단, 인생이나 삶의 방식이 바뀔 정도로 드라마틱한 상황에서 사용해야 한다. 너무 가벼운 소재에 사용하면 오히려 역효과가 날 수 있기 때문에 피하는 것이 좋다.

0298	누구에게나 있을, 인생을 바꾼 1권의 책
0299	5만 명 이상의 인생을 바꾼 행복론
0300	개업 3년 만에 2000명 이상의 인생을 바꾼 재단사의 비밀 기술

≫ 보통을 뛰어넘는

'완벽하다', '탁월하다'는 뜻의 다른 표현이다. 우리가 보통이라고 생각하는 수준을 훨씬 뛰어넘은 뭔가를 말할 때 사용하면 된다. 평균적인 수준과의 갭이 독자의 흥미를 끈다.

다른 표현 뛰어난, 희대의, 파격적인, 탁월한

0301	그 가게가 보통을 뛰어넘는 가성비를 자랑하는 비결
0302	게릴라성 폭우의 강우량이 보통을 뛰어넘는 이유
0303	보통을 뛰어넘는 차단력! 한여름 낮에도 깜깜하게 만드는 암막 커튼

≫ 장난 아닌

'보통을 뛰어넘는'과 의미는 동일하다. 다만, 매우 캐주얼한 표현이기 때문에 격식 있는 콘셉트의 문장에서는 쓰면 곤란하다. 사용할 상황을 잘 고르면 읽는 사람의 흥분된 마음을 대변할 수 있다.

다른 표현 대박, 진짜로, 엄청난, 심상치 않은, 경악의

0304	치유력 장난 아님! 'Earth SPA by 클라란스' 비일상적인 체험으로 몸도 마음도 무아지경(Oggi.jp(일본의 2030 여성 대상 패션지-옮긴이), 2019년 12월)
0305	리조트 저녁 식사 후의 찜질방. 장난 아닌 힐링!
0306	화제의 밤밥 체험. 밤의 양이 장난 아님!

≫ 비약적

크게 성장하는 모습을 나타내는 단어로 긍정적이고 구체적인 실제 예나 수치 등의 정보와 함께 사용하면 더욱더 좋은 효과를 볼 수 있다.

다른 표현 급속, 순조롭게, 급격히, 일사천리로

0307	매출을 비약적으로 올리는 4가지 방법
0308	여름방학에 공부한 아이가 2학기부터 비약적으로 성적이 오른 사례
0309	4년 만에 자산이 10배로 비약적으로 오른 기업의 일하는 방식

≫ 전대미문

'지금까지 들어본 적이 없다'라는 뜻이다. 이 단어를 보면, 완전히 새로운 무언가를 기대하게 된다. 실제로 전례가 없는 경우가 아닐 때 쓰거나 남용하면 읽는 사람에게 신용이 떨어지기 때문에, 딱 맞는 상황인지를 잘 살펴서 사용해야 한다.

다른 표현 획기적, 역사를 바꾸는, 기록적, 전인미답

0310	전대미문의 2종목 동시 우승
0311	전대미문의 대규모 퇴사에 사장과 간부가 술렁
0312	실화? '접대 탁구'라니 전대미문!

≫ 마법

이 세상에 마법이 없다는 건 알지만, 실제로 예상 이상의 결과가 나오거나, 예상 이상의 스피드로 효과가 나타나면, 마법 같다고 느낀다. 이렇게 '상상을 뛰어넘을 정도로 좋은 상태'를 나타내는 메타포로서 사용한다. 너무 자주 사용하면 과장한다는 생각밖에 들지 않기 때문에 역시나 주의해서 써야 한다.

다른 표현 마술, 매직, 마력, 신기한, 신비, 트릭

0313 12분의 마법. 번성하는 행렬과 망하는 행렬

0314 마법의 튀김가루. 누가 튀겨도 바삭하다!

0315 쇄골 라인을 살려주는 마법의 스트레칭

≫ 파괴적인

지금까지 정해져 있던 관습이나 룰에서 벗어난 획기적인 상품을 홍보할 때 사용하면 딱 맞는 카피 단어다. 긍정적, 부정적인 의미 양쪽 모두에 쓰이기 때문에, 의도에서 벗어나지 않은지 신중히 살펴본 후에 사용하기 바란다.

다른 표현 반칙의

0316 파괴적 혁신을 이끄는 IT 제품들

0317 파괴적인 바삭함, 프라이드치킨의 역사를 다시 쓰다

0318 은나노 기술로 만든 파괴적인 부드러움을 느껴보세요

≫ 극비의

한정된 몇몇 사람이나 특정 커뮤니티 안에서만 공유되는 귀중한 물건이나 정보라는 뉘앙스를 갖고 있다. 그 사람 또는 그 커뮤니티만 찾아가면 나도 그 물건이나 정보를 얻을 수 있다는 생각이 들어서 솔깃해진다.

다른 표현 비밀의, 대대로 이어져온, 비장의

0319 '극비의 컨설팅 노하우' 30일 동안만 한정 공개

0320 며느리도 모르는 극비의 칼국수 레시피, 전격 공개

0321 공부 잘하는 사람들, 자신만의 극비를 공개합니다

≫ 차원이 다른

'차원이 다르다'는 말은 '세계관이나 가치관이 다르다'는 뜻이다. '대단하다'라는 뉘앙스를 강조하기 위한 표현으로 쓰일 때도 많다.

다른 표현 별세계, 레벨이 다른, 클라스가 다른

0322 차원이 다른 속도로 다운로드 가능

0323 언제 어디서나 휴대할 수 있는 차원이 다른 가벼움

0324 레벨이 다른 승차감!

≫≫ 압도적

다른 것과 비교했을 때 얼씬도 못할 정도로 큰 차이가 있다는 것을 알릴 때 사용하는 단어다. 0325는 '질'에 대한 차이, 0327은 '양'에 대한 차이를 보여주는 예시인데 양쪽 모두 사용할 수 있다.

다른 표현 뛰어난, 크게 앞지른, 격이 다른

0325	압도적인 매력을 자랑하는 몰타 섬의 오션뷰 호텔
0326	압도적인 성과를 올린 넷플릭스의 인적 자원 관리법
0327	압도적으로 불리한 점수 차이에서 기적의 대역전극을 펼치다!

≫≫ 놀라움

갭을 만들어내는 것 중에 가장 인기 있는 요소는 '놀람'이다. 지금까지 보거나 들은 적이 없는, 경험한 적이 없는 요소가 놀라움으로 이어진다.

다른 표현 경악, 서프라이즈, 두 눈을 의심하게 만드는

0328	이름에 어울리는 놀라움을(애플)
0329	딱 한 숟가락만으로 놀랍도록 하얗게(어택-일본의 생활용품 기업 '카오'의 세탁세제-옮긴이)
0330	휴일에 출근했을 때 동료가 건네준 놀라운 위로 음식이란?

≫≫ 경이로운

뉘앙스는 '놀라움'과 같지만, '경이로운'이 더 강한 인상을 준다. '경이적'이라고 사용하는 경우에는 '놀랄 만한'이라는 뉘앙스와 가깝다.

다른 표현 놀랄 만한, 판타스틱, 기겁할 정도의, 감격적인

0331	자연이 낳은 경이로운 풍경에 침을 삼킨다, 세계의 장관 24선 (CNN.co.jp, 2019년 6월)
0332	철새들의 '경이로운 방향 감각' 미스터리, 과학적으로 해명하다
0333	떨어진 거리에서도 셀카가 가능한 경이로운 카메라 기능

≫≫ 10배

진짜 수치상 10배라는 의미로도 사용하지만, 광고 카피에서는 10배인지 아닌지, 측정이 불가능한 것에 대해서도 '대단하다'라는 뉘앙스로 곧잘 쓰곤 한다. 다만, 명백하게 2배, 3배밖에 되지 않는 것에는 사용할 수 없다.

다른 표현 ×10, 10회(개)분

0334	『포토 리딩; 지금보다 책을 10배 빨리 읽는 기술』(폴 R. 쉴리, 럭스미디어, 2003)
0335	월드컵 축구를 10배 즐기는 방법
0336	목표를 10배 높여서 잡는 이유

≫ 잠 못 들 정도로

걱정스러운 일이 있어서 잠들지 못한 경험은 누구에게나 있을 것이다. 그 정도로 신경이 쓰이는 상태를 나타낸다. 또는 뭔가에 너무 열중해서 잘 시간이 되어도 잠들지 못한다는 의미이다.

0337   잠 못 들 정도로 흥미로운 역사 이야기

0338   잠 못 들 정도로 재미있는 역대 아카데미상의 무대 뒤 이야기

0339   잠이 안 올 정도로 재미있는 서프라이즈 괴담 모음집

≫ 보통

'보통 사람이 큰 성과를 냈다'라는 의외성으로 갭을 만들어내어 주목하게 만드는 단어다. '나한테도 기회가 생길지 몰라'라는 기대를 하게 만든다.

0340   지방의 보통 기업이 세계를 바꾸다!

0341   보통의 회사원이었던 내가 책을 내고 강연을 하게 된 정말 우연한 계기

0342   정년퇴직한 보통 아저씨가 로또로 인생 역전한 이야기

≫ 충격

'머리를 망치로 얻어맞은 것 같은 충격'이라는 표현이 있는데, 그 정도로 크게 흔들린다는 뜻이다. '임팩트'와 같은 의미이지만 전후 문장에 의해 마무리가 잘된 케이스와 그렇지 못한 케이스가 생긴다.

0343   의사들만 아는 현대 의료 시스템의 충격적 사실을 공개한다

0344   전 세계에 한 번 더, 가벼운 무게로 충격을(애플)

0345   당신은 알고 있었나? 음식에 관한 충격적인 사실 11가지

≫ 상상을 초월한

문자 그대로 받아들이면 '생각할 수 있는 것 이상의', '상식으로는 생각할 수 없을 정도의'라는 뜻이기 때문에, 상당히 놀랄 만한 내용이 있을 때 사용한다. 다만, '생각한 것 이상의'와 같은 가벼운 내용을 과장해서 표현하기 위해 사용할 때도 많다.

0346   당신의 상상을 초월하는 경치를 볼 수 있습니다

0347   초고속 CPU 탑재로 상상을 뛰어넘는 처리 속도를 실현!

0348   상상을 뛰어넘는 CG 기술로 탄생한 영화

비교로 흥미 끌기

흥미를 끌기 위한 효과적인 방법 중 한 가지는 A와 B를 비교하는 것이다. 이 방법은 읽는 사람의 흥미를 자극하는 '갭'을 만들어낸다. 무슨 말인지 설명해보겠다.

엄청난 베스트셀러로 유명한 『부자 아빠, 가난한 아빠』(로버트 기요사키, 민음인, 2018)라는 책이 있다. 이 제목만으로도 알 수 있듯이 '원하는 것'과 '원하지 않는 것'을 대비시키면, 자연스럽게 '그 차이(=갭)는 도대체 뭘까?' 하고 궁금해진다.

카피라이팅 역사상 가장 유명한 세일즈 레터 중의 하나로, 〈월스트리트 저널〉의 구독 광고가 있다. 이 광고는 레터 한 장만으로도 1조 원 정도를 벌었다고 알려져 있다. 이 레터에는 비슷해 보이는 대학 동기 두 사람이 등장한다. 두 사람은 25년 후에 재회했을 때에도 매우 비슷해 보였다. 하지만 한 사람은 사장이고, 한 사람은 관리직에 머물러 있었다. 그리고 그 결정적 차이는 〈월스트리트 저널〉의 구독 여부에서 비롯되었다고 레터는 말하고 있다.

이렇게 두 사람의 주인공을 내세워서 차이점을 비교하기만 해도 읽는 사람의 마음을 사로잡는다.

≫ 할 수 있다 vs. 할 수 없다

다른 표현 **는 할 수 있는가?, **의 조건

할 수 있는 사람(조직 등)과 할 수 없는 사람(조직 등)을 대비해서, 그 '차이'를 강조한다. '하지 못하는 원인'과 '할 수 있게 되는 방법' 양쪽 모두를 알게 되기 때문에, 일석이조의 효과를 거둘 수 있다고 기대하게 된다.

0349	거대한 중국 시장에서 기회를 잡는 회사 vs. 잡지 못하는 회사
0350	성공하는 사람과 실패하는 사람, 그 사이에 존재하는 5가지 차이(포브스 재팬, 2018년 8월)
0351	헤어져도 금방 애인이 생기는 사람과 필사적으로 상대를 찾아도 생기지 않는 사람의 가장 큰 차이점은?

≫ 우는 사람, 웃는 사람

다른 표현 승패(명암) 나누기, 득을 보는 사람, 손해 보는 사람

잘 풀리는 사람과 그렇지 않은 사람을 대비하는 것이기 때문에, 기본적으로는 '할 수 있다 vs. 할 수 없다'와 같다. 다만 '할 수 있다 vs. 할 수 없다'의 경우는 긍정적인 쪽이 앞에 나오는 반면, '우는 사람, 웃는 사람'의 경우에는 우는 사람이 앞에 나올 때가 더 많다.

0352	정년퇴직 후 노후 자금으로 우는 사람, 웃는 사람
0353	지금까지 익힌 능력을 버릴 수밖에 없는 사람 vs. 발전시키는 사람
0354	당신은 가난한 사람, 돈 버는 사람 중 어느 쪽인가? (『돈이 되는 말의 법칙』)

⟫⟫ 될 수 있는 사람, 안 되는 사람

다른 표현 **의 자질, 잘 맞는 사람 vs. 안 맞는 사람

'우는 사람, 웃는 사람'의 변형 중 한 가지이다. 이 표현은 0355~0357에서도 알 수 있듯이 직업이나 지위를 확실히 보여주는 경우에 쓰기 쉽다. 능력의 유무를 시사하고, 사람의 콤플렉스를 자극할 수도 있기 때문에 반감을 주지 않도록 주의해야 한다.

0355	카리스마가 있는 사람, 없는 사람의 차이
0356	컨설턴트가 될 수 있는 사람, 안 되는 사람(프레지던트 온라인, 2017년 1월)
0357	연봉 3억을 버는 사람, 1억 5천으로 끝나는 사람

⟫⟫ 좋다 vs. 나쁘다

다른 표현 찬반, 선악, 좋고 나쁨, 안과 밖, 음과 양, 흑과 백

이 대비는 사람뿐만 아니라 물건에 대해서도 쓸 수 있다. 0359처럼 '좋다, 나쁘다'라는 형용사를 쓰지 않는 패턴도 있다. 그런 경우, 읽는 사람이 일반적으로 '좋다'고 인식하는 것과 '나쁘다'고 인식하는 것을 그대로 대비해서 사용하면 좋다.

0358	운이 좋은 사람과 나쁜 사람, 당신은 어느 쪽?
0359	읽히는 DM과 쓰레기통으로 직행하는 DM은 무엇이 다른가?
0360	패션 센스가 있는 사람과 없는 사람의 차이

⟫⟫ A vs. B

다른 표현 A인가 B인가, A or B, A로 할까 B로 할까

'좋다 vs. 나쁘다'의 대비와 기본적으로는 동일하지만, 0362처럼 반드시 꼭 '나쁘다'라고 정의할 수 없는 경우에도 대비해서 사용할 수 있다.

0361	고양이 같은 직원 vs. 강아지 같은 직원, 당신은 어느 쪽?
0362	월급은 많지만 야근이 많은 회사, 월급은 적지만 정시에 퇴근하는 회사. 당신의 선택은?
0363	주말에 책 읽는 사람 vs. 주말에 노는 사람, 10년 후 뭐가 달라질까?

⟫⟫ 빛과 그림자

다른 표현 음과 양, 표리일체, **의 좋은 점 나쁜 점

'좋다 vs. 나쁘다'가 '다른 두 가지'의 좋고 나쁨을 비교해주는 카피라면, 이 카피는 '한 가지 물건'의 좋은 측면과 나쁜 측면을 대비시키는 표현이다. 찬반양론이 존재하는 뭔가에 대해서 두 가지 시점을 알 수 있다고 말해준다.

0364	성공한 경영자, ○○○의 빛과 그림자
0365	우리가 잘 몰랐던, 원자력의 빛과 그림자
0366	안정된 월급인가, 자유로운 라이프 스타일인가? 샐러리맨에서 탈출한 기업가의 빛과 그림자

≫ **를 뛰어넘는

'상상을 뛰어넘는'이라는 표현은 '상상'이라는 단어가 읽는 사람이 어떤 생각을 갖고 있느냐에 따라 달라지기 때문에 추상적 표현이 되기 쉽다. 그에 반해 이 카피는 앞에 구체적인 비교 대상이 나와 있기 때문에 무슨 말인지가 더욱 명확해진다.

다른 표현 **를 능가하는, **초월, 오버**

0367 20년을 뛰어넘는 미래를 예측한 IT 거물들

0368 아이폰을 뛰어넘는 고화질

0369 고디바를 훌쩍 뛰어넘은 깊은 맛

≫ A도 아니고 B도 아닌

비슷한 상품이 흘러넘치는 시대. 소비자는 웬만한 상품에 대해서는 이미 알고 있는 경우가 많다. 그런데 이 와중에 독창성이 높은 상품을 알려야 한다면, 이 표현을 한번 써보자. 문장을 읽는 순간 '어차피 이런 얘기 아닌가?'라는 생각이 떠올라 흥미가 사라지는 것을 미연에 방지할 수 있다.

다른 표현 A도 B도 아닌

0370 학원이 아니에요! 교재, 학습지도 아니에요!(『금단의 세일즈 카피라이팅(禁断のセールスコピーライティング)』, 간다 마사노리, 포레스트 출판, 2014) *국내 미출간

0371 지금 필요한 것은 크리에이티브한 재능이 아닙니다. 시적 센스도 아닙니다.

0372 이 PDA는 평범한 전자수첩이 아닙니다. 손글씨 소프트웨어도 아닙니다.

≫ **없이, **없이, **없이

'없는 것' 세 가지를 열거하는 표현으로, 이것도 없다, 저것도 없다는 리듬감이 생긴다. 이에 비해 반대 표현으로 '있다'는 것을 표현할 때 '**있고, **있고, **있다'라고는 잘 쓰지 않는다.

다른 표현 **도 **도 **조차 없이

0373 '돈 없이, 연줄 없이, 인맥 없이' 시작한 수많은 기업가들

0374 사람 없이, 물건 없이, 돈 없이 사업을 다시 일으킨 경영자 이야기

0375 입시에는 수법도 트릭도 테크닉도 없다! 학습 지도의 정공법

≫ A가 아니라 B

일반석으로 잘 알려진 상식을 A 자리에 놓고 카피를 쓰면 가장 좋은 반응을 얻는다. 예를 들어 '미래의 의사는 사람이 아니라 AI'라고 하면, 흥미가 생길 것이다. 'A보다도 B가 좋다'라는 의미로도 쓸 수 있다.

다른 표현 A는 이제 구식? 이제는 B, A가 B가 된다

0376 요리는 덧셈이 아니라 곱셈이 기본

0377 '아부'가 아니라 '존중'을. 종신고용 붕괴 후의 일본 기업이 취해야 할 모습이란?(포브스 재팬, 2019년 5월)

0378 회의는 '논의하는 장'이 아니라 '결정하는 장'

≫ 더 **, 더 **

다른 표현 좀 더**, 좀 더**

0380처럼 두 가지 장점이 한꺼번에 있다는 것을 알릴 때 사용한다. 글자 수가 적은 만큼, 스피드감과 리듬감이 느껴진다. 0379처럼 앞과 뒤에 대비되는 단어를 써도 효과가 좋다.

0379	더 적은 시간으로, 더 많이 움직이자(애플)
0380	더 빨리 더 좋은 가격에 중고 상품을 판매하는 방법
0381	'더 아름답게, 더 귀엽게' 자신을 연출하는 방법을 알려드려요

≫ ** 보다 효과적

다른 표현 **보다도 효과 있는, **를 못도는

비교 대상을 명확히 보여주고, 그것보다도 효과가 있다는 것을 호소하는 표현이다. '**보다'의 '**'에 들어가는 단어를 고를 때는 사람들이 일반적으로 최고라고 여기는 것인지 생각해보자.

0382	연봉 액수보다 중요한 것은? 직원들의 만족도를 높이는 것은 존중 화법
0383	매일 계속하는 것보다 효과적인 근육 트레이닝
0384	걷기보다 효과적으로 혈류를 높이는 방법이란?

≫ ** ○개분

다른 표현 ○잔분, ○권(개)분

구체적으로 실감할 수 없는 수치를 '예로 들어' 직관적으로 알 수 있게 해주는 카피다. '비타민C 2000mg 배합'은 비타민 함유량이 많은 것인지 적은 것인지 크게 와 닿지 않지만, '레몬 100개분'이라고 하면 바로 느낌이 온다.

0385	레몬 100개분의 비타민 C가 듬뿍 담긴 이것은?
0386	상암동 월드컵 경기장 2개만 한 크기
0387	하루당 편의점 커피 한 잔분의 가격

≫ 더 나은

다른 표현 개선, 업데이트, **의 진화

무언가와 비교해서 '그것보다도 좋다'는 것을 나타낸다. 비교할 대상을 실제로 쓸 경우에는 '**보다'라고 표현하는 것이 거의 대부분이다. '현 상태보다', '이미 있는 것보다'라는 전제하에 비교할 대상을 노출하지 않고 사용하는 경우도 있다.

0388	더 나은 주거 환경을 제공하는 공공임대주택
0389	지금보다 더 나은 인생을 꿈꿔보지 않겠습니까?
0390	이혼 위기를 피하는 더 나은 부부 대화법

≫ 종이 한 장

다른 표현 극히, 아슬아슬한, 위기일발, 간신히

큰 차이는 누구나 알아차리기 쉽지만 작은 차이를 알아차리는 사람은 소수다. '당신은 그 작은 차이를 눈치 챘습니까?'라는 뉘앙스도 품고 있다. 보통 눈치채기 어려운 작은 차이라면, 읽는 사람은 '나도 모르고 있을 가능성이 있다'라고 생각하게 된다.

0391 부를 만들어내는 사람만이 알고 있는 종이 한 장의 차이란?

0392 한국 국가대표, 종이 한 장 차이로 1차 리그를 돌파

0393 직장 내 괴롭힘과 교육은 종이 한 장 차이. 기존의 생각이 비극을 낳은 이유

≫ 유령

다른 표현 수상한

정체를 알 수 없는 뭔가를 표현할 때 가장 적합한 단어다. 주로 사기를 당하거나, 뭔가 비리가 있는 것을 추적할 때 사용하는 단어인데, 정상적인 상태와 비교해서 몹시 '수상하다'는 뉘앙스를 풍긴다.

0394 유령 회사를 세워 세금 회피하는 기업들

0395 유령 회사로 수십억 원이 사라졌다?

0396 코로나 19로 유령 상가로 변한 도심 한복판, 대책은?

위인들의 카피 (1) 데이비드 오길비

미국의 오랜 카피라이팅 역사 속에서 가장 유명한 카피 몇 가지를 소개해보겠다.

데이비드 오길비(1911~1999) : 영국 출생으로, 후에 미국으로 건너간 인물로 '현대 광고의 아버지'라 불린다. 광고업에 종사하는 사람이라면 그의 이름을 모르는 사람은 없다고 말할 수 있을 정도이다. 그의 업적은 수없이 많지만, 광고 역사에 남을 만한 유명한 헤드라인은, '시속 60마일로 달리는 신형 롤스로이스 안에서 가장 큰 소음은 전자시계 소리다'로, 신형 롤스로이스가 '얼마나 조용한 차인지'를 훌륭히 묘사하고 있다.
또 다른 유명한 것으로는 도브 광고 카피가 있는데, 바로 이것이다.
'도브는 (비누 중에서) 유일하게, 당신에게 1분의 1의 촉촉힘을 제공하는 크림이다.'
이 카피의 포인트는 비누를 '더러움을 씻겨내는 상품'이 아니라 '촉촉함을 주는, 즉 보습 상품'이라는 이미지를 구축했다는 점이다. 비누가 단순한 생활필수품이 아니라 '나를 아름답게 해주는 상품'이라는 생각이 들게 만들면서 새로운 시장을 만들어낸 것이다.

주의를 끌어모으기

인간의 심리는 묘한 것이어서 '들여다보지 마시오'라는 말을 들으면, 왠지 모르게 더 들여다보고 싶어진다. 이를 심리학에서는 '칼리굴라 효과'라고 부른다. '칼리굴라'라는 이름의 유래는 로마 제국의 황제 '칼리굴라'를 모델로 한 『칼리굴라』라는 이탈리아 영화라고 한다. 자극적인 내용 때문에 미국에서는 개봉이 금지되었는데, 그 때문에 더욱 화제가 되었다는 일화가 있다.

여기서는 명령이나 금지를 통해 주목을 끄는 표현을 소개한다. 금지된 것에 더 끌리는 인간의 심리를 반대로 이용해서, 카피의 세계에서도 '읽지 마라', '사지 마라', '하지 마라' 등의 표현이 자주 쓰인다. 이런 카피들은 사람들의 주목을 끌기 쉽지만, 사용할 때는 한 가지 주의해야 할 것이 있다. 사람들은 원래 누군가가 금지를 명하거나, 일방적으로 가르치려 드는 것을 별로 좋아하지 않기 때문에 그런 말을 누가 하느냐가 몹시 중요하다는 사실이다. 그 분야의 권위자나 달인, 신뢰하는 누군가가 그런 말을 한다면 '무엇일까'라고 궁금해하지만, 잘 모르는 사람으로부터 그런 말을 듣는 경우, 은연중에 '이 사람이 뭐라고 이런 말을 하지'라고 생각하면서 무시할 위험이 있다. 또한 '하지 마'라는 직접적인 표현이 너무 강하게 들리는 경우에는 '하지 말아주세요' 등과 같이 부드러운 표현으로 바꾸는 게 좋다.

≫ 하면 안 되는

다른 표현 해서는 안 되는, 하지 말아야 할

주로 형용사로서 '해서는 안 될 **'와 같이 쓰인다. 실제로는 주의를 촉구하는 말이지만, '하지 말아주세요'보다 간접적이고 부드럽게 들린다. 0397이나 0399처럼 앞뒤로 숫자를 넣거나 내용을 구체적으로 제시하면 전달력이 상승한다.

0397	요통 환자가 심야에 하면 안 되는 3가지 습관
0398	절대로 사면 안 되는 오래된 건물의 특징
0399	면접 볼 때 하면 안 되는 5가지 행동

≫ 사면 안 되는

다른 표현 사면 안 될, 사면 손해 보는

'하면 안 되는'의 변형으로, 범위를 '구매'로 좁힌 표현이다. 많은 사람들이 돈을 지불하는 것에 신중하다. 누구나 '사고 나서 후회하고 싶지 않다'라는 생각이 강한데, 이 마음에 적중하는 카피이다. 특히 0402의 '아파트'처럼 단가가 높은 상품일수록, 이런 카피가 어필하기 쉽다.

0400	고층 주상복합 아파트는 '이제 한물갔다'? 부럽다고 사면 안 되는 이유 (다이아몬드 온라인, 2019년 8월)
0401	한의사가 알려주는 사면 안 되는 건강 보조식품
0402	절대로 사면 안 되는 아파트 구분법

⟫ 하지 말아주세요

다른 표현 기다려주세요, 불필요합니다, 필요 없어요

보통은 '해주세요'와 같은 메시지가 압도적으로 많다. 이 카피는 일반적으로 쓰는 것과 반대되는 것으로 어떤 상품이나 서비스의 단점에 초점을 맞추고, 그 대안을 권할 때 효과적으로 사용할 수 있다.

0403	이 사실을 알기 전에는 생명보험에 가입하지 마세요
0404	공유 서비스로 바뀌는 자동차 라이프. 더 이상 차는 사지 말아주세요
0405	긴 회의를 좋아하는 사람은 다음 내용을 읽지 말아주세요

⟫ **는 이제 필요 없다

다른 표현 **는 이제 불필요

지금 사용하고 있는 물건의 대체품을 제안하는 데 효과적인 표현이다. '필요 없는' 대상이 지금까지 중요하다고 생각한 것일수록 효과적이다.

0406	피어싱 홀은 이제 필요 없다? 젊은이들 사이에서 귀걸이가 인기인 의외의 이유(포브스 재팬, 2019년 7월)
0407	가이드북은 이제 필요 없다! 디즈니랜드에서 가야 할 곳을 타입별로 엄선하여 해설
0408	기능이 많은 고급 가전은 이제 필요 없다. 심플 라이프의 가전제품 선택법

⟫ **는 잊어주세요

다른 표현 **는 신경 쓰지 마세요

'이제 필요 없다'와 동일하게 쓰는 표현이다. 다만, '필요 없다'는 형태가 있는 물건에 대해 사용하는 반면, '잊어주세요'는 형태가 없는 지식이나 기술 등에 쓰이는 경향이 있다.

0409	당신의 시간을 낭비하는 것이니, 이메일은 잊어주세요
0410	지금까지의 스윙은 잊어주세요. 프로 뺨치는 드라이버 샷의 비결
0411	AI에 의한 완벽한 문장 교정. 이제 스펠링 체크는 잊어주세요

⟫ 버려라!

다른 표현 처분하세요, 그만두세요, **는 쓰레기통으로

'필요 없다', '잊어주세요'에서 한 발짝 더 들어가, 버릴 것을 강하게 지시하는 표현이다. 다만, 명령형이기 때문에 읽는 사람과의 관계에 주의할 필요가 있다. 모르는 사람, 권위가 없는 사람, 신뢰할 수 없는 사람으로부터 갑자기 명령을 받으면 거부 반응을 일으키는 것이 보통이다.

0412	존중받는 사람이 되고 싶다면, 너무 배려하는 마음을 버려라!
0413	재테크를 하려면 쓸데없는 소비 습관부터 버려라!
0414	인간관계를 개선하고 싶다면, 타인을 바꾸려는 마음을 버려라

≫ 경고!

원래 미국에서 'Caution!'이나 'Warning!'이라 쓰였던 카피를 직역한 것이다. 이 카피는 매우 강하고 파워풀하기 때문에 실제로 주의를 끌 수 있는 화제와 함께 쓸 필요가 있다.

0415	의사가 경고! '내장 지방'에 숨어 있는 무서운 병 리스크 (동양경제 온라인, 2019년 4월)
0416	경고! 이 글을 읽기 전에는 아파트를 사지 마라
0417	마이너스 금리가 우리에게 보내는 경고!

≫ 주의

'경고!'보다 부드럽고 자연스러운 표현이다. 경고할 정도는 아니지만 주의가 필요한 경우에 쓴다. '경고!'와 비교했을 때, 좀 더 읽는 사람 편이라는 느낌이 든다.

0418	입회를 결정하기 전에 3대 주의 사항
0419	주의! 초등학생에게 처음으로 스마트폰을 사주는 부모님에게
0420	주의, 스마트폰 중독! 불면증과 성적 저하 유발의 주범

≫ 잠깐만!

경고하면서 주의를 끄는 패턴 중에는 이 카피가 가장 부드럽다. 다른 것들이 약간은 '위에서 내려다보는 시선'인 반면, 이 카피는 그런 인상을 주지 않는 것이 특징이다.

0421	그럼 카피라이팅은 전문가에게 맡기면 될까? 잠깐만!
0422	콜센터에 전화? 잠깐만!
0423	그렇지만, 잠깐만요! (『불변의 마케팅』 간다 마사노리, 포레스트 출판, 2014)

≫ **해라!(하라!)

명령을 당하는 것은 누구나 싫어한다. 이 카피가 효과 있으려면 말하는 사람에게 어느 정도 권위나 신용이 있어야 한다. 안이하게 사용하면 읽는 사람의 반감을 사기 때문에, 반드시 주의해서 사용해야 한다.

0424	『바보가 될 정도로 책을 읽어라!(バカになるほど本を読め!)』 (간다 마사노리, PHP연구소, 2015) *국내 미출간
0425	50·60대는 이렇게 공략해라!
0426	국가를 브랜딩하라! 에스토니아 정예 디자이너들의 도전 (포브스 재팬, 2019년 2월)

Affinity

공감하는 카피

카피를 쓸 때 중요한 것은 논리보다 호불호.
읽는 사람에게 좋은 인상을 주지 못한다면,
당신이 홍보하는 상품이나 서비스가 아무리 훌륭한들,
아무도 관심 갖지 않는다.

카피만으로 친근한 느낌을 주는 8가지 방법

읽는 사람의 고통을 깊이 이해하고 나서 그 문제에 대한 '해결책'을 제시하기 전에 우선 해야 할 일이 한 가지 있다. 그것은 바로 읽는 사람에게 '친근한 느낌'을 주는 것이다.

왜냐하면 사람의 본능은 이성적, 논리적이지 않기 때문이다. 아무리 훌륭한 상품이나 서비스에 대해 논리적으로 설득하려 해도, 직감적으로 좋은 느낌, 친근한 느낌이 들지 않으면 사람들은 이야기 자체를 듣지 않는다. 곧바로 다른 사이트나 다른 채널로 돌려버리는 것이 다반사이다. 그러므로 카피를 쓸 때 가장 중요한 것은 **논리보다 호불호**이다.

따라서 여기에서 중요한 것은, 모르는 누군가를 대상으로 '어떻게 카피 문장만으로 친근한 느낌을 전달할 수 있을까?'라는 것이다. 카피 문장만으로 친근감을 주는 8가지 방법은 다음과 같다.

1. **새로운 친구에게 이메일을 보내는 것처럼** 카피 문장을 쓴다
2. 읽는 사람의 **실패를 정당화**한다.

3. 읽는 사람과 공동의 적을 만든다.

4. 자신의 **실패나 부끄러운 비밀**을 털어놓는다.

5. 자신의 **가족이나 친구의 소문 이야기**를 공유한다.

6. 절체절명의 위기를 딛고 결국 대성공하는 **단 한 방의 역전 스토리**를 카피로 쓴다.

7. 전문가가 아니면 모르는 **전문용어를 사용하는 대목**이 있다.

8. 읽는 사람과 **사회적 지위가 같다는** 뉘앙스를 풍긴다.

이 8가지 방법은 모두 효과적이지만, 이 중 가장 중요한 것은 바로 6번, '단 한 방의 역전스토리'를 카피로 쓰는 것이다. 그렇다면 **'단 한 방의 역전 스토리'**라는 것은 뭘까? 10초 내로 알기 쉽게 설명하면, 이런 것이다.

'곤란한 사건을 겪고 있는 주인공이 자신의 힘으로 이겨내보겠다고 결심한다.

여러 시행착오를 겪으면서 앞으로 나아가려고 하지만, 적의 방해로 곤경에 처한다.

실패에 실패를 거듭하지만, 그래도 포기하지 않는다.

어느 날, 상상을 뛰어넘는 위기에 직면하여 이제 마지막이구나 싶어 눈을 감았는데,

바로 그때 생각지도 못한 돌파구가 열리면서 대성공을 거둔다.'

이렇게 극적인, 그러나 전형적인 스토리다.

히트작의 시나리오 줄거리를 살펴보면 대개 이러한 플롯을 갖추고 있다.

왜 이런 이야기 패턴이 중요한 걸까?

그것은 다름 아니라 친근감을 주는 나머지 7개 방법의 근원이 되기 때문이다.

단 한 방의 역전 스토리를 카피로 쓰게 되면, 그것은 결국 '판매자가 고객과 같은 문제를 겪었으며, 그것을 이미 극복했다는' 이야기로 귀결되기 때문에,

1. **같은 문제를 겪던 선배**(멘토) 혹은 친구처럼 고객에게 말을 걸 수 있으며,

2. 고객과 같은 **실패를 경험**해보았으며,

3. 실패 과정에서 겪은 공동의 적에 어떻게 대응하면 좋은지, 효과적인 대처법을 제시할 수 있고,

4. 판매자가 이미 겪은 실패나 부끄러운 비밀을 털어놓아, 고객에게 자신감을 줄 수 있고,

5. 판매자의 가족이나 친구에 대한 이야기를 전달해주면서, 고객을 안심시킬 수 있고,

7. 숙련자로서 전문용어를 사용할 수 있으므로

8. 당연하고 자연스럽게 판매자도, 그리고 고객도 그 분야에서 지위가 높아진다는 인상을 줄 수 있다.

이렇게 단 한 방의 역전 스토리를 짜내면 그 과정 속에서 판매자와 고객의 거리는 가까워져서 친근한 느낌을 줄 수밖에 없다. 같은 길을 이미 걸어간 선배나 멘토 혹은 친근한 친구 같은 입장을 확보하는 것은, **매출을 올리는 데 결정적 역할을 한다.**

지금은 상품도 정보도 흘러넘치는 시대다.

똑같은 상품도 인기 블로거나 유튜버가 소개하면 폭발적으로 팔리는 경우도 비일비재하다.

그러므로 '무엇을 말하는가?'만으로는 부족하고, '**누가 말하는가?**'도 엄청나게 중요하다.

'단 한 방의 역전 스토리'를 일단 짜내면 바로 이 두 가지, '무엇을 말하는가?'와 '누가 말하는가?' 즉 상품의 가치와 판매자의 가치 모두를 높여서 고객에게 전달할 수 있다.

'단 한 방의 역전 스토리'의 한 가지 예로 영화화되기도 한 '기적의 사과' 이야기를 해볼까 한다. 그 줄거리는 아래와 같다.

---------------------------------- ❧ ----------------------------------

'회사에 다니다가 귀농한 이후 사과 농사를 시작한 기무라 씨.

그는 농약을 살포할 때 몸이 아파 몸져눕던 아내가 걱정되어서 무농약 사과를 재배해보겠다고 굳게 결심한다.

하지만, 그 당시 농약을 쓰지 않고 사과를 재배하는 것은 절대 불가능한 일이었다. 죽을힘을 다해 여러 방법을 동원해서 애써봤지만 그의 노력은 결국 수포로 돌아가고야 말았다. 몇 년 동안 실패만을 거듭했던 것

이다. 수입은 없고, 빚에 쪼들리며 불안하고 힘든 하루하루를 보내던 기무라 씨. 그는 모든 것에 자포자기 하는 심정이 되었고, 절망에 빠져 결국에는 자살을 결심하고 산으로 올라가게 된다.

그런데 목을 매려는 바로 그 순간, 그의 눈에 스스로 자란 밤나무 한 그루가 들어왔다. 그 밤나무는 누군가 재배하는 것도 아니었는데, 해충도 없었고, 밤이 주렁주렁 열려 있었다.

'밤나무도 이렇게 농약 없이 스스로 잘 자라는데, 사과나무는 왜 안 되지? 어쩌면 좀 더 도전해봐야 하는 거 아닐까?'라는 생각이 들었던 그는 그길로 다시 산에서 내려와 다시 한번 무농약 사과 농사에 도전한다. 그렇게 다시 몇 번이나 도전한 그는 결국 농약을 사용하지 않은 지 8년째가 되던 해에, 드디어 2개의 사과 를 수확하게 된다. 놀랄 정도로 맛있는 사과였다.

⚜

이러한 역전 스토리를 들으면 기무라 씨는 이제 더 이상 타인으로 느껴지지 않는다.

친근함과 함께 경외감이 솟아오르는 인물로 우리의 마음속에 자리 잡게 되는 것이다. 이렇게 되면 기무라 씨가 하는 이야기에 우리는 자연스럽게 더욱 귀를 기울이게 된다. 그가 농사지은 작물이 특별한 브랜드로 우리 마음속에 각인되는 것도 당연한 결말이다.

하지만, 이 예를 보고 나서 '좋아! 나도 기무라 씨 이야기처럼 내가 고생한 밑바닥 이야기를 풀어놓겠어'라고 하는 건 곤 란하다. 웬만한 유명인이 아니라면, 고객은 누군가가 고생한 이야기에는 흥미가 별로 없기 때 문이다.

다시 한 번 'PASONA 법칙'을 되짚어보자. 이에 따르면 우선 읽는 사람에게 닥친 문제 즉 'P' 로부터 문장을 생각해야 한다. 그 후 'S(해결책)'에 귀 기울이게 만들기 위해서는, 그가 느끼고 있는 고통이나 문제 등을 이미 경험했고, 또 뛰어넘은 사람이 화자로 등장해야 효과적이라는 말이다. 뭐든 몸으로 직접 경험해서 얻은 지혜들은 압도적인 설득력을 발휘한다. '단 한 방의 역전 스토리'는 그것을 가능하게 해준다.

'나한테는 그런 극적인 스토리가 없는데'라고 생각하겠지만, 사실은 자신만 깨닫지 못하고 있을 뿐인 경우가 대단히 많다. 지금 이 글을 읽고 있는 독자들도 이번 기회에 자신만 갖고 있는 '단 한 방의 역전 스토리'를 생각해보길 바란다. 그 스토리에는 분명 당신만의 독특한 강점이나 읽는 사람에게 친근한 느낌을 전달하는 뭔가가 들어 있을 것이다.

스토리 담기

아이들은 이야기를 좋아하지만, 사실 어른들도 이야기를 좋아하는 건 마찬가지다. 인간은 원래 '스토리'에 매료되는 존재다. 그러므로 '스토리'라는 형식은 뭔가를 알리기에는 매우 좋은 형식이라 말할 수 있다.

그중에서도 시간을 뛰어넘어 전해 내려오는 '신화'에는 사람의 마음을 휘어잡는 '보편적인 스토리 패턴'이 있다. 유명한 '스타워즈' 등의 영화 시나리오도 이 신화의 패턴에 따라 만들어졌다고 알려져 있다.

카피 문장에도 스토리가 담기면 확실히 특별한 힘이 생긴다. 읽는 사람이 그 문장을 읽을 때 왠지 그 등장인물에 자신의 감정을 이입하게 되기 때문에 훨씬 더 마음이 동요된다. 왜 그럴까? 이것은 심리학에서 말하는 '에피소드 기억'으로 설명할 수 있다. 사람은 과거에 경험한 사건을 기억할 때 '그 장소의 분위기'나 '심리 상태' 등에 관련한 정보까지 함께 기억한다고 한다. 스토리는 바로 그런 에피소드 기억을 끄집어내기 때문에, 과거의 추억이나 감정을 불러일으킨다. 그러므로 카피 문장에 당신의 스토리를 만들어서 담아본다면, 사람들은 더욱 그 카피에 몰입하게 될 것이다.

≫ 이야기(스토리)

다른 표현 히스토리, 성장, 다큐멘터리, 에피소드

가장 기본적인 카피 단어로 '이야기'가 있다. 단순히 노하우나 일반적 이론 같은 게 아니라, 뭔가 우여곡절 혹은 파란만장한 사연이 있다는 것을 알릴 수 있다.

0427	50대에 대기업을 그만두고 창업한 한 남자 이야기
0428	유기견 한 마리가 몰고 온 기적 같은 이야기
0429	의사로 일하면서 상장 기업을 만든 남자의 리얼 스토리

≫ 모두가 웃었습니다. 하지만

다른 표현 모두가 무시했습니다. 하지만

'무시당했지만 결국에는 복수했다'는 전형적인 역전 스토리. 0430은 존 케이플즈의 책에 등장하는 유명한 헤드라인 카피다. '하지만 **하면…'이라는 형식으로 그다음 이야기를 궁금하게 만드는 기법으로, 지금도 영화나 TV에서 자주 쓰이고 있다.

0430	내가 피아노 앞에 앉으면 모두가 웃었습니다. 하지만 피아노를 치기 시작한… (『Tested Advertising Methods』 존 케이플즈, PrenticeHall) *한국어판 『광고 이렇게 하면 성공한다』 (서해문집, 1990) 현재 절판.
0431	웨이터가 내게 영어로 말을 걸자, 모두가 웃었습니다. 하지만 주문하기 시작하면…
0432	동업자는 비웃었습니다. 하지만 저의 책이 팔리기 시작한 순간…(『당신의 회사는 90일 만에 더 벌 수 있다』)

≫ 나는 어쩌다**(나는 왜**)

다른 표현 어째서 내가**에

우선 0433처럼 '어떤 일을 계기로 성공할 수 있었는지'를 전달하는 경우가 있다. 그와 반대로, 0434처럼 '어떤 사건 때문에 실패했는지'를 말하는 경우도 있다. 두 경우 모두 그 배후에 어떤 스토리나 인과관계가 있었는지가 궁금해진다.

0433 중학교 때까지 공부 못하던 나는 어쩌다 서울대에 가게 됐을까?

0434 내가 만든 회사는 어쩌다가 도산하게 되었나

0435 시골에서 농사를 짓던 나는 왜 아프리카로 떠났을까?

≫ 벼랑 끝에

다른 표현 절체절명, 속수무책, 사방이 막힌

궁지에 몰린 상황을 드라마틱하게 보여주는 표현이다. 벼랑 끝에서 그대로 떨어져버리면 스토리가 성립하지 않기 때문에, 반드시 뒤에 역전 스토리가 따라와야 한다.

0436 실적 저하로 벼랑 끝에 몰린 그 남자가 영업 1위가 된 사연은?

0437 졸업 후 3년 동안 백수였던 취준생. 벼랑 끝에서 시작한 사업 아이템은?

0438 벼랑 끝에 선 그 기업은 어떻게 부활했을까?

≫ 기적의

다른 표현 미라클, 신들린 듯한, 귀신같은 솜씨

'기적'이라는 단어에는 '인간 세계에서는 생각할 수 없는 신기한 현상'이라는 뉘앙스가 담겨 있다. 그래서 이 단어로 문장을 쓰면 내용 자체가 신비한 느낌을 주어 호기심을 자아낸다.

0439 커뮤니티가 지지하는 기적의 상점가

0440 기적의 40대 여성. 20대 같은 동안 피부의 비결은?

0441 부정적이던 사람을 긍정적으로 바꿔주는 기적의 습관

≫ 들려주고 싶다

다른 표현 말해두고 싶다, 한마디, 공유

인간은 좋은 일이나 기쁜 일이 있으면 누군가에게 말하고 싶어진다. SNS에 자신의 이야기나 의견, 사진 등을 올리는 것도 바로 이런 인간의 본능에서 비롯한 행위이다. '들려주고 싶다'는 심리를 있는 그대로 전달하는 기본 표현이다.

0442 '목표를 정하지 못해' 초조한 사람에게 들려주고 싶은 3가지 시각(포브스 재팬. 2018년 12월)

0443 자신감이 부족한 아이들에게 들려주고 싶은 이야기

0444 육아 노이로제에 걸린 엄마들에게 들려주고 싶은 공적 지원 정보

≫ 거짓말 같은 진짜

뉘앙스로는 '기적의'와 비슷하지만, '기적'이라는 단어가 너무 거창한 느낌이 들어서 부담스럽다면, 이 표현을 사용해보자. 좀 더 친근하고 유머러스한 인상을 준다.

다른 표현 믿을 수 없는, 언빌리버블, 설마

0445　정말 있나요? 거짓말 같은 진짜 바다 속 생물

0446　거짓말 같은 진짜 절경을 볼 수 있는 정말 짧은 시간대

0447　거짓말 같은 진짜 기회가 찾아왔을 때, 놓치지 않는 법

≫ 부활

이전에 좋은 상태였던 것이 나빠졌다 다시 좋아졌다는 것을 말해주는 단어다. 단 두 글자지만, 이 단어 안에는 몰락과 재탄생이라는 극적 스토리가 들어 있다. 사람들은 그 '변동의 폭'에 묘한 스릴을 느낀다.

다른 표현 되살아나다, 리바이벌, 기사회생, 부흥, V자 회복

0448　아날로그의 부활, 필름 카메라의 매력

0449　코로나19 이후의 경제 V자 회복 가능할 것인가?

0450　80년대의 특종 프로그램, 최신 CG기술로 부활하다

≫ 선물

'**의 선물'에서 **에는 '사람'뿐만 아니라 추상적인 '개념'이나 '단체', '자연' 등 여러 단어가 들어갈 수 있다. 0452처럼 '제주도산'을 '제주도의 선물'이라고 하면 인상이 크게 바뀐다.

다른 표현 기프트, 하사품, **에서 보내는

0451　가족을 사랑하는 사과 농장에서, 가족을 사랑하는 당신에게 보내는 인생 선물(『돈이 되는 말의 법칙』)

0452　제주도의 선물

0453　미스터리한 나라, 미얀마가 주는 선물

≫ 시작하다(시작되다)

미래를 향해 이야기가 전개되고 있다는 느낌을 주는 단어로 읽는 사람에게 기대감을 준다. 혹은 '그런 미래를 함께 만들어갑시다'라는 메시지가 되기도 한다.

다른 표현 스타트하다, 막을 열다, 막이 열리다

0454　돈을 생각하지 않는 회사가 시작된다

0455　당신의 책상 위 스크린에서 새로운 세상이 시작됩니다

0456　일회용품 쓰지 않기, 이 작은 실천에서 제로 웨이스트는 시작합니다

>>> 도전

다른 표현 도전장, 챌린지, 대항, 도전에 응하다

영웅은 역경에 도전하면서 탄생한다. 마치 드라마 속 주인공이 위기를 만나고 그것을 뛰어넘기 위해 고군분투하는 것을 지켜보는 것처럼 흥미를 갖게 만든다.

0457 READY TO GO! 도전하는 사람이 미래를 바꾼다

0458 한국산 낫토, 청국장에 도전하다

0459 학교 폭력에 도전장 내민, 어느 교사의 분투기

>>> 역습

다른 표현 역공, 반공, 카운터 어택

궁지에 몰린 상황에서 이겨냈다는 뜻이 담겨 있다. 눈앞에 닥친 고난을 어떻게 이겨냈는지(어떻게 어려운 국면을 타개했는지) 궁금하기 때문에 집중도가 높아진다.

0460 운동의 역습, 운동으로 건강이 나빠진 사람들의 이야기

0461 고령화의 역습, 위기에 몰린 노인들

0462 기후 위기와 코로나 19 바이러스, 지구의 반격이 시작되었다

>>> 반격

다른 표현 반역, 아메리칸 드림

역습과 마찬가지로 지고 있거나 불리한 상황에 처한 사람이나 집단이 뭔가 액션을 취해서 이긴다는 의미를 담고 있다. 역습이 정중한 표현이라면 반격은 약간 캐주얼한 문장에서도 사용할 수 있다.

0463 아이폰 덕분에 애플 주가 반격

0464 백신이 반격이 시작되었다

0465 꼴찌들의 이유 있는 반격

>>> 이유가 있어서

다른 표현 까닭이 있는, 여러 사정으로, 특별한 이유로

'이유가 있어서'라고 하면, 도대체 그 이유가 뭔지 알고 싶어지기 마련이다. 또 그 이유 안에 뭔가 재미있는 사연이 숨어 있을 것 같아서 더 궁금해진다.

0466 이유가 있어서, 싸다(무인양품)

0467 『이유가 있어서 멸종했습니다』(마루야마 다카시, 위즈덤하우스, 2019)

0468 이유가 있어서 재고 처분하지만, 품질에는 아무런 문제가 없습니다

≫ 무대

다른 표현 스테이지, 영광스러운 무대, 씬, 광경, 정경, 주역

이 단어를 보면 좋아하는 스타가 등장하는 화려한 무대 장면이 떠오른다. 또한 '무대=주역'이라는 이미지도 있기 때문에, 주역이 된다는 뉘앙스도 포함되어 있다. 0471에 나오는 '스테이지'도 같은 의미지만 느낌이 조금 다르다.

0469 음악과 영화를 위한 완벽한 무대(애플)

0470 무대는 거리에서 방으로, 할로윈 트렌드의 변화(포브스 재팬, 2017년 10월)

0471 인생이라는 스테이지에서 빛나기 위해 오늘부터 새출발하자

≫ 운명

다른 표현 팔자, 천명, 운수, 인연

여러 가지 뜻이 있지만, 일반적으로 '앞날, 미래'라는 맥락으로 쓰인다. 비슷한 말로 '명운(命運)'이 있는데, 이것은 '운, 운수'라는 의미라서 조금 다르다.

0472 전기자동차는 가솔린 엔진의 운명을 바꿀 수 있을까?

0473 꽁치도 이렇게 계속 안 잡히면, 장어나 송이버섯과 같은 운명을 걷게 될까?

0474 블랙먼데이로 망한 회사와 살아남은 회사를 가른 운명의 주가

글이 써지지 않는 이유는 뭘까?

블로그에 글을 쓰거나 누군가에게 이메일 등을 써야 해서 "좋아! 써보자!"며 컴퓨터 앞에 앉기는 했지만, 멍하니 화면만 바라보며 한숨 쉬어본 적이 있는가?

보통 이렇게 글이 써지지 않으면, '나는 스킬이 없어, 글솜씨가 없어'라고 생각하기 쉽지만, 사실 진짜 원인은 '시장 조사 부족'이다.

프로 카피라이터들도 순수하게 글을 쓰는 시간보다는 소재를 모으거나, 구성을 생각하는 시간이 압도적으로 길다. '현대 광고의 아버지'라 불리는 데이비드 오길비조차도 카피를 쓰기 전, 조사에만 3주 정도의 방대한 시간을 쏟는다고 말했다.

따라서 도저히 카피가 써지지가 않을 때는, 쓰는 것을 깔끔하게 포기하고, 주제와 관련된 소재부터 찾아보자. 글쓰기는 요리와 같아서, 모아놓은 재료 이상의 것은 쓸 수 없다. '좋은 문장'을 쓰기 위해서는 '좋은 재료'가 필요하다.

읽는 사람의 감정에 공감하기

초면인 사람과 이야기를 하다가 우연히 그가 나와 같은 지역 출신이라는 것을 알게 되었다. 자세히 물어보니 아뿔싸, 내가 자란 곳과 매우 가까운 곳이었다. 그리하여 동네 이야기를 하게 되었고 대화가 무르익으면서 순식간에 가까운 사이가 되었다…. 혹시 이런 경험을 해본 적이 있는가? 이런 상황에서는 처음 만난 사람일지라도 미묘하게도 아주 가까운 사람이라고 느끼게 된다. 또는 출신지나 연령대가 달라도 '같은 대학'을 나왔거나, '같은 취미'를 갖고 있거나 '같은 종의 반려동물과 동거 중'이면 급속도로 친한 사이가 되기도 한다. 사람은 본능적으로 자신과 공통점이 있는 타인에게 친근감을 느낀다. 이것이 바로 '유사성의 법칙'이다.

그런데 이보다 더 강하게 친근감을 주는 것이 있다. 그것은 바로 읽는 사람의 감정에 공감하는 것이다. 그 사람이 처한 상황을 이해하거나 응원하거나 동의하는 것이다. 쉽게 말하면 '나는 당신의 편 or 이해합니다'라고 말해주는 것이다. 실제 커뮤니케이션에서도 사람들은 자신의 생각을 이해해주거나, 찬성해준 상대방에게 호감을 느낀다. 카피를 쓸 때도 마치 앞에 누군가가 앉아 있다고 상상해보고 말을 걸어보자. 상대방의 입장에 다가가서 말할수록 상대도 내 말을 이해해주기 쉽다. '공감능력'은 마케팅에서 믿음직스러운 무기이다.

≫ 지긋지긋

'싫다'라는 기분을 대변하는 표현이다. '혐오감'이라고도 말할 수 있을 정도의 강한 거부감, 또는 '매번 같은 일만 반복되어 질리고, 싫어진다'는 불쾌함, 스트레스를 묘사한다. 그러한 부정적인 기분에 다가가 공감을 유도하는 표현이다.

다른 표현	싫은, 진절머리가 난다, 딱 질색, 질렸다, 식상한
0475	무조건 아부만 하던 영업은 이제 딱 질색
0476	당신은 지금 상사가 지긋지긋하지 않으요?
0477	연공서열은 이제 지긋지긋. 미국 스타일의 회사에서 나이에 상관없이 일하고 싶다

≫ 귀찮은

'귀찮다고 생각하는 것은 당신뿐만이 아니다'라는 메시지까지 포함되어 있기 때문에, 공감을 얻기 쉽다. 당신뿐만 아니라, 다른 사람도 똑같이 고민하고 있다고 말해주므로 안도감이 든다.

다른 표현	번거로운, 성가신, 시끄러운, 곤란한
0478	화장 고치는 게 귀찮은 여성들을 위해 준비했습니다
0479	80%의 직장인이 점심식사 후의 양치질을 귀찮게 여깁니다
0480	매일 저녁 식사 메뉴를 생각하는 것이 귀찮은 전업주부들에게

⋙ 고민할 필요가 없다

다른 표현　고민하지 않아도 되는, **는 생각하지 않아도 돼

'이제 고민하지 않아도 돼요'라고 고객의 감정에 가까이 다가가는 표현이다. 또 '고민이 사라진다'='문제를 해결한다'이기 때문에 뭔가 해결책이 있다는 걸 암시한다. 이렇게 여러 역할을 하기 때문에 편리한 표현이다.

0481	더 이상 출력 에러로 고민할 필요가 없다(애플)
0482	비오는 날의 출근용 신발. 더 이상 고민할 필요가 없다!
0483	탈모, 더 이상 고민할 필요가 없다!

⋙ ~와 함께

다른 표현　같이, 동석

정중한 표현으로 지금도 널리 쓰이고 있다. 0484처럼 '(당신과 나는) 같다'라는 의미로 변형해서 쓰기도 한다. 또한 0486처럼 '동행한다' 또는 발전시켜 '동료가 되지 않겠습니까?'라는 문맥으로도 사용할 수 있다.

0484	가족을 위해 좋은 일을 하고 싶다. 그 마음, 우리도 똑같습니다(애플)
0485	멋진 디너 타임은 가을 한정판 스페셜 와인과 함께!
0486	새로운 출발에 함께할 수 있어 영광입니다

⋙ 포기한

다른 표현　은퇴, 기브업, 단념한

과거에 시도는 해봤지만 결국 포기해버린 경험은 누구에게나 있을 것이다. 포기하기는 했지만, 마음 깊은 곳에서는 여전히 '할 수 있게 되기를' 바라고 있는 경우도 많다. 이 단어에는 그런 사람들에게 한 번 더 희망을 주는 힘이 있다.

0487	마요네즈를 포기한 사람에게 희소식!
0488	영어회화를 단념한 분에게. 한 번 더 도전할 기회
0489	잠이 안 올까 봐 저녁 커피를 포기한 분에게는 디카페인을 권합니다

⋙ 포기할 수 없는

다른 표현　네버 기브업, 주저앉지 않는, 꺾이지 않는, 버티는

'포기한'과 비슷한 상황에서 쓰지만, 좀 더 절실한 사람들의 마음에 공감하는 단어다. 아무리 힘들어도 포기할 수 없다는 절박한 마음을 대변한다.

0490	수학을 포기할 수 없는 사람을 위한 수학 책
0491	포기할 수 없는 내 집 마련의 꿈. 국민임대주택의 자격 기준은?
0492	남자 50대, 아직 포기할 수 없는 모발

≫ 응원합니다

읽는 사람이 처한 힘든 상황에 공감하면서, 지지와 응원의 메시지를 보내는 카피다. 친근감을 주면서도 위로받는 느낌이 들게 한다. '지원', '서포트', '당신 편' 등 다양하게 변형해서 사용할 수 있다.

다른 표현	서포트하는, 지원하는, 지지합니다, 당신 편
0493	늘 당신 편이 되겠습니다
0494	올해 당신이 보낸 연하장 개수는 당신을 지지하는 사람들의 숫자입니다(일본우편사업 주식회사)
0495	오늘도 열심히 일한 당신을 응원합니다

≫ ○○세에도 가능한

일반적으로 어떤 일을 시작하거나, 활동할 수 있는 나이대에 대한 사회적 관념이 있는데, 이에 도전할 수 있다는 가능성을 시사하는 카피다. 뭔가를 시작하기에는 '너무 늦지 않나', 혹은 '너무 빠르지 않나' 하는 심리적 불안을 덜어준다.

다른 표현	○○세부터라도 ＊＊ 가능, ○○세부터라도 괜찮다
0496	60세에도 공부를 시작할 수 있다! 충실한 교육 여건을 갖춘 ＊＊＊
0497	20세에도 세계 정상을 노릴 수 있는 스포츠
0498	2세부터라도 축구는 가능하다! 시작하기 전에 알려주고 싶은 3가지

≫ 늦지 않았다

'정말 이루고 싶었던 꿈이나 소망이 있지만 시작하기에는 이미 늦었다'고 포기한 사람을 응원하고, 행동으로 옮길 수 있도록 도와주는 표현이다. 노동 수명이 늘어나고 있는 지금 시점에서 다양하게 사용할 수 있다.

다른 표현	아직 충분한, 기한 안에 ＊＊
0499	창업하기에 '너무 늦은' 나이란 없다(하버드 비즈니스 리뷰, 2019년 6월)
0500	지금부터 시작해도 늦지 않았다! 시니어들을 위한 컴퓨터 교육
0501	40대의 대학 공부, 아직 늦지 않았다

≫ 기준이 되는

누구나 지금 상태보다 더 성장하고 남들보다 앞서 나가고 싶은 욕망이 있지만, 그것보다 더 강렬한 것은 남들이 하는 기본에서 뒤처지고 싶지 않은 마음이다. 이 카피는 어떤 상황에서도 중심을 잡아주는 뭔가를 표현하는 데 제격이다.

다른 표현	표준에 맞는
0502	모바일 마케팅의 기준이 되는 툴 제공
0503	노블레스 오블리주의 기준이 되는 기업
0504	종합병원의 기준이 되는 병원

⋙ 작은 회사

다른 표현 소규모 기업, 영세 기업, 스몰 비즈니스

여기서 '작은'의 정의는 명확하지 않고, 대기업에 비해 규모가 작다는 뜻이다. 작은 규모의 사업체를 운영하는 자영업자나 1인 기업 같은 소규모 기업을 운영하는 사람들을 타깃으로 한 비즈니스를 홍보할 때 쓸 수 있는 단어다.

0505 작은 회사를 급성장시키는 실전 MBA

0506 작은 회사를 위한 sns 마케팅 전략

0507 경리 서포트 시스템이 작은 회사의 경영을 지원합니다

⋙ 혼자

다른 표현 나 혼자, 혼자 힘으로, 론리, 고독한

'새로운 것에 혼자서 도전하는 사람을 응원한다'는 문장을 쓸 때 사용하는 카피 단어다. 혼자서도 잘할 수 있게 도와주겠다는 형태로 쓰면 친숙하게 다가갈 수 있다.

0508 혼자서 할 수 있는 블록체인 혁명

0509 자영업자라면 알아야 할 '혼자 일 잘하는 법' 5가지

0510 혼자 시작하는 영어 원서 읽기

⋙ 친절한(부드러운)

다른 표현 마일드한, 소프트한, 온화한

각박한 경쟁 사회에 찌들어 있는 사람들의 마음을 누그러뜨리는 카피 단어다. 걱정이 많은 사람들의 마음을 편안하게 해준다. '입 안에서 살살 녹는', '피부에 자극적이지 않은' 등 미각이나 촉각, 청각 등에 관한 표현으로 변형해서 사용해도 좋다.

0511 피부에 부드럽게 스며드는 마스크팩

0512 부드러운 카페라테로 시작하는 기분 좋은 하루

0513 노인의 치아에도 부드러운 건어물

⋙ 공유

다른 표현 셰어, **를 당신과 함께합니다, 윈윈

어떤 필요한 정보를 공유한다고 말하면 읽는 사람에게는 솔깃하게 들릴 수밖에 없다. 비법이나 비밀, 특단의 방법을 공유한다고 하거나, 혹은 0516처럼 읽는 사람에게 누군가와 함께 체험할 기회가 있다고 알리는 의도로 사용한다.

0514 절세 꿀팁을 지금 당신과 공유합니다

0515 라면을 맛있게 끓이는 비밀 레시피를 공유합니다

0516 사랑하는 가족들과 가을 밤하늘을 공유할 수 있습니다

≫≫ 동반

다른 표현 다가가는, 이인삼각으로, 힘을 합쳐

'옆에서 함께한다', '함께할 수 있다'라는 내용을 간단하게 두 글자로 나타낼 수 있는 카피 단어다. 혼자서가 아니라 누군가 함께하면서 더 질 좋은 뭔가를 즐길 수 있다고 소개할 때 쓸 수 있다.

0517   세계사 전문 가이드 동반 여행에 당신을 초대합니다

0518   심리학자 동반. 부부 심리 테라피 교실 운영

0519   반려동물 동반 가능한 호텔을 소개합니다

≫≫ 마음을 사로잡는

다른 표현 첫눈에 반한, 심쿵

원래는 '마음을 온통 한곳으로 쏠리게 하다'라는 뜻이다. 하지만 실제로는 단순히 '정말 마음에 든다'는 뜻으로 쓰일 때가 많다. '좋아한다'라는 표현보다 훨씬 더 강렬한 이미지를 남길 수 있다.

0520   마음을 사로잡는 그리운 옛날 동영상을 프레젠테이션에 활용하는 방법

0521   '육식파'의 마음을 사로잡는 맛. 한우 스페셜 스테이크

0522   여성의 마음을 사로잡는 실용적인 인테리어 디자인

≫≫ **우선(**가 먼저다)

다른 표현 먼저, **를 첫째로 생각하는, **만 생각합니다, **퍼스트

'첫 번째로 생각한다', '다른 무엇보다도 우선시한다'라는 마음을 전달한다. 그 상품이나 서비스가 지향하는 가치를 드러낼 수 있다.

0523   우리 기업의 성장 비결은 '고객 우선주의'

0524   당신의 건강을 먼저 생각합니다

0525   당신의 행복을 첫째로 생각하는 기업

≫≫ 인생(의)

다른 표현 일생의, 생애의, 일대, 이번 생

우리의 일상생활에서 비중이 큰 뭔가를 이야기할 때 쓰는 단어다. 0528에 나오는 '인생의 절반'과 같은 표현은 이미 익숙할 것이다. 수치상 인생의 절반이라는 뜻이라기보다는 그만큼 우리 삶에 지대한 영향을 미친다는 뜻이다.

0526   오늘의 나를 만든, 내 인생의 문장들을 소개합니다

0527   부모님과 함께 인생 샷을 남기세요

0528   '인생의 절반'을 함께할 반려동물. 사지 말고 입양하세요

≫ 사랑

대개 우리는 사랑하거나 사랑받는 것은 '특별한 누군가에 대한 감정'이라고 생각한다. 그렇기 때문에 '사랑'이라는 단어를 보면 자신의 개인적인 인간관계나 그 사이에서 나눴던 감정을 떠올린다. 가벼운 느낌으로 사용할 때는 '좋아하는, 좋아해주는' 등등의 단어로 바꿔 사용해도 좋다.

다른 표현 **에게 사랑받는, 러브, **파, **정신, 인연

0529	돈에게 사랑받는 사람과 미움받는 사람의 결정적인 차이는 무엇인가
0530	지역에서 사랑받는 빵집이 되기 위해 매일 밤낮으로 노력하고 있습니다
0531	제주도를 각별히 사랑하는 서울 시민을 위한 제주도 식당

≫ 자랑

누군가에게 인정받고 싶은 마음, 즉 '인정 욕구'는 사람이라면 누구나 갖고 있다. 하지만 지나친 자기 자랑은 오히려 빈축을 살 수도 있기 때문에 적재적소에 잘 사용해야 한다.

다른 표현 **가 자랑하는, 갖추하는, 제일가는

0532	잘 샀다고 자랑할 수 있는 가성비 굿 백 리스트
0533	우리 집의 자랑, 별이 보이는 다락방을 소개합니다
0534	SNS에서 쉽게 저지르기 쉬운, 바쁘다는 자랑은 백해무익

≫ 휴식 같은

1분, 1초를 쪼개어 써도 항상 시간이 모자라는 현대인에게 '휴식 같은'이라는 카피는 보기만 해도 편안한 느낌을 준다. 친근하면서도 편안한 서비스를 제공하는 상품에 사용하면 효과적이다.

다른 표현 여행 같은

0535	휴식 같은 인테리어로 편안함을 드립니다
0536	도심 속 휴식 같은 카페를 소개합니다
0537	열심히 일한 당신에게 휴식 같은 라이브 공연을 선사하세요

≫ 구하다

'돕다'는 문제가 있든 없든 도와준다는 뜻이지만, '구하다'는 '곤란한 상황에서 구출한다'는 인상이 강하다. 그만큼 뭔가 어려움에 처한 사람들에게 구원의 손길을 보낼 때 쓰면 유용하다.

다른 표현 돕다, **로부터의 구제, 손을 내밀다

0538	채식주의가 지구를 구한다
0539	의사를 '번아웃'에서 구하는 AI 어플, 진료 기록의 자동화
0540	육아와 집안일에 지친 엄마를 구하는 심리 상담소

권유하기

누군가 당신에게 책을 추천했다고 치자. 다음 네 개의 문장은 각각 어떤 느낌일까?

　①이 책을 읽으세요. 　　　　②이 책을 꼭 읽어주세요.

　③당신도 이 책을 읽어보세요. 　④이 책을 읽어보지 않으시겠어요?

①에 가까워질수록 강요처럼 느껴지고, 반론하지 못하게 하는 뉘앙스를 풍긴다. 역으로 생각하면 ④에 가까워질수록 No라고 말하기 쉽다고 느낄 것이다. 그렇다면 뭔가를 권하는 형식의 카피를 쓸 때 어떻게 해야 할까? ①과 같이 강제로 명령하면, 오히려 방어 본능이 발동한다. ②는 어감 자체는 정중하지만, 선택의 여지를 남기지 않아 조금은 무례하게 들릴지도 모른다. ③은 명령형은 아니기 때문에, 흥미 있는 사람이라면 관심을 보일 것이다. 하지만 흥미가 없는 사람이라면 귀찮게 생각할 수 있다. ④의 경우에는 싫다면 '미안하지만 싫어요'라고 쉽게 거절할 수 있다는 장점이 있다. 이를테면 '제안에 응할지, 거절할지는 당신 선택에 달렸다'라고 느껴지는 표현인 것이다. 이렇게 똑같은 내용으로 '권유'하는 문장을 써도 톤에 따라 '정중/무례', '거절하기 쉽다/거절하기 어렵다'로 갈리게 된다. 읽는 사람에게 거부감이 없는 표현은 그와 동시에 거절하기도 쉬워진다고 보면 된다. 카피를 쓸 때, 이 중에 정답 혹은 오답이 명확하게 있는 것은 아니다. 단지 상황에 맞게 적절하게 사용하는 것이 포인트이다.

≫ 자,

다른 표현 거봐, 그거, Let's

같은 눈높이에 서서 무언가를 재촉하는 표현이다. 단독으로도 쓰지만, '**합시다'와 함께 쓰는 경우가 많다.

0541	자, 시작하자. 온몸으로 음악을 즐길 수 있는 엘렉톤 (야마하 뮤직)
0542	자, 이 간단한 방법으로 도심에 집을 지어봅시다
0543	휠체어여도 걱정 제로, 간병인 동반 택시로, 자 여행을 떠나보자

≫ 자, 이제

다른 표현 그것, 자, 지금이야말로

'자'와 비슷하지만, '자'보다는 조금 예스럽거나 중후한 인상을 준다.

0544	자, 이제 그동안 미뤘던 여행을 떠나볼까?
0545	자, 이제 정년퇴직, 자산을 까먹을까, 다시 일을 할까?
0546	자, 이제 여름! 절대로 햇볕에 타지 않는 패션과 메이크업

⋙ **하자

다른 표현	**합시다, Let's **

'**하자', '**합시다'는 의문형인 '하지 않겠습니까?', '해보지 않겠습니까?'와 비교하면, 약간 강압적인 느낌을 줄 수도 있지만, 전문가나 가이드 같은 위치의 사람이 권유하는 표현으로는 적당하다. 하지만 좀 더 부드러운 표현을 쓸 때는 '**하지 않겠습니까?' 쪽이 더 적합하다.

0547	기분 좋은 하루를 만드는 나만의 모닝 루틴!
0548	경험이 없어도 괜찮다. 시작해보자! 클래식 기타 레슨
0549	좋아하는 음악을 어디에든 갖고 가자(애플)

⋙ **하고 싶지 않으세요?

다른 표현	Shall we **?

부드럽게 권유하는 표현. 강요한다는 느낌이 전혀 없어서 부담 없이 쓸 수 있다. 좀 더 강하게 직접적으로 권유하고 싶다면 '**합시다' 쪽이 더 적합하다.

0550	수영장이 달린 전원주택에서 살고 싶지 않으세요?
0551	당신의 한 달 수입을 50만 원 더 늘리고 싶지 않으세요?
0552	춤 잘 추고 싶지 않으세요?

⋙ **해보지 않으시겠어요?

다른 표현	**는 어떤가요?, **로 초대합니다

'해보다'라는 것은 '하다'보다 좀 더 부드럽고 간접적인 인상을 준다. 그래서 가볍게 권유하고 싶을 때 적합하다. '하지 않으시겠어요?'보다 '해보지 않으시겠어요?' 라고 말하면 훨씬 더 편안하게 느껴진다.

0553	서울 시티 투어에 참가해보지 않으시겠어요?
0554	당신의 회사에도 마케팅 자동화를 도입해보지 않으시겠어요?
0555	휴일에 자원봉사를 해보지 않으시겠어요?

⋙ **처럼 **하자

다른 표현	**같이 하자, **와 같은 **를

단순히 '**하자'라고 하기보다 '**처럼 **하자'라고 특정한 예를 들면서 권유하면 읽는 사람의 머릿속에 생생한 이미지가 그려진다. 그렇게 되면 메시지의 힘이 훨씬 더 강력해진다.

0556	스냅 사진을 찍는 것처럼 빨리 찍자(애플)
0557	네이티브 스피커처럼 영어로 말하자
0558	컴퓨터처럼 정확하게 기억하자

≫ 깔끔하게 **합시다

싫은 것에서 해방되어 상쾌한 상태가 되는 것을 권하는 표현. 지금 안고 있는 고민이나 불쾌한 상황을 문장에서 언급할 필요가 있다.

다른 표현 결단코 **하는 것은 그만합시다

0559   깔끔하게, 퇴직 후 돈 걱정에서 해방됩시다

0560   깔끔하게, 입 냄새 고민은 잊읍시다

0561   헤어진 남자 따위, 깔끔하게 잊어요

≫ 힘들게 **하는 것은 이제 그만둡시다

단순히 무언가를 '관두는' 것이 아니라, '힘들게'라는 말이 앞에 붙어 있는 것이 포인트이다. 이 표현을 통해 더 편한 방법이 있다는 것을 넌지시 내비친다.

다른 표현 애써서 **하는 것은 이제 그만둡시다

0562   집에서 힘들게 염색하는 것은 이제 그만둡시다

0563   힘들게 인사 평가 하는 것은 이제 그만둡시다. 모든 것은 이 매트릭스에 맡겨주세요

0564   힘들게 홈페이지 만드는 것은 이제 그만둡시다

≫ 고민인 분은 상담하세요

바로 신청하는 것이 아니라, '상담'이기 때문에 행동으로 옮기기가 쉬워진다. 각종 웹 사이트의 신청란 등에서 자주 볼 수 있듯이 어떤 상황에서도 쉽게 사용할 수 있다.

다른 표현 고민 중인 분은 연락주세요

0565   출산이나 육아로 고민인 분은 상담하세요

0566   비염 증상으로 고민인 분은 상담하세요

0567   상속 문제로 고민인 분은 상담하세요

≫ 구해주자

'**로부터 구해주자'의 **에 적절한 단어를 넣으면, 읽는 사람을 내 편으로 만들 수 있다. 주로 '개인의 고민'보다는, '사회적인 미션'에 관한 카피에 많이 쓴다.

다른 표현 도와주자, 알려주자

0568   에어컨에서 나오는 집 먼지로부터 아이를 구해주자!

0569   담배 연기로부터 아이들을 구해주세요

0570   고양이들을 살처분으로부터 구해주세요

≫ 모집

'모집'이나 '대모집'이라는 형태로, 인재 채용이나 모객이 필요할 때 쓴다. 사람을 모집하는 것뿐 아니라 '체험담'이나 '작품'을 접수하는 콘테스트, 공모전 등등에 널리 쓸 수 있다. '대모집'이라고 쓰면 스케일이 더 크다는 인상을 주어 많은 사람이 응모할 확률이 높아진다.

다른 표현 대모집, 모으다, ✱✱모여라!

0571 ○○에서 인재를 모집합니다

0572 긴급 안내. 간다 마사노리와 함께 일할 인재를 대모집!
（『금단의 세일즈 카피라이팅』）

0573 ○○ 능력자를 대모집!

≫ 급구

문자 그대로 '급하게 구하고 있다'라는 의미이다. 이 표현은 일손 부족으로 다급한 상황임을 나타내기 때문에, '모집'보다는 강한 인상을 준다. 응모하는 쪽에서도 '가능한 한 빨리 참가하고 싶다'라고 느끼게 된다.

다른 표현 긴급 모집

0574 발리 섬 투어. 15실 30명의 동행자 급구!

0575 급구! 주말 근무 가능한 사람을 찾습니다

0576 간병인 급구. 경험자 우대

≫ 구함!

사람이나 물건을 구하는 광고 등에서 자주 쓰는 표현이다. 0577처럼 조건을 뒤에 제시하는 패턴과 0579처럼 앞에 제시하는 패턴이 있다.

다른 표현 오세요, ✱✱찾고 있습니다. ✱✱한 분 없습니까?

0577 구합니다! 랜딩페이지 전문 웹디자이너

0578 도전자 구함! 초대용량 카레 5접시 챌린지

0579 제주 감귤 따기 단기 알바 구함!

≫ ✱✱가능한 사람을 구합니다

'구함!'의 다음은 명사가 아니면 어색하지만, '구합니다'는 융통성 있게 사용할 수 있다. 하지만 '구합니다'는 글자 수가 많기 때문에, 제목 등으로 짧게 표현하고 싶을 때는 '구함' 쪽이 낫다.

다른 표현 ✱✱경험자 환영

0580 웹디자인 가능한 사람을 구합니다

0581 주말 근무 가능한 사람을 구합니다

0582 적극적인 사람을 구합니다

≫ 찾습니다

다른 표현 **웰컴, **를 기다립니다

'구함!'보다 자연스런 표현이기 때문에, 받아들이기 쉬운 인상을 준다. '찾는다'는 넓은 범위에서 발견하는 것이고, '구하다'는 손에 넣는 것이라는 뉘앙스 차이가 있다.

0583	1종 대형 면허 갖고 계신 분을 찾습니다
0584	토요일 저녁에 자원봉사하실 분을 찾습니다
0585	안락사 직전에 구조된 유기견의 가족을 찾습니다

≫ 또 없습니까?

다른 표현 또 누구 없습니까?

사람을 모을 때 사용하는 또 다른 표현이다. '모집'이나 '구함'은 직접적이지만, 이 표현은 간접적으로 '권유'하는 느낌을 전달할 수 있다. '또'라는 단어가 이미 참가자가 있다는 뜻을 내포하고 있기 때문에 뭔가 안정된 느낌을 준다.

0586	세계 최대의 북클럽 퍼실리테이터가 되고 싶은 분 또 없습니까?
0587	편의점 사장이 되고 싶은 분 또 없습니까?
0588	한 달 만에 영어회화를 마스터하고 싶은 사람 또 없습니까?

≫ 불문

다른 표현 필요 없음, **일절 필요 없음

'묻지 않는다'(='관계없음', '문제없음')는 것을 단 두 글자로 표현할 수 있는 단어다. 특히 '나는 못할 것 같다'고 지레 포기하고 있는 사람에게 용기를 주는 메시지에 적절하게 쓸 수 있다.

0589	경력 불문 상시 채용
0590	학력 · 경력 불문, 누구나 도전할 수 있는 업무
0591	자격 · 경험 불문, 누구나 가능한 아르바이트

≫ 챌린지

다른 표현 콘테스트

'무언가에 도전해봅시다'라는 말투로, 참가자를 모집하는 표현이다. '도전'이나 '도전하다' 같은 단어보다 가벼운 느낌을 준다. 호기심을 자극하고 마음을 설레게 하여 즐거운 분위기를 자아내는 단어라 할 수 있다.

0592	디지털 마케팅 30일 챌린지
0593	한국 화웨이 ICT 챌린지
0594	아이 대상 빵 만들기 챌린지

동질감 높이기

사람은 자신과 비슷한 사람에게 호감을 갖는 경향이 있다. 여기서는 어떤 공통점을 내세워 집단을 하나로 묶는 방법을 소개한다. 나이나 취미 등으로 공통점을 드러내는 문장이 가장 많이 쓰인다. 물론 표현 방법은 여러 가지다. 같은 것을 봐도 사람에 따라 각각 다른 이미지를 떠올리는 것과 같은 이치다. 심리학에서 말하는 '라벨링' 혹은 '낙인 효과'와 비슷한 것이다.

'A 하면 B'라는 표현이 대표적이다. 예를 들어, 사람들은 햄버거 하면 어떤 브랜드를 떠올릴까? 아마도 맥도날드라고 답하는 사람이 많을 것이다. 물론 버거킹이라고 답하는 사람이 있을지도 모른다. 답이 뭐든 상관없지만, 중요한 것은 어떤 대답이 머릿속에 바로 떠오르는가이다.

검색 엔진을 생각해보면 이해하기 쉽다. 뭔가를 검색했을 때, 보통은 결과가 나온 순서대로 클릭하기가 쉽다. 즉, 우리 머릿속에 떠오르는 순서가 곧 그 상품이 시장에서 차지하고 있는 위치인 것이다.

≫ A 하면 B

`다른 표현` **라 하면 **, **라면 **

이 표현은 시장에서 혹은 사람들의 인식에서 가장 큰 영향력을 발휘하는 뭔가를 내세우면서 주목을 끈다. No.1이 될 뭔가를 발견해서 B 자리에 넣는 것이 중요하다.

0595	춘천 하면, 역시 닭갈비
0596	콜록! 하면 용각산(용각산)
0597	'여름 하면 캠핑'이라는, 캠핑 마니아 필독

≫ **인간

`다른 표현` **인, **피플

'어떠한 특징+인간'의 형식으로, 매우 다양하게 변형 표현을 만들어낼 수 있다. 특히 '**를 매우 좋아하는 인간'이나 '**를 싫어하는 인간' 등의 형식이라면, 얼마든지 말을 만들어낼 수 있다.

0598	행복해지려면 회사형 인간에서 벗어나라
0599	저녁형 인간에서 아침형 인간으로 변신하기 위한 효과적인 생활 습관
0600	『편의점 인간』(무라타 사야카, 살림, 2016)

≫ **녀 **남

'이과 여자'나 '초식남', '짐승남' 등의 변형 표현이 있다. '**인간'과 마찬가지로 다양한 변형을 만들 수 있다. 여기서는 '**'라는 어떠한 상품을 '남자, 여자'라는 성별로 한 번 더 구분 짓는다는 것이 포인트이다.

다른 표현	**맨, **우먼
0601	볼매녀들이 꼭 쓴다는 이 말투
0602	근육남을 위한 아웃도어 브랜드

≫ 싱글

1인 가구의 숫자가 엄청나게 늘어나면서 이들을 위한 상품이나 서비스도 이제는 종류가 다양해졌다. 아예 1인분만 포장해서 판매하는 음식뿐 아니라 가구나 가전 등도 싱글을 타깃으로 한 제품이 많은 만큼 자주 볼 수 있는 카피 단어다.

다른 표현	혼자 사는 사람, 1인용, 혼밥, 혼술
0603	싱글들을 위한 재테크는 달라야 한다
0604	혼밥 혼술을 위한 아주 간단한 레시피
0605	혼자 사는 사람을 위한 1인용 생활용품 모음전

≫ 7080, 3040

처음에는 복고풍이 유행하면서 7080을 썼는데 이후에는 1020, 2030, 3040, 4050 등등으로 나이대를 묶어서 광범위하게 사용되고 있다. 이 나이대에 해당하는 사람 입장에서는 자연스럽게 한 번 더 읽어보게 된다.

다른 표현	2030, 1020, 5060
0606	4050 일하는 여성을 위한 프리미엄 패션몰
0607	〈콘서트 7080〉(KBS 음악 프로그램, 2004~2018)
0608	3040 무주택자를 위한 내 집 마련 팁

≫ **세대

어느 일정 시기에 태어난 사람을 묶은 표현인데, 최근에는 동시대에 같은 체험을 한 사람들을 묶어서 표현하기도 한다. 특정한 세대를 타깃으로 하는 상품이나 서비스라면 강하게 어필할 수 있는 카피다.

다른 표현	제너레이션, 년대, **둥이
0609	밀레니얼 세대의 30%가 '부업을 하는' 이유
0610	베이비붐 세대부터 Z세대까지, 모두가 좋아하는 핫템
0611	Z세대의 부모라면 꼭 알아야 할 그들의 심리 특징

⫸ **＊＊라이프

특정한 생활 스타일을 가리킨다. '그것에 둘러싸인 생활', '몰두하는 생활'이라는 의미로 사용된다. '＊＊'에 들어가는 것을 '충분히 만끽한다'는 뉘앙스로 사용할 수 있다.

다른 표현 ＊＊생활, ＊＊인생, ＊＊가 있는 생활

0612	지금은 집콕 시대. 미니멀 라이프를 위한 인테리어
0613	휘게 라이프를 실현하기 위해 회사원일 때 반드시 해두어야 할 것
0614	가구 하나만 바꿔도 확 달라지는 집순이 라이프

⫸ ○○대부터

어떤 나이대의 사람들에게 공감을 일으킴(A)과 동시에, 타깃을 명확히 하여 범위를 좁히는(N) 두 가지 효과를 거둘 수 있는 카피다. 해당되는 나이대 사람들에게 강하게 어필할 수 있다.

다른 표현 ○○대부터 시작하는, ○○대부터라도 늦지 않다

0615	60대부터 시작하는 건강 관리법
0616	10대부터 시작하는, 나만의 브랜드 만들기
0617	인생 100세 시대, 40대부터는 세컨드 커리어를 구상하라

⫸ 아침, 점심, 저녁

아침, 점심, 저녁으로 각각 나누어 브랜드 네이밍으로 활용하면 멋진 카피가 나올 수도 있다. 이러한 방법으로 성공한 대표적인 예가 '아침 전용 캔 커피 WADA 모닝샷'(아사히음료)이다. 아침에 커피를 마신다는 것은 평범하지만, 아침 전용이라는 카피를 쓰면서 히트작이 될 수 있었다.

다른 표현 모닝, 데이, 나이트

0618	아침 조깅 클럽
0619	짧은 점심시간을 이용한 15분 잉글리시 튜터링
0620	직장인을 위한 저녁 시간 운동 할인 이벤트

⫸ 시대

'＊＊시대' '＊＊의 시대'라는 표현으로 널리 쓰이고 있는데, 마케팅뿐 아니라 사회 현상을 나타낼 때도 많이 쓰인다. '트렌드'라는 단어보다 조금 강경한 인상을 준다.

다른 표현 년대, 세기, ＊＊에이지

0621	언택트 시대, 뜨는 사업, 지는 사업
0622	SNS 시대, 중소기업의 마케팅 전략
0623	마스크가 '필수 액세서리'가 된 시대, NY 패션쇼에도 등장 (뉴스위크 일본판, 2020년 3월)

오감을 자극하기

단어만으로는 말하고 싶은 것을 전달하는 데 한계가 있다. 카피 단어를 알려주는 책에서 뜬금없이 왜 이런 이야기를 하느냐고 생각하겠지만, 여기서는 심리학 용어인 '메라비언의 법칙'을 짚고 넘어가겠다. 이 법칙에 의하면 우리가 나누는 커뮤니케이션 중에서 시각 정보가 55%로 가장 많은 비중을 차지했고, 그다음으로 청각 정보가 38%, 언어 정보는 고작 7%에 불과했다. 우리가 지금 이 책에서 논하고 있는 단어 그 자체의 영향력은 그리 크지 않은 것이다. 그보다는 목소리의 크기나 톤, 얼굴 표정이나 제스처 등등 시각이나 청각 정보로부터 우리는 더 크게 영향받는다. 또한 'VAK'라는 심리 감각 이론에 의하면 사람에 따라 영향받는 영역이 다르다. 여기서 V는 Visual(시각), A가 Auditory(청각), K가 Kinesthetic(운동 감각)이다. 사람에 따라서 눈으로 보는 것에 강한 사람, 귀로 듣는 것에 강한 사람, 만지거나 몸을 움직이는 것에 강한 사람이 있다는 것이다.

이렇게 인간의 인지 성향이 다양하기 때문에 마케팅도 음성, 영상을 함께 사용하는 것이 훨씬 더 효과적이다. 하지만 오로지 문자만 사용해야 하는 상황이라면 청각이나 촉각 등등 다른 오감을 어떻게 언어로 표현할 수 있을지를 고민해봐야 한다. 읽는 사람의 상상력과 오감을 자극하는 표현을 알아두면 언어의 힘을 최대한 끌어낼 수 있을 것이다.

≫ 상상해보세요

기본적으로는 0624, 0625처럼 '이상적인 상태가 되는 것'을 상상하게 하는 경우가 많다. 다만, 0626처럼 피하고 싶은 상황을 상상하게 할 때도 쓰인다.

	다른 표현	**이미지를 떠올려주세요
0624		상상해보세요. 스피치가 끝나고 박수갈채를 받는 모습을
0625		상상해보세요. 회사를 관두고 스트레스에서 해방되는 모습을
0626		상상해보세요. 개업했는데 손님이 한 명도 오지 않는 상황을

≫ **처럼

'**처럼'이라고 구체적인 예를 들면 읽는 사람의 머릿속에 그 이미지가 펼쳐진다. 포인트는 '**'의 자리에 이미지를 떠올리기 쉬운 구체적인 표현을 넣는 것이다. 추상적이거나 개념적인 단어가 들어가면 비유를 하는 의미가 없다.

	다른 표현	**와 같이
0627		자석이 끌어당기는 것처럼 잠재 고객이 전화하게 만드는 방법(『저예산으로 우량 고객을 잡는 방법』)
0628		사장처럼 생각하는 직원을 만드는 12가지 방법
0629		마약은 친구처럼 접근해서, 악마처럼 당신을 죽인다(공익광고)

≫ 마치

기본적으로는 '**처럼'과 동일하지만, '마치'라는 말을 쓰면 좀 더 비슷하다는 뉘앙스가 있다. 0632에서 알수 있듯이 강력한 이미지를 갖고 있는 단어를 쓰면, 상품에도 그런 이미지를 부여할 수 있다.

다른 표현 흡사, 완전, 그야말로, 진짜

0630	눈에도 귀에도 마치 영화관처럼(애플)
0631	마치 집에 있는 침대에 누워 있는 것처럼 편안한 승차감
0632	마치 마시멜로와 같은 감촉

≫ 두근두근

'즐겁다', '흥분된다'라는 감정을 신체적인 감각으로 표현한다. 가슴이 두근거리거나 등줄기가 살짝 떨리는 것 같은 느낌을 잘 전달할 수 있는 카피다.

다른 표현 들뜬, 신이 난, 설레는

0633	두근두근거리는 비즈니스에 불황은 없다
0634	당신의 마음을 두근두근하게 만드는 것, 그것이 돈을 벌어줄 것이다.
0635	두근두근, 쿵쿵. 아이도 어른도 대흥분!

≫ 시선을 빼앗는

아름다워서 시선을 고정하게 되는, 계속 쳐다보게 만든다는 뜻으로 그런 장면을 상상하게 만드는 힘이 있다. 이 카피를 읽으면 머릿속에 영상이 자연스럽게 떠오른다. '시선을 빼앗는 **' 혹은 '**에 시선을 빼앗긴'이라는 형태로 쓰인다.

다른 표현 시선을 강탈하는, 눈길을 끄는, 주목을 끄는, 눈을 떼지 못하는

0636	시선을 빼앗는 400만 픽셀. 눈이 번쩍 떠지는 데뷔(애플)
0637	전망 좋은 카페. 푸른 바다에 시선을 빼앗깁니다
0638	시선을 빼앗는 컬러풀한 오비 컬렉션이 한 자리에

≫ 눈이 휘둥그레지는

'시선을 빼앗는'과 비슷하지만 사용법이 조금 다르다. '시선을 빼앗는'이 시각적인 아름다움에 놀라 넋을 잃고 바라본다는 이미지인 반면, '눈이 휘둥그레지는'은 학업 성적이나 효과, 실적 등 비주얼과 관계없는 것에 놀라는 것을 의미한다.

다른 표현 깜놀한, 기겁하는, 경악하는, 눈알이 튀어나올 정도로

0639	관심 밖의 성장 분야 '농업'. 눈이 휘둥그레지는 성싱 (일본경제신문. 2020년 1월)
0640	눈이 휘둥그레지는 신입 사원의 활약으로 직장 전체가 활성화
0641	눈이 휘둥그레지는 진보를 이룬 태블릿 단말기의 최신 정보를 모두 공개

≫ 산뜻하게

상쾌한, 경쾌한, 가볍게, 스마트하게

'산뜻하게'라는 단어의 어감 자체에 '매우 가볍고 경쾌한' 분위기가 감돈다. 금세라도 떠오를 듯한 이미지이다. 물리적인 중량이 가볍다는 의미로도 쓰지만, 그보다는 '사람의 기분'을 나타내는 표현으로 더 많이 쓴다.

0642	완전히 새로운 맥북 에어, 산뜻하게 등장(애플)
0643	나들이 가서 한잔? 산뜻하게, 가볍게 무알콜 맥주로 즐기자!
0644	산뜻한 착용감의 린넨 셔츠를 입고 나가보자

≫ 시각화(가시화)

비주얼화

복잡하거나 애매한 것, 어수선해서 알기 힘든 것을 정리할 때, '시각화'는 효과적이다. 다만 보여주는 것만으로는 의미가 없고, '알기 쉽게' 보여준다는 것이 전제 조건이 되어야 한다.

0645	랜딩 페이지의 구성 요소를 '시각화'할 수 있는 궁극의 템플레이트
0646	후각의 가시화까지 바로 코앞
0647	하이트진로, 청량함을 시각화하다

≫ 속속

연달아, 차례차례, 끝없이, 끊임없이

계속해서 자꾸자꾸 이어지는 모습을 이미지화할 수 있는 표현이다. '활기찬 상태', '흥분된 상태'를 암시하기 때문에, 그 밖에 또 어떤 것이 있는지 자연스레 신경 쓰게 만든다.

0648	급성장 중인 회사는 알고 있다. 우수한 사원을 속속 채용하는 방법을
0649	대기업이 속속 AI 개발에 힘쓰는 이유
0650	계절감 넘치는 가을 색상 아이템이 속속 등장

≫ 날려버리다(웃어넘기다)

내던지다, **의 고민은 더 이상 없음

'날리다'라는 표현에서 '한 번에 사라진다'라는 이미지를 떠올릴 수 있다. 단순히 '없앤다'라고 말하는 것보다 더 상쾌, 통쾌한 울림이 있다.

0651	돈 걱정 따위 날려버리자!
0652	이제 인간관계 고민 따위 웃어넘길 수 있습니다
0653	내 집 마련 걱정을 날려버리자

⋙ 농후

'맛에 깊이가 있다'라는 의미로 음식이나 음료 등을 묘사할 때 가장 많이 쓰인다. 다른 사용의 예로는 운동 경기, 시합 등에서 '패색 농후'와 같이, 높은 가능성을 나타내는 경우가 있다.

다른 표현 리치, 진한, 윤택, **100%

0654	지금 막 로스팅한 원두의 농후한 향기를 즐길 수 있는 커피
0655	농후하게 만든 크림 스튜
0656	농후한 단맛의 완숙 망고를 오키나와에서 직송

⋙ 쥬시

오감에 와 닿는 대표적인 단어 중 하나다. 육류에 사용되는 경우가 많지만, 야채 등에도 쓰인다. 과일 종류와 같이 원래 즙 성분이 많은 것보다는 통상적으로 수분이 별로 없는 것에 사용하면 효과가 높다. '쥬시 **', '쥬시한 **', '**의 쥬시함' 등의 변형도 가능하다.

다른 표현 물기가 많은, **흠뻑한, 심심한

0657	뜨겁고 쥬시한 핫도그 (미스터도넛)
0658	집에서 쥬시한 등심 스테이크를 먹을 수 있는 요령
0659	쥬시한 가라아게를 집에서도 간단히. 포인트는 단 3가지

⋙ 따끈따끈

가열한 요리를 뜨거운 상태로 먹는 것을 표현할 때 최적의 단어다. '뜨겁다', '식지 않았다' 같은 오감을 자극하는 뜻과 함께, '갓 지은'이라는 뉘앙스도 포함되어 있어, 요리의 매력을 돋보이게 한다.

다른 표현 후후, 뜨끈뜨끈, 보글보글

0660	훨씬 더 따끈따끈한 갓 구운 맛! (도미노피자)
0661	따끈따끈한 음식을 후후 불면서 먹는 것이 아웃도어 바비큐의 참맛
0662	한겨울 외근에서 돌아왔을 때, 따끈따끈한 물수건의 감동

⋙ 바삭바삭

음식을 씹을 때 나는 소리를 표현하는 단어로 읽는 순간, 미각과 청각을 동시에 발동시키는 단어다. 적절한 상품에 잘 사용하면 큰 효과를 볼 수 있다.

다른 표현 빠릿빠릿, 바삭한, 시원시원한

0663	바삭바삭한 식감이 참을 수 없다
0664	겉은 바삭, 속은 촉촉 요리 가능. 에어프라이어
0665	노릇노릇 바삭바삭, 맛있는 주말을 만드는 부침개 가루

⫸ 향기로운

다른 표현 구수한, 고소한

향기가 좋다는 의미로, 후각 이미지를 떠올리게 만드는 단어다.

0666 향기로운 볶은 콩나물 향이 식욕을 돋운다

0667 향기로운 식감이 매력적인 크런치 초코

0668 고소한 향이 감도는 커피와 함께 여유 있는 시간을 보내세요

⫸ 녹는다

다른 표현 녹아드는, 녹을 것 같은, 게슴츠레한, 끈적끈적한

단순히 '녹는다'는 뜻이라기보다는 '녹아서 흐물흐물 해지다'라는 이미지가 더 강하다. 식감뿐만 아니라, 옷 감이나 브러시 등 '촉감'에 대해서도 사용할 수 있다.

0669 입에서는 녹고 손에서는 녹지 않아요(M&M'S, Mars Japan Limited)

0670 달콤한 향과 녹는 듯한 식감의 크렘 브륄레

0671 실크처럼 녹아드는 촉감의 순면 커버 이불

⫸ 푹신푹신(쫀득쫀득)

다른 표현 폭신폭신, 폭신한, 두둥실, 부드러운

식품이나 이불 같은 물건 등의 '부드러운 상태'를 표현하는 대표적 단어다. 글자만 봐도 그 촉감이 입 안에, 몸에 느껴지는 기분이 든다. 그냥 '부드러운 빵'이라고 하는 것과 '푹신푹신한 빵' 혹은 '쫀득쫀득한 빵'이라고 표현하는 것에는 어감상 큰 차이가 느껴진다.

0672 아침은 쫀득쫀득 찰토스트로 든든하게 시작하세요

0673 푹신푹신 오믈렛 간단히 만드는 법

0674 만져도 먹어도 푹신푹신한 시폰 케이크

⫸ 부드럽고 말랑한

다른 표현 겉은 ＊＊ 안은 ＊＊

'푹신푹신'과 '녹아드는'의 느낌을 합친 것과 같은 의미이다.

0675 부드럽고 말랑말랑한 계란찜 만드는 비법

0676 부드럽고 말랑말랑한 스마트폰 케이스가 다 모였다

0677 올 가을엔 '부드럽고 말랑한' 니트를 걸쳐 입는 것을 추천

≫ 실컷

다른 표현 확실히, 충분히, 넉넉히, **삼매경

'확실히, 충분히, 넉넉히'와 같은 느낌을 표현한다. 식품뿐 아니라 여러 상품을 묘사하는 단어로 쓸 수 있고, 어떤 상황의 정도를 표현할 때도 쓴다.

0678	성장기 아이가 있는 가족도 실컷 드실 수 있습니다
0679	아이들이 실컷 뛰어놀 수 있는 놀이터가 있는 키즈 카페
0680	단풍 구경 실컷 할 수 있는 장소 10선

≫ 꽂히다(겨냥하다)

다른 표현 스며들다, 울리다, 저격, 마음을 꿰뚫다

상대방에게 잘 전달된다는 의미이다. 카피로 쓸 때는 어떤 특정한 계층이나 집단에 적중한 상품이라는 맥락으로 자주 쓰인다. 화살이 물건을 꿰뚫는 듯한 이미지가 떠오른다.

0681	귀에 꽂히는 생생한 입체 사운드
0682	일 잘하는 직원들의 특징은 상대의 마음에 꽂히는 대화법
0683	40대 여심을 저격하는 칭찬은 바로 이것!

≫ 아삭아삭

다른 표현 아삭아삭한, 시원아삭한, 달콤아삭한

식감이나 씹는 맛을 나타내는 말이다. 0684, 0685와 같이 야채 등의 질감, 감촉을 전달할 수 있다. 다른 단어와 함께 조어로 만들 수도 있다.

0684	아삭아삭한 피망 고추잡채
0685	뜨거운 물로 양상추를 아삭아삭하게 만드는 방법(NHK)
0686	시원아삭한 동치미 막국수를 집에서 즐기세요

≫ 찰랑찰랑(술술)

다른 표현 매끈한, 스르륵, 반들반들, 술술

뭔가 흐르는 물체가 막힘없이, 윤기 있게 흐르는 모습을 표현한다. 대개 물결이나 머리카락 등에 쓰는데 0687처럼 손으로 만졌을 때의 감촉을 표현하기도 한다. 실제 물건 이외에 뭔가가 막힘없이 진행되는 것을 표현할 때는 '술술'을 쓴다.

0687	겨울에도 찰랑찰랑한 머릿결의 비결
0688	책장이 술술 넘어가는 추리소설
0689	억지로 하지 않아도 공부가 술술 되는 학습지

성실하고 친절한 마음 표현하기

뭔가 곤란한 일이 생겨서 다른 누군가에게 기대거나 도움을 청해야 할 때는 있는 그대로의 상황을 정중하고 솔직하게 드러내는 것이 가장 좋다. 쓸데없이 강한 척하느라 약점을 감추려고 하는 것보다 오히려 공개하는 편이 공감을 얻기 쉽다. 이것을 심리학에서는 '언더독 효과'라고 부른다. '언더독'이란, '루저, 승산이 없는 사람'이라는 의미로, 한마디로 약자의 입장에 있는 사람을 응원하게 되는 심리이다.

카피를 쓸 때도 마찬가지이다. '사실은……'라며 전부 털어놓는 순간, 읽는 사람의 마음이 열릴 가능성이 높아진다. 말로만 그렇게 해서는 안 된다. 진짜 솔직하게 단점을 드러내면서 호소해야 한다. '솔직하게 말하면'이라고 해놓고서는 뻔한 거짓말을 하게 되면, 머지않아 신용도가 떨어질 수 있다는 것을 기억해야 한다.

또한 기업이 '○주년 기념 캠페인'과 같은 마케팅을 진행하면, 고객에게 감사의 마음을 전달하면서 호감을 얻을 수 있다. 단순히 정보를 알리는 경우에도, 이렇게 감사하는 마음을 전달하면 신뢰관계를 구축할 수 있다. 이렇게 카피를 통해 성실하고 친절한 마음을 표현하는 것은 개인 대 개인뿐 아니라 판매자 대 소비자 관계에서도 기본적인 커뮤니케이션 전략이다.

≫ 부탁

다른 표현 요청이 있습니다, 의뢰, 부디

'부탁이 있습니다'라는 제목의 카피는 심플하면서도 효과적이라서 사용하기 쉽다. 로버트 콜리어(160쪽 참조)가 사용한 카피를 간다 마사노리가 교복 세일즈 레터에 적용하여 소개하면서 일본에 알려졌다.

0690	부탁이 있습니다(제목에 사용)(『금단의 세일즈 카피라이팅』)
0691	부탁이라는 것은 매우 간단합니다
0692	비밀로 하고 싶은 부탁이 있습니다

≫ 도와주세요

다른 표현 헬프, SOS

솔직하게 도움을 요청하는 표현이다. 다만 너무 이기적인 것을 요청하면, 의심을 사고 거부당한다. 진짜 곤란해서 도와주고 싶은 마음이 드는 상황이라는 것이 전제로 깔려야 하며, 그것을 제대로 설명할 필요가 있다.

0693	'도와주세요'(제목, 표제어로 사용)
0694	당신의 힘으로 도와주세요
0695	실수로 지운 즐겨찾기를 복구시키는 법 아시는 분, 도와주세요

≫ ○주년 감사

○주년이라고 하면, 일반적으로는 창업이나 개점을 떠올리기 쉽지만, 개별 상품의 경우도 첫 발매일로부터 ○주년 등의 아이디어를 내볼 수 있다. 또한 헤어숍처럼 지속적으로 이용하는 서비스의 경우, 그 고객이 처음으로 이용한 날로부터 ○주년이라는 기념일도 효과적이다.

다른 표현 **○주년, 덕분에 ○주년

0696	창업 10주년 기념! 감사의 마음을 담은 이벤트
0697	서비스 개시 1주년. 감사의 마음을 담아 전 상품 5% 할인 이벤트
0698	첫 방문을 해주신 지 딱 1년이 지났습니다. 이번 달은 감사의 마음을 담아 헤어컷 10% 할인

≫ 감사 이벤트

어떠한 이유를 붙여서 고객에게 감사의 마음을 표현하는 것은 신뢰 관계를 만드는 데 매우 효과적이다. 다만, 너무 지나치면 역효과를 일으킬 수도 있다. 할인을 위한 구실보다는, 감사의 마음을 제대로 전달할 수 있는 기획을 하는 것이 포인트이다.

다른 표현 감사 세일, 감사제

0699	창업 10주년 감사 이벤트
0700	오픈 1주년 감사 이벤트
0701	봄 감사 이벤트

≫ 어서 오세요

'감사합니다'에 가까운 환영의 뉘앙스를 포함한다. 그뿐 아니라 이 표현에는 지금부터 시작하는 체험에 대한 기대감을 상승시키는 효과도 있다. 인터넷에서는 홈페이지 방문이나 상품·서비스의 주문을 받은 후 사용할 수 있는 표현이다.

다른 표현 **에 어서 오세요, 웰컴, 어서 오십시오

0702	어서 와. 너는 음악이 있는 별에서 태어났어(SONY)
0703	어서 와~ 한국은 처음이지?(MBC 프로그램. 2017~)
0704	아이패드 프로, 어서 오세요(애플)

≫ 당신의 힘

'도와주세요'라는 말을 에둘러 전달하는 표현이다. '당신의 힘'이라는 말에서 경의나 신뢰가 느껴지기 때문에, 이 표현으로 요청을 하면 거절하기 어려운 느낌을 준다. '도와주세요'와 함께 사용하는 것도 가능하다.

다른 표현 당신의 도움, 당신의 재능

0705	우리에게 당신의 힘이 필요합니다
0706	부디 당신의 힘을 빌려주세요
0707	소방대원 모집. 당신의 힘이 우리 지역을 지킵니다

≫ 정직하게(솔직하게)

다른 표현 솔직, 단도직입적, 심플하게, 확실히, 거침없이

카피의 홍수에서 살아가는 시대인 만큼 정직함은 매우 중요한 요소다. 어설프게 읽는 사람을 속이려고 한다 거나, 결점을 숨기면서 잘난 척만 하는 것은 지금 이 시대에 잘 통하지 않을 때가 더 많다. 차라리 결점을 밝히거나, 정직하게 이야기하는 것이 더 효과적인 경우가 많다.

0708	비타민 C 먹어본 후기, 정직하게 말하겠습니다
0709	솔직하게 말하겠습니다. 이번 세일의 목적은 발주 실수로 재고가 많아진 제품을 처분하는 것입니다.
0710	단도직입적으로 말하겠습니다. 이 메일은 신제품 광고입니다.

≫ 고백

다른 표현 자백, 관계자가 말하는, 털어놓다, 누설

이성에게 좋아한다고 말하는 것을 '고백'이라고 부르기 때문에, 긍정적인 심정을 밝히는 것에도 쓸 수 있다. 하지만 카피로 사용할 때는 별로 말하고 싶지 않은 것이나 숨기고 있는 것을 털어놓는다는 뉘앙스로 사용할 때가 많다.

0711	『성공한 사람의 고백(成功者の告白)』(간다 마사노리, 고단샤, 2004) *한국어판 제목은 『누구에게나 세 번의 기회는 있다』(랜덤하우스코리아, 2005)
0712	마지막에 진짜 목적을…고백하겠습니다
0713	『어느 광고인의 고백』(데이비드 오길비, 서해문집, 1993)

≫ 실토

다른 표현 폭로, 백일하에 드러난

의미는 '고백'과 같지만, 이 말을 사용하면 '무언가 충격적인 체험을 흥분하면서 털어놓다'라는 센세이셔널한 느낌을 전달할 수 있다.

0714	과자 회사 직원이 실토한 불편한 진실
0715	현직 판사가 실토한 '전관예우'
0716	전 방송사 PD, 서바이벌 프로그램 심사 뒷이야기 폭로

≫ 사실은…

다른 표현 사실은…, 진짜는…, 지금이니까 말하지만…

솔직한 속마음을 말할 때에 자주 쓰는 표현이다. 카피로 사용해도 진짜 속마음이나 비밀 이야기를 해주는 것 같은 인상을 준다.

0717	○○ 사건, 사실은 이렇습니다
0718	온라인 게임, 사실은 성적 상승에 공헌(CNET Japan, 2016년 8월)
0719	사실은…, 저도 고소공포증이었습니다

≫ 알려드립니다

다른 표현 안내, 연락, 뉴스, 예고

연락 사항이 있음을 단적으로 표현한다. 하지만 지금 당장 보지 않으면 안 될 것 같은 긴급함이나, 애초에 반드시 봐야 한다는 필요성이 느껴지지 않기 때문에, 잘 읽어주지 않는다는 결점도 있다. 단순히 '공지'뿐만 아니라, '중요한 공지'나 '좋은 소식입니다'라고 쓰는 등, 수식을 더할 것을 권한다.

0720	집수리 노하우 제대로 알려드립니다(제목이나 표제어로 사용)
0721	당신이 기뻐할 좋은 소식을 알려드립니다
0722	숨은 보험금 찾는 방법을 알려드립니다.

≫ 희소식

다른 표현 **에 좋은 소식입니다, 기쁜 소식, 낭보

'좋은 소식', '기쁜 소식'을 3글자만으로 표현할 수 있기 때문에 편리하다. 약간 정중한 인상을 주기 때문에, 상황에 따라 '좋은 소식'이나 '기쁜 소식'으로 바꿔서 사용해도 된다.

0723	서울까지 올 수 없는 분에게 희소식입니다
0724	대형 특수 면허를 갖고 계신 분께 희소식입니다
0725	노무사를 준비하는 회사원에게 희소식

≫ 두 번 다시 안 한다고 단언한 사람에게 희소식

다른 표현 그만둔 사람에게 희소식, 절대 안 한다고 결심한 사람에게 희소식

과거의 안 좋은 기억 때문에 트라우마가 생긴 사람에게 해결책을 제시하는 카피. 나쁜 기억 때문에 피하고 싶지만 아무리 해도 완벽하게 피할 수 없기 때문에, 극복하고 싶어 하는 사람들이 많다. 이 카피는 바로 그런 사람의 마음을 공략할 수 있다.

0726	다이어트 따위 두 번 다시 안 한다고 단언한 사람에게 희소식
0727	영어회화 따위 두 번 다시 안 한다고 맹세한 사람에게 희소식입니다
0728	모임에서 스피치 따위 절대 안 한다고 단언한 사람에게 희소식입니다

≫ 안내

다른 표현 초대, **가이드, 통지

'공지'가 단순한 연락을 뜻한다면, '안내'는 더 정중한 느낌의 오리엔테이션 같은 뉘앙스를 풍긴다. 상황에 맞게 '연락' 또는 '공지'라는 단어로 바꿔 쓰는 것도 가능하다.

0729	고객을 창조하는 카피라이팅 강좌를 수강하신 분들께 특별한 안내
0730	당신을 특별한 체험으로 안내합니다
0731	골드 멤버 분들에게만 한정된 안내문

≫ 소개합니다

다른 표현 소개, 프로모션, 고지

소개하는 것은 사람뿐만 아니라 물건이나 사례, 콘텐츠 등 폭넓게 쓸 수 있다. 개인이든 기업이든 상관없이 폭넓게 사용할 수 있는 카피.

0732   빈 필하모니의 진면목을 소개합니다

0733   지금 잘 팔리는 최신형 컴퓨터를 기능별로 소개합니다

0734   가성비 높게 호캉스를 즐길 수 있는 곳을 소개합니다

≫ 질문에 답해드립니다

다른 표현 FAQ, 자주 하는 질문, 무엇이든 물어보세요

FAQ(자주 하는 질문)를 뜻하는데, 단순히 'FAQ'라고 표기하는 것보다 정중한 인상을 준다. 또한 '**에 답해드립니다'라고 하면, 무엇에 대한 이야기인지를 알 수 있어서 타깃층이 좀 더 명확해진다. 'FAQ' 또한 글자 수가 적고, 비교적 익숙한 말이기 때문에 편리하게 사용할 수 있다.

0735   고객님의 질문에 답해드립니다

0736   자주 하시는 질문에 답해드립니다

0737   치료 요법에 대한 의문에 답해드립니다

 위인들의 카피 (2) 존 케이플즈

존 케이플즈(1900~1990): 『광고 이렇게 하면 성공한다(Tested Advertising Methods)』의 초판이 출간된 것은 2차 세계대전이 시작되기 전인 1923년인데 이 책은 지금도 계속 팔리고 있는 스테디셀러다. 그가 쓴 카피 중 가장 유명한 것은 '내가 피아노 앞에 앉으면 모두가 웃었습니다. 하지만 피아노를 치기 시작하면…' 이 있다. 이것은 미국의 한 음악 학교의 광고 카피로, 악기 강습 강좌를 홍보하기 위해 쓴 것이다. '악기라고는 다룰 줄 몰라서 무시당하던 주인공이 독학으로 피아노를 칠 수 있게 된 후 주변 사람들 모두가 놀란다'는 '단 한 방의 역전 스토리'를 생생하게 전달하고 있다. 이러한 그의 스토리식 헤드라인 카피는 다양한 상품에 응용해서 사용할 수 있다.

그의 또 다른 공적은 디지털 마케팅 등이 손톱만큼도 존재하지 않던 시대부터 '과학적' 광고에 주력했다는 것이다. '과학적'이라는 것은, 다이렉트 메일(DM)을 보낼 때 그 문장의 차이에 따른 각각의 반응을 수치화해서, 어떤 것이 효과가 더 좋은지를 판별할 수 있었다는 것이다. 그가 만든 이 기법은 현재 마케팅에서 사용되는 'A/B 테스트'(광고 A안과 B안을 비교 검증하는 방법)로 이어져 내려오고 있는 것은 물론이고, 그가 썼던 헤드라인 카피 검증 방법 역시 지금까지 통용되는 것이 많다.

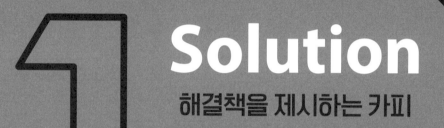

Solution

해결책을 제시하는 카피

'고통'과 '강점'을 파악해라,
거기서부터 새로운 부의 세계가 열린다.

'이 상품을 사는 사람은 도대체 어떤 사람일까?'를 생각하라

돈 벌어주는 카피는 화려하고 아름다운 문장이라기보다는 스피드감 넘치는 영화 시나리오 문장에 가깝다. '무엇을 어떻게 말할까?'라는 문장력보다도 '**어떤 순서로 말할까?**'라는 구성력이 키포인트다.

특히 맨 처음 어떤 카피를 쓰는지를 보면 카피라이터의 실력을 알 수 있다.

Step. 1   '**문제**'를 정확히 짚는다.
        읽는 사람이 겪고 있는 '문제(고통)'가 뭔지 정확히 짚어준다.

Step. 2   '**친근감**' 조성
        읽는 사람이 마음을 열고 귀 기울일 수 있도록, 친근한 느낌을 준다.
        그리고…,

Step. 3   '**해결책**' 소개

읽는 사람이 겪고 있는 문제(고통)의 해결책을 이야기해준다.

'여기까지 읽고 아, 그럼 스텝 3에서 드디어 상품의 강점을 소개하면 되겠구나'라고 생각한 분은, 아직 서두르지 마라. 한 가지 과정이 더 있다는 것을 알아주길 바란다.

그것은 바로 '해결책'을 소개하는 단계에서 바로 상품에 대한 소개를 하는 것이 아니라, 그 배경에 있는 접근법, 다시 말해서 문제를 해결할 수 있는 **획기적인 기술이나 구조 등을 소개하는 것이다.**

지금까지 배운 카피 기술의
전형적인 전개 방식을 예로 들어보자.

Step. 1 '**문제**'의 명확화
　　　　 '○○ 때문에 곤란하지 않습니까?'
Step. 2 '**친근감**' 조성
　　　　 '○○나 ○○ 때문에 큰 한계를 느끼고 있을지도 모릅니다.'
　　　　 (저도 같은 입장이었기 때문에 잘 압니다.)
Step. 3 '**해결책**' 소개
　　　　 '그런 분께 긴급 안내! ○○라는 새로운 방법을 알고 계십니까?'

이런 패턴의 전개 방식은 이를테면 히트곡에 공통적으로 존재하는 코드 진행 같은 것이다. 멜로디나 가사 자체는 여러 변형이 가능하지만, 결국 곡의 전개 자체는 모두 비슷한 패턴인 것처럼, 문장에도 읽는 사람의 관심을 사로잡는 황금 패턴이 존재한다.

예를 들면, 다음의 사례도 같은 패턴이다.

Step. 1 '문제'의 명확화

'지금까지 ○○, ○○ 등, 온갖 방법을 시도해봤지만, 성과가 없었던 것에는 이유가 있습니다.'

Step. 2 '친근감' 조성

'(우리들은 그런 분들과 함께) 지난 ○년간, 총 ○명에 달하는 조사 테스트를 해왔습니다. 그 결과……'

Step. 3 '해결책' 소개

'획기적인 해결책을 발견했습니다. 이 새로운 ○○를 드디어 상품화하는 데 성공. 정식 발매 전에 모니터 요원을 모집하고 있습니다.'

이 패턴을 익히면,

온종일 광고 메시지에 노출되어 있는 사람들의 관심사가 뭔지도, 순식간에 파악할 수 있다. 그러면 당신이 사람들에게 알리고 싶은 상품이나 서비스를 좀 더 효과적인 메시지를 통해 전달할 수 있게 되는 것이다. 얼핏 보면 카피를 쓰는 기술이 상대의 약점을 파고드는 기술로도 보일 수 있지만, 사실 이것은 대단한 일이다.

왜냐하면 누군가가 '진짜로 원하는 것(P)'을, 어떤 상품의 '진짜 강점(S)'과 매칭하는 일이기 때문이다. 이것은 당연한 것처럼 보여도, 전혀 당연한 것이 아니다. 왜냐하면,

A) 뭔가를 파는 사람 중 대부분은 고객이 진짜 원하는 게 뭔지를 잘 모른다. 그렇기 때문에,

B) 자신이 파는 상품이 다양한 가치를 갖고 있음에도, 그중 어떤 장점을 내세워야 하는지를 알지 못한다.

A와 B 사이를 반복하면서 갈팡질팡하는 판매자가 이 세상에는 수없이 많다.

예를 들어, 어떤 직원은 '이 건강 보조 식품에는 콜라겐을 생성하는 데 유리한 성분이 들어 있기 때문에 30~40대 여성의 주름 대책으로 딱이다'라고 주장하는 한편, 또 다른 어떤 직원은 '이 건강 보조 식품에는 기억력을 향상시키는 성분이 들어 있기 때문에, 60대 경영자와 간부급 등에게 필수품이다'라고 주장하면서 합의점을 찾지 못하고 있다.

그렇다면, '당신이 팔고 싶어 하는 것'과 '구매자가 사고 싶어 하는 것'을 매칭할 수 있도록 도

와주는 질문 두 가지를 이야기해보겠다.

우선, 당신이 파는 상품에 딱 맞는 고객을 발견할 수 있는 질문이다.

【열쇠가 되는 질문 ①】

- 이 상품을 20초 이내로 설명하기만 해도, '어떻게든 사고 싶다'고 말하는 고객은 과연 어떤 사람일까?

'어떻게든 사고 싶다'고 말하는 사람은 '고통'을 겪고 있는 사람임에 틀림없을 것이다. 따라서 이 질문에 대한 답을 유추해보면 지금 당신이 팔려고 하는 물건에 딱 맞는 타깃 고객이 누구인지 예상할 수 있을 것이다.

다음으로, 어떤 고객에게 딱 들어맞는 상품의 '강점'이 뭔지를 알 수 있는 질문이다.

【열쇠가 되는 질문 ②】

- <u>왜</u> 이 상품은 고객의 고민을 간단하게 해결할 수 있을까?
- 이 상품의 장점을 들은 순간, 고객은 <u>어떤 의문</u>을 품을까?
- 고객의 의문을 날려버릴 <u>구체적이고 압도적인 증거</u>는 뭘까?

카피를 쓰기 전에 바로 이런 질문을 던져보자. 그러면 고객의 '고통'을 해결할 상품의 '강점'이 뭔지 찾을 수 있을 것이고, 그걸 발견하기만 하면 완전히 새로운 시장이 펼쳐진다.

또한 그렇게 찾은 새로운 시장에서 이전에 쌓아놓은 기술을 활용할 수 있는 경우도 많다.

예를 들어, 후지필름이 만든 화장품 '아스타리프트'는 놀라운 안티에이징 기술력으로 세계적인 대히트를 쳤다. 하지만 초기에는 많은 사람들이 '왜 필름 회사가 화장품을 만들지?' 하면서 상품에 의문을 품었다.

그러나 더 선명한 사진을 얻기 위해 오랫동안 축적한 항산화 기술을 화장품에 적용했다는 사실이 알려지면서 그런 의문을 일시에 날려버릴 수 있었다.

그러므로 카피가 잘 나오지 않는다면 먼저 이 두 가지 질문에 자문자답해보자.

'고통'과 '강점'을 계속해서 연구하다 보면 다양한 카피 단어를 찾아낼 수 있을 것이다.

그렇게 찾아낸 단어를 황금의 문장 구성 'PASONA 법칙'으로 배치하는 것이다.

이렇게 한다면 보통의 컨설턴트가 수개월 동안 시장 조사하고 분석한 후에야 제안 가능한 콘셉트를 단 30분 정도의 브레인스토밍만으로도 만들어낼 수 있다!

카피라이터는, 단순히 일정한 포맷에 맞춰, 일정한 단어를 채우는 사람이 아니다.

지금까지 알아보지 못했던 새로운 시장을 발견해내고,

그곳에서 새로운 성장을 만들어내는 시나리오 작가인 것이다.

중요 포인트 지적하기

해결책을 제시하는 표현에는 몇 가지 테크닉이 있지만, 우선 문제를 해결하기 위해 '중요한 포인트'를 지적하는 방법을 소개한다. 여기에 소개하는 '＊＊하는 방법' '＊＊의 처방전' 등은 그 전형적인 예라고 할 수 있다. 사실 읽는 사람이 겪고 있는 문제에 대한 해결책을 한마디로 간단명료하게 요약해서 표현하는 것은 어려운 일이다. 왜냐하면 많은 문제들이 복잡하고, 단 하나의 해결책으로 풀릴 정도로 단순하지는 않기 때문이다. 인간관계, 외모, 비즈니스 등 인간이 안고 있는 고민의 상당수는 하루아침에 해결할 수 없는 것들이다. 그래서 '중요한 포인트가 있습니다'라는 것만 우선 전달하면서 흥미를 끈 다음, 차차 자세한 내용을 설명해가는 것이 효과적이다.

처음에는 일단 읽는 사람의 시선을 사로잡는 것이 관건이다. 예를 들어, '＊＊요령'이나 '＊＊를 한방에 해결' 등의 표현은 '문제를 해결해주는 비결이 있구나'라고 생각하게 만든다. 그 밖에도 '＊가지 스텝'이나 '필승 패턴' 등의 표현은 '저 방법을 쓰면 진짜 바뀔까?'라는 생각에 궁금해진다.

사람은 '변하고 싶다'고 생각하면서도, 지금의 상태가 한꺼번에 바뀌는 것을 별로 좋아하지 않는다. 그러므로 우선은 흥미를 끌어서 문제 해결의 첫 번째 실마리를 제시해줘야 한다.

≫ 것

'＊＊인 것', '＊＊하는 것'이라는 말은, 뭔가 수수께끼를 낸 것 같은 느낌이 들기 때문에, 그다음 내용이 궁금해진다. 그래서 질문의 내용이 반드시 재미있거나 읽는 사람이 궁금해하는 것이어야 한다. '＊＊에 필요한 것은 무엇일까?'라고 너무 얌전하게 물으면, '그런 거 모르고, 흥미도 없다'라는 반응만 나올 뿐이다.

다른 표현 ＊＊한 것, ＊＊하는 것

0738	의료비 공제 대상이 되는 것, 안 되는 것(AllAbout(일본의 생활 정보 사이트-옮긴이), 2020년 1월)
0739	당신에게 '없어지면 가장 곤란한 것'은 무엇일까? (『미래에 선택받는 일하기 방식(未来から選ばれる働き方)』 간다 마사노리, PHP연구소, 2016)
0740	행복한 사람이 하는 것, 하지 않는 것

≫ 일

'것'과 비슷하지만, '일'은 사건을 나타내기 때문에 어떤 '물건'을 가리킬 때에는 쓰지 않는다. 예시를 보면 '일'을 '물건'으로 바꿀 수 없다는 것을 알 수 있을 것이다.

다른 표현 ＊＊한 일, ＊＊하는 일

0741	성공한 사람이 누구에게도 알려주지 않는 일 (『비상식적 성공법칙』 간다 마사노리, 럭스미디어, 2003)
0742	집에 있는 프린터, 고쳐 쓰면 쓸 만한 기능이 가득. 가정용 복합기라서 가능한 일
0743	사춘기나 반항기 아이를 둔 부모가 해야 할 일, 하면 안 되는 일(라이프해커 일본판, 2019년 10월)

≫ 중요한 일

읽는 사람에게 중요한 해결책을 알려준다. '일'의 변형이지만 '중요한'이 붙으면서 좀 더 주목도가 높아진다. 깊이가 생기는 만큼 진지한 내용을 이야기할 때 써야 한다.

다른 표현 중요한 것, 체크포인트

0744	「1분 안에 중요한 것을 전달하는 기술(1分で大切なことを伝える技術)」(사이토 다카시, PHP연구소, 2009) *한국어판 제목은 「1분 감각」(위즈덤하우스, 2011)
0745	간호사가 오래 일하기 위해 기억해야 할 가장 중요한 일
0746	학생 시절에는 알기 어려운 사회인에게 중요한 일

≫ 이렇게 된다

'이것/저것/그것/어느 것' 같은 대명사는 호기심을 자극한다는 공통점이 있다. '이것'이나 '저것'이라고 하면, 자연스레 '어느 것?'이라고 묻고 싶어진다. '이렇게 된다'고 하면 '어떻게 된다고?'라는 질문이 생긴다.

다른 표현 이렇다, 이렇게 되겠지, 예상, 선언

0747	페이스북을 이용하면 고객 모집은 이렇게 된다!
0748	2100년 인간의 모습은 이렇게 된다? 3D 이미지를 공개 (뉴스위크 일본판, 2019년 7월)
0749	전자레인지로 달걀을 삶으면 이렇게 된다

≫ 결정된다

이 카피는 0750처럼 '정확하게 무엇이 결정되는가?'가 쓰여 있지 않은 경우가 많다. 결정되는 것은 승부, 성공과 실패, 운명 등 문맥에 따라 달라지지만, 그런 단어가 없이도 의미가 잘 전달되는 신기한 카피다.

다른 표현 결정하다, 좌우하다, **하기 나름

0750	10년 후의 당신은 지금 누구와 교류하고 있는지에 따라 결정된다
0751	설득은 내용보다는 말투에 따라 결정된다
0752	그 나라의 미래는 인구 구성으로 결정된다

≫ 전략

'전략'이라는 말 자체는 흔하기 때문에, '무엇을 말하는' 문장에서 쓰는지가 포인트이다. 너무 흔한 내용에 '전략'을 붙이면 오히려 역효과만 난다. 만약 흥미진진한 내용과 함께 쓰면 강력한 메시지를 만들 수 있다.

다른 표현 작전, 계획, 플랜

0753	저금리 시대의 재테크 전략은 달라야 한다
0754	삼성의 조직 경영 전략은 무엇이 다를까?
0755	퍼포먼스를 최대화하는 '전략적 휴식' 취하는 법(포브스 재팬, 2018년 7월)

≫ 공략법

다른 표현 필승법, **하는 방법

'잘하는 방법', '마스터하는 방법'이라는 문맥으로 쓰이는 경우가 많다. 문자 그대로 전투적인 인상을 동반하기 때문에 적극적인 느낌의 단어지만, 약간 가벼운 감도 있기 때문에 상황에 맞게 사용해야 한다.

0756 여성 타깃 시장 공략법-늘어나는 소비, 줄어드는 소비

0757 절대 완주! 첫 참가자를 위한 마라톤 공략법

0758 상황별 바지 코디 공략법

≫ ○가지 스텝

다른 표현 ○가지 순서, 절차, 단계

'방법'이라는 단어를 사용하지 않고도 해결책을 제시할 수 있다. '○가지 방법'이라는 표현이 여러 개의 해결책을 제시하는 것에 반해, 이것은 하나의 목적을 향해 가는 단계를 표현한다는 점이 다르다. 단계별로 순서가 있다는 것을 암시하고 있기 때문에, 단순한 '방법'보다 믿음직스럽게 들린다.

0759 리더가 되기 위한 5가지 스텝

0760 마케팅 투자 효율을 최대화할 수 있는 7가지 스텝

0761 독일 유학으로 가는 8가지 스텝

≫ 해석하는

다른 표현 해석하다, 해독하다, 파헤치다, 부각하다

'겉으로 보이는 것만으로는 알 수 없는 것을 지적하다', '수수께끼를 해명하다'라는 의미를 내포하고 있는 단어다. 또한 해석하기 위해서는 그 나름의 지식이나 스킬이 필요하기 때문에 권위를 전달하는 효과도 있다.

0762 날카로운 통찰력으로 최첨단 시대를 해석한다

0763 경제학자가 해석하는 현대 사회의 현실(주간 동양경제플러스, 2019년 1월)

0764 음식으로 해석하는 한국 문화와 서양 문화의 차이

≫ 바뀌다

다른 표현 다시 태어나다, 비포 애프터

'현상 유지 편향'이라는 심리 용어가 말해주듯이, 사람은 좀처럼 현재 상태를 바꾸지 못한다. 또한 그러면서도 '바뀌고 싶다', '바뀌어야 한다'는 소망을 갖고 있는 사람도 많다. 문제를 해결해주는 상품은 사람을 바꾸는 것이기 때문에, 그 '바뀌고 싶다'라는 심리에 직접적으로 호소하는 것도 효과적이다.

0765 이 책을 읽으면 당신의 회사도 고수익 기업으로 바뀐다! 『당신의 회사가 90일 만에 돈을 번다!(あなたの会社が90日で儲かる!)』(간다 마사노리, 포레스트 출판, 1999) *국내 미출간

0766 도토루가 바뀐다. 거리도 바뀐다(도토루커피)

0767 꿈이 현실로 바뀌는 365 다이어리 사용법

111

≫ 바꾸다

'바뀌다'는 스스로가 바뀌는 것이고, '바꾸다'는 무언가를 의도적으로 바꾸는 것을 뜻한다. 즉, 어떤 의도나 행동을 통해 변화를 만들어낸다는 것을 암시한다. 이 단어를 읽으면 자연스레 '누가?', '무엇이?'라는 의문을 갖게 된다. '게임이 바뀐다'와 '게임을 바꾼다'는 뉘앙스가 묘하게 다르다.

0768 단기간에 조직을 바꾸는 '행동과학 매니지먼트'란?

0769 게임을 바꾸는 게임(애플)

0770 '대기업을 바꾸는 것은 스타트업' 마이크로소프트의 젊은 직원이 만든 에코 시스템(비즈니스 인사이더 재팬, 2019년 11월)

≫ 요령

'방법'이 아니라 '요령'이라는 단어를 쓰면, 뭔가 특별한 테크닉이나 법칙과 같은 것이 있다는 느낌이 든다.

0771 셀프 온라인 강좌의 요령

0772 바리스타가 몰래 알려주는, 아무도 모르는 '원두 고르기' 3가지 요령(다이아몬드 온라인, 2019년 12월)

0773 내추럴 메이크업으로 투명감을 연출하는 요령

≫ 열쇠

문제를 해결하는 데 중요한 포인트라는 의미이다. '키', '키포인트'라는 표현도 가능하다. 문제의 이면에 어떤 사고방식이나 행동 양식이 존재하기 때문에, 그것만 잘 파악하면 앞으로 나아갈 수 있다는 것을 비유적으로 표현한다.

0774 기억력을 향상시키는 키포인트 2가지

0775 업계를 뛰어넘는 사업을 만들어내는 것이 앞으로 10년, 20년 번영할 수 있는 열쇠입니다

0776 연봉을 10배로 만드는 열쇠(「비상식적 성공법칙」)

≫ 요점

정보의 홍수 속에서 꼭 알아야 할 정보 혹은 간략하게 정리해놓은 정보를 가리킨다. 이것만 알면 쓸데없이 돌아가지 않고, 효율적으로 일을 진행할 수 있다는 것을 알려준다.

0777 비즈니스 미팅에서 꼭 알아야 할 사항 요점 정리

0778 수포자도 금방 이해할 수 있는 1차방정식 요점 정리

0779 집 고를 때 염두에 둬야 하는 필수 사항 요점 정리

≫ 방정식

다른 표현 정석, 왕도, 철칙, 방식

수학에서 말하는 '방정식'과는 조금 달리, 카피의 세계에서는 '이렇게 하면 반드시 이렇게 된다'라는 정해진 패턴을 표현할 때 자주 사용한다. 전형적인 예로 '승리의 방정식'이 있다. 잘되는 방법이 한마디로 집약되어 있는 느낌을 준다.

0780	스타트업, 성공의 방정식
0781	이나모리 가즈오의 지론, '인생 성공의 방정식'이란(프레지던트 온라인, 2017년 10월)
0782	연애의 방정식을 안다면 외롭게 홀로 지낼 필요가 없다

≫ 필승 패턴

다른 표현 이기는 패턴, 정공법, 승산, 승리 패턴

'이렇게 하면 반드시 잘 풀린다'라는 믿음직한 해결책을 제시하는 카피다. 그 패턴을 알게 되면 성공을 재현할 수 있다는 느낌을 준다. 참고로, 승패의 반대 의미로 '필패'라는 말도 있지만, '필패 패턴'이라는 말을 쓰는 경우는 거의 없다.

0783	성공하는 영업맨의 대화 필승 패턴이란?(프레지던트 온라인, 2018년 9월)
0784	'작아도 빛나는 기업'으로 바뀌기 위한 '단 하나의 승리 패턴' 이란?("임팩트 컴퍼니)
0785	클릭수가 높아지는 홈페이지 디자인의 필승 패턴 10

≫ 돌파구

다른 표현 대발견, 숨구멍이 트이다, 착수, 발판

난관에 봉착했을 때 벽을 깨부수고 앞으로 나가는 방법이 있다는 것을 알려주는 단어. 이 카피를 보면 벽을 깨는 이미지가 상상이 되면서 답답했던 부분이 시원하게 뚫리는 인상을 준다.

0786	'작심삼일'을 극복하는 7가지 돌파구
0787	시부야의 '낙서문제'. 해결의 돌파구는 공개 회의에 있었다 (포브스 재팬, 2019년 6월)
0788	심각한 어깨 통증의 돌파구, 릴랙스 마사지의 매력

≫ 이기는

다른 표현 돌파하는, 승리하는, 지지 않는

'필승 패턴'이 약간 묵직한 느낌이라면 '이기는'은 일반적으로 많은 문장에 응용해서 써도 무리가 없는 단어다.

0789	이기는 협상의 기술
0790	위기를 기회로 만들어서 끝내 이기는 법
0791	코로나 블루를 이기는 8가지 방법

⟫⟫ 찬스

'좋은 기회'라는 뜻이지만, 동시에 '기간 한정'이라는 뉘앙스를 풍긴다. 언제든지 할 수 있는 것에 대해서는 찬스라고 말하지 않는다. 그래서 '찬스'라는 단어는 사람을 흥분시키고, 지금 당장 행동하게 만드는 힘이 있다.

0792   천재일우의 찬스 도래!

0793   지금이야말로 매출을 배로 늘릴 찬스

0794   인터넷 비즈니스의 진짜 리스크와 찬스

⟫⟫ 찬스로 바꾸다

다른 표현 바꾸다, 계기가 되다, 발판으로 삼다

'찬스'가 기간 한정으로 수동적인 이미지인 것에 반해, '찬스로 바꾸다'는 언제든 자신의 힘으로 그 타이밍을 만들어낸다는 능동적인 인상을 준다.

0795   소비세 인상을 찬스로 바꾸다

0796   컴플레인을 찬스로 바꿔서 팬으로 만드는 비결이란?

0797   망신당할 뻔한 상황을 찬스로 바꾸는 재치 있는 한마디

⟫⟫ 처방전

다른 표현 레시피, 비전, 청사진, 각본, 시나리오

의사가 증상에 맞게 약을 지시하기 위한 서류가 처방전이다. 카피로는 '이렇게 하면 좋다'라고 효과적인 조언을 할 때 자주 쓴다.

0798   불쑥불쑥 솟아오르는 분노 처방전

0799   치매 부모 때문에 고민하는 사람을 위한 처방전

0800   언제나 첫 데이트로 끝나고 마는 사람을 위한 처방전

⟫⟫ 비장의 카드(무기)

다른 표현 필살기, 조커, 와일드카드, 최후의 수단

트럼프에서 비장의 카드는 상대가 어떤 카드를 내도 이길 수 있는 카드를 가리킨다. 카피로 사용할 때는 '상황을 역전시키는 결정적 방법'이라는 뉘앙스로 곧잘 쓰인다. 일상적으로는 그다지 쓰이지 않는 말이기 때문에, 드라마틱하게 들리는 표현이다.

0801   안정적인 노후 생활을 보장하는 비장의 무기

0802   갤럭시S21, '마법의 S펜'이 비장의 카드(삼성전자)

0803   지방 활성화, 비장의 카드는 바로 농업의 IT화

방법 알려주기

'**의 방법'이라는 표현은 해결책을 표현하는 가장 일반적인 카피다. 다만, 너무 자주 보기 때문에 주의를 끌지 못할 가능성도 있다. 따라서 흔한 말이 되지 않게 하려면 그 방법의 '내용' 자체가 차별성을 갖고 있어야 한다.

미국의 유명한 카피라이터 존 케이플즈는 '무엇을 말하는가가 어떻게 말하는가보다 더 중요'하다고 말했다. 알다시피 '어떻게 말할까'는 '표현', '무엇을 말할까'는 '내용'의 문제다. 알맹이가 재미있으면 '**의 방법'이든 '**의 비결'이든 읽는 사람의 흥미를 끌 수 있다는 말이다.

예를 들어, '방을 깨끗하게 만드는 방법' 혹은 '방이 어질러지지 않는 방법'이라고 하면 그다지 궁금하지 않다. 하지만 약간 이 문장을 변형해서 '좀처럼 방이 어질러지지 않는 수납 방법'이라고 하면 이전 문장보다는 훨씬 더 흥미가 생긴다. 여기에 더 구체적인 수치를 넣어서 '3일에 1번, 단 3분 투자로 항상 깨끗하게 방을 유지하는 방법'이라고 하면 좀 더 흥미가 높아질 것이다. 이렇게 미적 표현보다는 그 방법의 내용 자체, '어디에 초점을 맞추고 무엇을 강조하는 것이 흥미로울까'를 생각하는 것이 좋다.

≫ **하는 방법

다른 표현 **해야 하는, **하는 수단

가장 기본적으로 쓰기 편한 카피다. 그만큼 너무 평범해서 눈에 띄지 않을 위험도 있다. 하지만 그 방법 자체가 유니크한 것이라면 정통적인 이 카피를 사용하는 것이 괜히 멋을 부린 문장보다 오히려 눈길을 끈다.

0804	당신의 동네를 '살고 싶은 동네 No.1'으로 만드는 방법
0805	먹고사는 데 걱정 없는 사람이 되는 방법
0806	좋아하지 않는 단톡방에서 조용히 빠져나오는 방법

≫ **하기 위한 방법

다른 표현 **가이드, **로 안내해드립니다

기본적인 의미는 '**하는 방법'과 동일하지만, '**하기 위한 방법'이라는 카피는 좀 더 '목적'에 초점을 맞추고 있다.

0807	안 쓰는 디바이스를 버리기 위한 더 좋은 방법입니다(애플)
0808	아침부터 제대로 일을 하기 위한 8가지 방법(포브스 재팬. 2015년 9월)
0809	여행지 숙소에서 집에서 자는 것처럼 숙면하기 위한 추천 방법

≫ **하는 ○가지 방법

다른 표현 **하는 *개의 방법, 수단

기본형 카피인 '**하는 방법'에 숫자를 넣으면 리얼리티가 상승하고 흥미를 불러일으킬 수 있다. 이때 '사용하는 숫자'는 짝수가 좋을지 홀수가 좋을지에 대해 뇌 과학 이론을 바탕으로 다양한 연구들이 진행됐는데, 마케팅에서는 홀수가 더 효과적이라고 알려져 있다.

0810	항상 화제가 되는 7가지 방법(『궁극의 마케팅 플랜(究極のマーケティングプラン)』 댄 케네디, 동양경제신보사, 2007) *국내 미출간
0811	미국 아마존이 젊은이를 프라임회원으로 만드는 8가지 교묘한 방법(비즈니스 인사이더 재팬, 2019년 8월)
0812	인터넷쇼핑 사이트의 포인트를 최대한으로 활용하는 3가지 방법

≫ **하지 않는 방법

다른 표현 **하지 않기 위해, 탈**, 유비무환

'**하는 방법'이 긍정적인 것에 접근하는 방향이라면, 이 카피는 부정적인 것을 피하는 방향을 일러주는 것이다. 이 카피는 인간이 갖고 있는 공포나 손실 회피 편향에 호소한다. 긍정적인 면과 부정적인 면, 어느 쪽에 초점을 맞출 것인지에 따라 선택해서 사용한다.

0813	상사에게 싫은 내색을 들키지 않는 방법
0814	원금 손실 리스크가 있는 투자신탁으로 손해를 보지 않는 방법
0815	직장에서 라이벌이 칭찬을 받아도 질투하지 않는 방법

≫ **를 그만두는 방법

다른 표현 금**, 이제 **하지 않는다, **에 안녕

'**하지 않는 방법'을 약간 변형한 카피다. 나쁜 습관이나 타성에서 벗어나고 싶어 하는 사람에게는 솔깃하게 느껴진다. 흡연이나 음주 등이 그 전형적인 예이다.

0816	당신의 수명을 줄이는 '야근'을 그만두는 7가지 방법 (프레지던트 온라인, 2017년 11월)
0817	짝사랑만 하는 습관을 그만두는 방법
0818	사용한 물건이 어디로 갔는지 모른다. 엉터리 수납을 지금 당장 관두는 방법

≫ **예방법

다른 표현 스톱**, **로부터 몸을 지키다, **를 막는 방법

일반적으로 '예방 관련 상품/서비스는 팔기 어렵다'는 말이 있지만, 자신에게 필요한 정보라면 흥미를 가질 수 있다. 이 카피는 자동적으로 타깃을 좁히는(N) 것이기도 하다. '막고 싶은 것=문제'이기 때문에, 만약 읽는 사람이 그것을 문제라고 생각하지 않는다면 호기심이 생기지 않을 거라는 점을 염두에 둬야 한다.

0819	겨울철 보일러 동결 확실한 예방법
0820	아이의 어지럼증을 막는 방법
0821	월급 전날에 돈이 부족해지는 것을 막는 방법

⋙ **를 얻는 방법

소유욕에 호소하는 '득템하다'라는 표현도 있지만, 이 카피가 더 와 닿는 상황도 많다. 다만 꽤 캐주얼한 표현이라서 어디에나 쓸 수 있는 것은 아니다. 신뢰감을 높이고 싶은 상황이나 조금 딱딱한 상황에서는 '갖는 방법'이 쓰기 편하다.

다른 표현 **를 득템하는 방법, **를 실현하는 방법

0822 『최단 시간으로 최대 성과를 얻는 초효율 공부법(最短の時間で最大の成果を手に入れる 超効率勉強法)』(멘탈리스트 다이고, 갓켄플러스, 2019) *국내 미출간

0823 어떤 조직에서든 함께 일하고 싶은 사람이라는 신뢰를 얻는 방법

0824 월급만으로 살기 힘들다면 경제적 자유를 얻는 투자 방법을 알아보자

⋙ A를 얻고 B를 얻는 방법

두 가지를 한꺼번에 득템할 수 있다는 것을 표현하는 카피다. '**하는 방법'은 흔하기 때문에, 두 가지 이익이 발생하는 경우에는 이렇게 변형해서 쓰면 된다.

다른 표현 A와 B를 양립하기, A도 B도 양보할 수 없다

0825 책을 출판해서 비즈니스로 돈 버는 방법

0826 8시간 숙면과 취미 시간 모두 확보할 수 있는 시간 관리법

0827 팀원의 신뢰를 얻고, 동기보다 빨리 출세하는 방법

⋙ 효과적인 방법

여러 방법 중에서 가장 효과가 좋은 것을 표현하는 카피다. 여러 가지 방법이 흘러넘치는 주제나 장르에서, 어느 것이 좋은지 나쁜지 잘 알 수 없을 때, 효과를 발휘한다. 다이어트나 자격증, 건강 등에 관련된 상품이 그 전형적인 예이다.

다른 표현 효과 있는 방법, 효과 높은 방법

0828 요요현상 없이 다이어트를 완성하는 가장 효과적인 방법

0829 아이에게 정해진 시간에만 간식을 먹게 하는 효과적인 방법

0830 기분 나쁘지 않으면서도 단호하게 거절하는 효과적인 방법

⋙ 벗어나는 방법

'진흙탕에 빠진 상태에서 빠져나오다'라는 인상을 주는 표현이다. 현 상태에 불만을 느끼고 있는 사람에게 어필하기 쉽다. 여기서 약간 변형된 표현으로 '해방되다'도 있다.

다른 표현 **는 이제 지긋지긋, **로부터의 탈출, 해방된다

0831 좋은 사람 콤플렉스에서 벗어나는 방법

0832 정신을 차려보면 먹고 있는, 간식 중독에서 벗어나는 간단한 방법

0833 SNS 진흙탕에서 깨끗이 빠져나오는 방법

≫≫ **로 **하는 방법

다른 표현 **로 **하기 위해서는, **로도 **할 수 있다

기본형은 '**하는 방법'이지만, 그것에 조건이나 수
단을 추가하면 구체성과 독자성이 생긴다. '**하다'
라는 목적뿐만 아니라, 그 조건, 수단 쪽에 흥미를 갖거
나 공감하는 사람에게도 어필할 수 있다.

0834	대폭 할인 가격으로 신형 아이폰을 손에 넣는 방법
0835	단돈 10만 원으로 웹사이트 방문을 20% 증가시키는 방법
0836	20대에 해외에 나가 일로 성공하려면 학생 때 해두어야 할 일

≫≫ **를 사용해서, **하는 방법

다른 표현 **로 **를 이루다, **가 **를 실현하다

'**로 **하는 방법'의 또 다른 변형 표현이다. '**
를 사용하여'는 '수단'에 초점을 맞추고 있다. 그 수단
이 '읽는 사람이 갖고 있는 것', '가질 수 있는 것'이라면
친근하게 느낄 것이다.

0837	뉴스레터를 사용해서 '단기간에' 비즈니스를 안정시키는 방법 (『금단의 세일즈 카피라이팅』)
0838	빈집을 사서 돈이 되는 물건으로 만드는 방법
0839	베이킹소다를 사용해서 냄비의 찌든 때를 지우는 방법

≫≫ **하면서 **하는 방법

다른 표현 **와 **를 동시에 하는 방법

얻는 것(이익)을 두 가지 열거하면 더욱 득템했다는 느
낌이 든다. 앞부분이 반드시 이익으로 연결되지 않아
도 좋다. 그런 경우, 통상적으로는 양립이 어렵다고 생
각되는 것의 한쪽을 희생시키지 않아도 된다는 의미로
사용할 수 있다.

0840	보조금을 활용하면서 사업 성장을 확실히 하는 현명한 방법
0841	회사를 성장시키면서 직원, 가족과의 인연을 강하게 하는 방법
0842	지금 하고 있는 일에 최선을 다하면서도 독립을 준비하는 방법

≫≫ A를 B로 만드는 방법

다른 표현 A가 B가 되는 방법, A는 B가 된다, 타개하다

'자신의 의지로 A를 B로 바꿀 수 있다'라는 뉘앙스의
카피다. 원래는 불가능해 보이는 것을 자신의 의사로
어떻게든 가능하게 만들 수 있다는 기분이 들게 한다.

0843	지금의 일을 '천직'으로 만드는 방법(포브스 재팬, 2019년 6월)
0844	'바쁜 매일'을 '즐거운 매일'로 만드는 방법
0845	턱이 나온 얼굴을 작아 보이게 하는 방법

≫ A하지 않고 B하는 방법

다른 표현 B 하는 데 A는 필요 없다, A할 것 없이 B하는 방법

A에 부정적인 내용을 넣고, 그런 희생 없이도 B할 수 있다는 뜻을 전달하는 것이 일반적이다. 하지만 A가 꼭 부정인 내용일 필요는 없고, 통상적으로 생각할 수 있는 방법을 넣어도 된다.

0846　긴장하지 않고 청중 앞에서 말하는 방법

0847　고객에게 부탁하지 않고 사게 만드는 방법

0848　사진 화질을 떨어트리지 않고 파일 용량을 압축하는 방법은 이것이다

≫ **하지 않고 끝내는 방법

다른 표현 **를 패하는 방법, **와 안녕하자

부정적인 상태를 피하는 것이 가능하다는 뜻으로 쓰인다. 0849나 0850처럼 '어떻게든 피하고 싶은 것'에 사용하면 효과적이다. 읽는 사람의 불안이나 고민을 분명히 언급하기 때문에 호소력이 강하다.

0849　이혼하지 않고 부부 싸움을 끝내는 방법

0850　스트레스 받지 않고, 하루 10분으로 수납 정리를 끝내는 방법

0851　사춘기 아이의 반항에 짜증내지 않고 대화를 끝내는 방법

≫ 사용법

다른 표현 쓰임새, 활용법, 용도, 이용법

0852처럼 어렵고 사용하기 힘든 것, 0853처럼 권위가 있는 것, 또는 0854처럼 의외의 방법을 제안하는 것 등에 사용하면 흥미를 끌기 쉽다.

0852　시니어를 위한 전자 화폐 간단 사용법

0853　미국의 역대 대통령에게 배우는 효과적인 시간 사용법
　　　(포브스 재팬, 2019년 2월)

0854　우천 시에만 필요한 게 아니다. 구두를 지키는 방수 스프레이의 편리한 사용법

≫ 현명한 사용법

다른 표현 구사하다, 최대한 활용하다, 최대한 이용하다

'사용법'의 변형으로 좀 더 '특별한, 고도의, 의외의' 방법이라는 느낌을 주는 카피다. '내가 모르는, 더 효과적인 방법이 있다'라는 느낌을 준다.

0855　반려묘가 알려주는 인스타그램을 현명하게 사용하는 법

0856　입사 3년차까지의 현명한 보너스 사용법

0857　연말정산을 위한 현명한 신용카드 사용법

≫ 법

'방법'과 똑같은 뜻이지만 미묘하게 뉘앙스가 다르다. 좀 더 부드럽고 심플한 인상을 준다. '공부법이 좋지 않다'와 '공부 방법이 좋지 않다'는 뉘앙스가 다르다는 것을 금세 알 수 있을 것이다.

다른 표현 하우 투, 테크닉, 하기 위해서는, 하는 법
0858 『당신 앞에 있는 보물 찾는 법(あなたの前にある宝の探し方)』(간다 마사노리, 고단샤, 2013) *국내 미출간
0859 서울대식 벤처 만드는 법
0860 일을 강요하는 상사 '피하는 법' (프레지던트 온라인, 2019년 9월)

≫ 한 가지 방법

'어느 한 가지 방법'이라는 의미로, 줄여서 '한 방법'의 형태로 많이 쓴다. 막무가내로 문제에 부딪히는 게 아니라, 마치 장기를 두듯이 전략적으로 수단을 고른다는 인상을 준다.

다른 표현 수법, **술, **법, 방책, 묘수
0861 가속적인 글로벌 진출의 한 방법이란?
0862 '나에겐 무리'라고 생각하면, 전부 맡겨버리는 것도 한 가지 방법(『임팩트 컴퍼니』)
0863 '마감에 못 맞추겠다!'라고 생각할 때 써야 할 묘수란?

≫ 활용법

'사용법'이라고 말하는 것보다 '활용'이라고 말하면 왠지 더 효과적이고, 낭비 없이 능숙하게 사용한다는 느낌을 준다. 0865의 '호텔 활용법'을 '호텔 사용법'이라고 하면 어감이 달라지는 것을 알 수 있다. 또한 '활용법'에는 무언가 체계가 선 '방법론'이 있다는 느낌을 준다.

다른 표현 살리는 법, 효과적인 방법, 이용법
0864 전 세계에 시장을 여는 아마존 활용법
0865 지방 출장이 많은 회사원을 위한 호텔 활용법
0866 시험 전 마지막 벼락치기, 성적을 올리는 노트 활용법

≫ 활용술

'활용법'과 비슷하지만 '법'인지 '술'인지에 따라 뉘앙스가 달라진다. '활용법' 쪽이 수단을 표현한다면, '활용술'은 더 기술적인 측면에 주목하게 만든다.

다른 표현 활용 테크닉, 구사하는 방법
0867 구글링뿐만이 아니다! '브레인스토밍'을 위한 구글 활용술 (포브스 재팬, 2018년 4월)
0868 자폐아를 위한 ICT기기 활용술
0869 꼭 필요할 때 써먹는 자동차 보험 활용술

간단함 강조하기

해결책을 제시한다는 것은 '익숙하지 않은 행동을 하게 만든다'는 것이다. 그런데 반드시 알고 있어야 할 것이 있다. 인간이라면 누구나 '어려운 일'은 하기 싫어 한다는 것이다.

또한 꼭 어렵지 않더라도, '장기간의 지속적인 활동이나 많은 노력이 필요한 일'은 일단 문턱이 높아지기 마련이다. 사람은 '금방 효과가 나타나는 것'에 끌린다. 그러므로 역으로 생각하면, 사람을 움직이게 만드는 포인트는 '행동의 문턱을 낮춰주는 것'이라고도 할 수 있다.

'쉽고 간단하다'고 말해주는 것은 행동의 문턱을 낮추는 한 가지 방법이다.

설령 그 해결책(상품·서비스) 자체가 어려운 기술이나 과정을 동반하는 것이더라도, 간단한 요소를 발견해서 거기에 초점을 맞추면 된다. 이렇게 '간단함을 강조하면' 행동의 첫걸음을 유도하는 발판이 될 수 있다. 처음 하는 사람이나 초보자는 '나도 할 수 있을까?'라고 생각하기 때문에 당연히 자극을 줄 수 있고, 의외로 중·상급자도 이런 카피에 반응하는 경향이 있다.

≫ 간단히 ＊＊하는 방법

다른 표현 고생하지 않고 ＊＊하는 방법, 편하게 ＊＊하는 방법

'＊＊하는 방법'의 변형이다. 간단함을 잘 어필하는 표현이다. 오래되고 낡은 표현으로 보일 수도 있지만, '편하게 하고 싶다'라는 인간의 본질은 바뀌지 않기 때문에 심플하면서도 강력한 카피다.

0870	사라진 신용도를 간단히 되돌리는 방법
0871	업무 매뉴얼을 에버노트로 간단히 작성하는 방법
0872	부기 3급, 1개월 만에 손쉽게 합격하는 방법

≫ ＊＊의 간단 사용법

다른 표현 ＊＊는 누구라도 사용할 수 있다, ＊＊를 보통 사람에게도

마찬가지로 '＊＊하는 방법'의 변형으로서 간단함을 강조하는 표현이다. 0873, 0875처럼 어려워 보이는 주제에 사용하면, 아직 도전하기 전인 사용자의 주저하는 마음을 사로잡을 수 있다.

0873	고령자를 위한 스마트폰 간단 사용법
0874	구두를 반짝거리게 하는 나일롱 스타킹의 간단 사용법
0875	의외로 활용 범위가 넓은 엑셀 함수의 간단 사용법

≫ 누구나

'누구나'라는 말은 문장을 읽고 있는 사람에게도 찬스가 있다고 생각하게 한다. '타깃을 좁히는(N)' 것과는 모순되는 것처럼 들리지만, 사실은 어려운 것을 싫어해서 '나도 해당된다'고 느끼는 층을 이미 타깃으로 삼고 있는 카피라 할 수 있다.

≫ 쉬운(easy)

'쉽다'에는 여러 가지 의미가 있지만, 여기서는 '어렵다'의 반대 의미이다. 부드럽고 거부감이 없는 표현으로, 간단함을 전달하기 때문에 다양한 상황에서 사용할 수 있다.

≫ 심플

복잡한 내용 중에서 가장 중요한 포인트만 남기고 없애서, 최소한으로 정리되어 있는 상태를 심플하다고 말한다. 실제로 모든 것을 '심플'하게 만드는 것은 어려운 일이다. 하지만 읽는 사람은 정보가 쉽게 정리된 것을 기대하기 때문에 이 카피에 끌릴 수밖에 없다.

≫ 단골

유행에 좌우되지 않는, 항상 팔고 있는 상품을 표현할 때 쓰는 카피다. 실제로는 '기본적인', '누구나 하는'이라는 뉘앙스로 사용하는 경우가 많다, '빼놓을 수 없는'이라는 의미도 갖고 있다.

⋙ 정통

다른 표현 상식, 약속, 질리지 않는

유사한 제품이 쏟아지는 상황에서 '이것이 오리지널' 이라고 명쾌하게 말해주면 설득력이 높을 수밖에 없다.

0888	유치원에서 초등학교 저학년까지 여자아이들이 다니는 정통 학원 5
0889	결혼식 정통 코디에 이것 한 가지만 더해도 화려해진다
0890	흔하지만 눈물 나는 결혼식 정통 축가 모음

⋙ 정석

다른 표현 관습, 정해진, 방정식, ＊＊가 베스트

정석의 '석'은 바둑알을 뜻하는데, '정해진 방식이 있다'라는 문맥으로 쓰인다. 포인트를 알 수 있다는 느낌을 주지만, 어감이 딱딱하기 때문에 '간단함을 강조하기 위해' 사용할 때는 주의가 필요하다.

0891	히트를 만드는 음계의 정석
0892	디지털 마케팅의 10가지 정석
0893	골프 버디 퍼트의 정석

⋙ 편하게

다른 표현 고생 없이, 자면서, ○일 ○시간으로

인간은 무슨 일을 할 때 노력이나 고통이 동반되는 것을 싫어하기 때문에 그런 심정에 직접적으로 호소할 수 있는 카피다. 꼭 간단한 방법이 아니더라도, '본래 고통이나 노력을 동반하는 것을 더 편하게 할 수 있다' 는 뜻을 전달할 때도 쓸 수 있다.

0894	홈파티에 최적. 편한데 보기에도 좋은 메뉴 20
0895	사실은 그녀도 하고 있다. 간편하게 예쁘게 보이는 메이크업
0896	편하게 비거리를 늘리는 드라이버 샷의 비결

⋙ 잠자는 사이에

다른 표현 자면서, 쉬고 있는 사이에, 아침에 일어났더니 ＊＊

바쁜 사람이 시간을 짜낼 때는 수면 시간을 아끼는 경우가 많다. 수면은 물론 중요하지만 길어지면 활동 시간이 줄어들기 때문에, 많은 사람들이 '자는 시간을 유용하게 쓰고 싶다'고 생각한다. 다만, 자는 사이에 할 수 있는 것은 한정되어 있기 때문에, 어떤 상황에서든 쓸 수 있는 표현은 아니다.

0897	잠자는 사이에 요통을 고쳐주는 인체공학 매트리스
0898	자는 사이에 지방을 연소시키는 것이 가능한지 시도해봤다
0899	『잠자면서 성공한다』(조셉 머피, 민성사, 2009).

≫ 자연스레 익히는

간접적으로 '무리해서 익힐 필요가 없다', '특별히 의식하지 않아도 저절로 익숙해진다'라는 뜻을 전달한다. 정공법과는 다르게 뭔가 다른 일을 하면서 자동적으로, 부수적으로 할 수 있다는 뜻이기 때문에 눈에 띈다.

다른 표현 그냥 놔둬도 익혀지는, 정신을 차려보니 ✱✱

0900	'심층 대화력'을 연마하면서 자연스레 익히는 '인간관계력' (포브스 재팬, 2016년 5월)
0901	30일 만에 자연스레 익히는 1일 2회 식습관
0902	혼자 가능한 연습 문제로 독해력을 자연스레 익힌다

≫ 애쓰지 않아도

'자연스레 익히다'와 비교하면, 이 카피는 '애쓸 필요는 없지만 의식적으로는 할 필요가 있다'라는 느낌이 있다. 본래 '애써서 하는 것'이라는 확신이 있는 경우에 사용하면 좋다.

다른 표현 필사적으로 하지 않아도, 고생하지 않아도

0903	애쓰지 않아도 정리 습관이 몸에 배는 자기 암시의 말
0904	애쓰지 않아도 팔리는 마케팅의 대표적인 예
0905	애쓰지 않아도 인기 있는 여성의 5가지 특징

≫ 자동

편한 것을 가장 잘 상징하는 것이 '자동'이다. 다만 과도하게 부추기는 듯한 느낌도 줄 수 있기 때문에, 사용할 때는 주의가 필요하다. 0908처럼 '자동'이라는 단어를 사용하지 않아도 뭔가가 자동적으로 진행된다는 것을 표현할 수 있다.

다른 표현 오토매틱, 아무것도 하지 않아도, 저절로 찾아오는

0906	최신 마케팅 정보가 매주 월요일에 자동으로 도착합니다
0907	왼쪽 발에 중심을 두면, 자동으로 체중 이동이 가능하다
0908	정보와 인맥이 저절로 찾아오는 장소 만드는 법

≫ 무리 없이

일반적으로 힘들다고 알려진 일에 대해서 '무리하지 않아도 된다', '있는 그대로 가능하다'라고 말해주는 카피다. 매우 힘든 일을 '편하다'고 말하면 오히려 '수상하다'고 생각할 수 있지만, '무리 없이'라고 말하면 받아들이기 쉽다.

다른 표현 자연히, 자연체로, 스무스하게

0909	무리 없이 복수의 커리어를 실현하는 북클럽 퍼실리테이터가 되지 않겠습니까?
0910	바쁜 분도 무리 없이 계속할 수 있는 헬스장 고르는 법
0911	무리 없는 주택 대출 시스템을 친절히 시뮬레이션해드립니다

≫ 주머니에 넣고

'작고 가볍다'라는 특징을 나타낸다. 0912, 0913처럼 운반하기에 무거운 어떤 물건이 콤팩트하다고 말해주면, 사용하기 쉽고 간편할 거라는 생각이 든다. 물리적인 것뿐만 아니라, 0914처럼 '언제나 휴대할 수 있는', '마음에 넣어두는'이라는 뜻으로 형태가 없는 것에도 쓸 수 있다.

0912	주머니에 넣고 다니는 슬림형 와이어리스 마우스
0913	주머니에 들어가는 소형 모바일 배터리
0914	그녀와의 추억을 주머니에 넣고, 여행을 떠났다

≫ 만화로 보는

어려운 내용을 알기 쉽게 설명할 때 효과적인 것이 만화로 만드는 방법이다. 그래서 딱딱한 주제에 잘 쓰인다. 만화를 따로 제작해야 한다는 번거로움이 있지만, 친숙하지 않은 사람에게도 호소할 수 있기 때문에 그만큼 가치는 충분히 있다.

0915	『만화로 보는 비상식적 성공 법칙(マンガでわかる 非常識な成功法則)』(간다 마사노리, 분카샤, 2015) *국내 미출간
0916	절세하려다가 파산?! 대출 아파트의 악몽! 상속 만화 '대출 아파트'(다이아몬드 온라인, 2019년 8월)
0917	『만화로 보는 그리스 로마 신화』(토머스 불핀, 가나출판사, 2005)

≫ 언제라도

'생각났을 때 바로 할 수 있다', 시간이나 장소에 구애받지 않는다는 것을 강조한 표현이다. 0918처럼 리듬감 있게 사용할 수도 있다.

0918	언제, 어디서나, 누구라도(닌텐도)
0919	영업시간 중에는 언제라도 몇 번이나 사용하실 수 있습니다
0920	365일 24시간, 언제라도 신청하실 수 있습니다

≫ **만

한 가지 방법이나 수단으로 가능한 것을 나타낸다. 복잡한 순서나 수속이 필요한 일에 대해 '**만', '**하기만 하면'이라고 말해주기 때문에 솔깃한 느낌을 준다. 다만, 그 한 가지가 반드시 간단한 것이라고는 단정할 수 없다.

0921	하기만 하면 매출이 오르는 격렬한 마케팅
0922	식당에서 주는 것 같은 따뜻한 물수건. 사실은 전자레인지에 돌리기만 하면 된다
0923	신청만 하면 돈을 받을 수 있는 지자체의 복지 제도를 활용하자

≫≫ 이것만으로

다른 표현 온리 **, **로 OK

'이것, 그것, 저것, 어느 것' 모두 공통된 카피다. '이것'이 뭔지 알고 싶어지는 효과를 이용한다. 구체적인 내용은 말하지 않으면서, 수수께끼 같은 느낌으로 궁금증을 유발하는 것이 포인트이다. '이것만'이라고 하면, '얼마만큼'인지 그다음 내용이 알고 싶어진다.

0924	이것만으로 인상이 바뀌는 넥타이 매는 법
0925	외국인과의 미팅. 이것만으로 신뢰감이 상승하는 보디랭귀지
0926	단지 이것만으로 스테이크의 육즙이 달라진다

≫≫ **하나로

다른 표현 **만으로, 온리 **

수단의 심플함을 나타낸다. '여자 손 하나로 키웠다'나 '글로브 하나로 도전하는 복서' 등, 어떤 한 가지가 매우 중요하다는 것을 강조할 때에도 쓰인다.

0927	사고방식 하나로 더 건강해진다. '바꾸어야 할' 12가지 사고 (포브스 재팬, 2019년 7월)
0928	프라이팬 하나로 만드는 저녁 식사 메뉴 모음
0929	하나로 모든 것을. 모든 것이 하나로(애플)

≫≫ 사소한

다른 표현 섬세한, 조금, 약간, 자그마한

큰 것이 아니라 작은 차이를 가리킨다. '그 정도라면 나도 할 수 있겠다'라고 생각하게 만든다.

0930	더 나은 내일을 만드는 '사소한 행동' 7가지(포브스 재팬, 2018년 3월)
0931	부모 자식 관계가 잘 풀리는 사소한 대화법
0932	신뢰받는 영업맨이 실천하고 있는 사소한 습관

카피라이터에는 세 종류가 있다

뭔가를 팔기 위해 문장을 쓰는 행위를 카피라이팅이라 하고, 그 문장을 쓰는 사람을 '카피라이터'라고 부른다. 마케팅의 역사가 길어지면서 '카피라이터'라는 호칭은 캐치 카피나 브랜딩 작업을 위해 전문적으로 카피를 쓰는 사람과 구별하기 위해, '세일즈 카피라이터'로 바뀌게 되었다. 여기서 더 나아가, '마케팅의 흐름 그 자체를 이해하고 그것을 언어로 표현하는' 사람들을 이 책에서는 '마케팅 카피라이터'라고 부른다.

효율성에 초점 맞추기

어차피 노력하는 거라면 효과적으로, 성과를 얻을 수 있도록 해야 한다. 한 시간씩 걸리던 청소를 30분 만에 끝낼 수 있다면 그보다 더 좋을 수 없을 것이다. 물론 고생을 피하지 않고 우직하게 노력하는 모습은 존중받지만, 많은 사람들이 속으로는 최대한 시간을 덜 쓰면서 더 나은 효과가 나오기를 바라고 있다. '최소한의 노력으로 최대한의 결과를!'이라는 유명한 카피에서도 그런 사람들의 욕망을 간파할 수 있다. 그렇다면 인간은 어떤 '수고'를 줄이고 싶어할까? '최단거리', '시간 단축', '3분간 **' 등 자주 쓰이는 카피 단어로 알 수 있듯이 먼저 '시간'을 꼽을 수 있다. '정신력'이나 '돈' 등도 생각해볼 수 있다.

여기서 중요한 공통점은 '비용 대비 효과'라고 할 수 있다. 10만 원을 지불했는데 20만 원 이상의 투자 효과가 있다거나, 원래는 배우는 데 1년 걸리는 지식을 3주 만에 습득할 수 있다면, 누구나 솔깃해할 것이다.

그러므로 '저비용, 고효율'을 강조하는 카피가 가장 이상적이다. 만약 당신이 홍보하는 상품이 '고비용 고효율'이더라도 고효율이 무척이나 매력적이라면 수고스러움을 감수해서라도 시도해보려고 할 것이다. 하지만 당신이 쓴 카피에 아무도 감흥을 느끼지 못한다면, 아마도 그 상품에는 '들이는 노력에 비해 효율이 좋지 않은' 뭔가가 숨어 있을 가능성이 높다. 여기에서는 효율성에 초점을 맞춰 비용 대비 효과가 높다는 점을 호소하는 카피를 소개한다.

≫ 단 ○분으로

다른 표현 불과 ○분으로, ○분으로 가능, ○분간 **

단시간에 효과가 나오는 것을 알기 쉽게 전달할 수 있다. '시간'에 대해서는 <u>일률적으로 몇 분, 몇 시간이 효과적이라는 기준이 있는 것은 아니다.</u> 몇 년 걸렸던 것이 1년 만에 해결됐다면 '단 1년'이라고 표현할 수 있지만, 한 시간 걸렸던 것을 '단 30분 만에'라고 표현해봤자 별로 줄어든 느낌이 들지 않는다.

0933	지금까지 50시간 걸렸던 공부가 단 5시간 만에 끝났다! 『금단의 세일즈 카피라이팅』
0934	단 5분 만에 주름이 펴지는 기술력
0935	사전 준비 없이 단 15분 만에 저녁 식사 4인분을 준비하는 방법

≫ ○분 만에 알 수 있는

다른 표현 ○분으로 이해하는, ○분으로 파악하는, **분 강좌

이 카피는 시간을 내세우고 있지만, 단순히 소요 시간을 명확히 알려준다기보다는 통상적인 소요 시간보다 <u>짧게 끝난다는 뜻이 강하다.</u>

0936	90분 만에 진짜 세계정세를 알려드립니다!
0937	하루 3분 만에 알 수 있는 클래식 교양 수업
0938	10분 만에 이해하는 소비세 개정 이야기

⋙ 절반으로 줄이는

다른 표현 1/2의 시간으로, 2배속으로, ＊＊의 시간을 절반으로

시간을 2분의 1 아낄 수 있다는 것은 큰 이득이다. 같은 뜻이더라도 '한 시간 걸리던 것이 30분으로 줄어들었다'라고 표현하는 게 아니라 '절반의 시간으로'라고 하면 효과가 배가된다. 같은 말도 듣는 사람의 입장에서 더 매력적인 것으로 바꿔 말해야 한다.

0939	회의 시간을 절반으로 줄이는 진행법
0940	화장하는 시간을 절반으로 줄이면서 더 예쁘게 하는 요령
0941	일하는 시간은 절반으로 줄이고, 부업으로 수입을 늘리는 법

⋙ 반값(하프)

다른 표현 50% 할인, 1/2, ＊＊하프

시간 이외에도 여러 가지를 2분의 1로 줄일 수 있다면 무엇에든 쓸 수 있다. 특히 가격을 반값으로 제공하는 것이라면 누구나 솔깃할 것이다.

0942	기름을 반으로 2분의 1 하프 마요(오뚜기)
0943	반값으로 스마트폰을 장만할 수 있는 절호의 찬스!
0944	반값 등록금을 현실로!

⋙ 눈 깜짝할 사이에

다른 표현 바로, 곧, 순식간에, 갈팡질팡하는 사이에

'매우 단시간에'라는 뜻이다. 절대적이라기보다는 상대적인 개념으로 개개인의 상황과 감정에 따라 적절하게 사용할 수 있다. 또한 '눈 깜짝할'이라는 표현에는 '사람의 감정'이 살짝 엿보이기 때문에, 감성에 호소하는 카피를 쓸 때 적절하다.

0945	눈 깜짝할 사이에 수익률이 오르는 투자 상품
0946	눈 깜짝할 사이에 바뀌는 IT 업계의 세력도
0947	눈 깜짝할 사이에 순식하는 집 반찬

⋙ 직방

다른 표현 재빨리, 인스턴트, 스피디, 최속

'빠른 효과'라는 뜻이다.

0948	뜨거운 물에 타서 마시면 끝, 감기에 직방!
0949	허리 통증에 직방, 3분 스트레칭
0950	하루 전에 먹으면 생리통에 직방

⋙ 순식간에

'눈 깜짝할 사이에'와 마찬가지로, 구체적인 시간이 정해져 있는 것은 아니지만, 매우 짧은 순간을 가리킨다. 그래서 어떤 상품인지에 따라서 과장이라고 생각할 수 있으므로 잘 판단해서 써야 한다.

다른 표현 순식간에, 눈 깜짝할 사이에

0951	『순식간에 현금을 만든다! 가격 전략 프로젝트(一瞬でキャッシュを生む!価格戦略プロジェクト)』(스도 고지, 간다 마사노리, 다이아몬드사, 2004) *한국어판 제목은 『비싸야 이기는 거꾸로 비즈니스』(이덴슬리벨, 2004)
0952	순식간에 눈의 피로를 풀어주는 눈 마사지기
0953	뜨거운 물만 부으면 순식간에 맛있는 수프 완성

⋙ 3분(3분간, 3분 만에)

너무 길지도 않고, 너무 짧지도 않은 적당한 시간의 상징이 바로 3분이다. 또 컵라면이나 카레 등등 3분이라는 콘셉트를 표방한 제품이 많기 때문에, 다른 숫자보다 친숙하다는 점도 있다. 다만, 수치를 명확하게 기록할 때는 실제 소요 시간과 맞아떨어져야 한다. 명백히 10분 걸리는 것을 3분이라고 쓸 수는 없다.

다른 표현 단시간, 컵라면을 기다리는 동안에

0954	3분 만에 읽는 드러커. 경영학 거장의 명언(다이아몬드 온라인, 2007년 10월)
0955	직장에서 가볍게 할 수 있는 3분 리프레쉬 스트레칭
0956	당신의 둔감력은 높은 편? 낮은 편? 둔감력 3분 진단

⋙ 지름길

일반적으로는 '돌아가는 길=낭비, 손해'라고 생각한다. 목적지까지 가는 가장 가까운 길이 있다는 것을 이한 단어로 잘 전달할 수 있다.

다른 표현 샛길, 테크닉

0957	○○ 자격증, 합격으로 가는 지름길이 여기 있습니다
0958	'잠잘 시간을 아껴서 공부하는 것'은 역효과. 성공으로 가는 지름길은 충분한 수면(포브스 재팬, 2018년 3월)
0959	우울증을 없애는 최고의 지름길은 바로 운동입니다

⋙ 최단 루트

지름길과 같은 뜻이지만 거리가 가깝다는 것을 더 강조하는 카피다. 성공하는 데 오랜 시간이 걸리는 뭔가를 홍보할 때 사용하면 효과적이다.

다른 표현 최단시간, 샛길

0960	네이티브와 잡담하는 경지에 이르는 최단 루트를 소개합니다
0961	돈 잘 버는 프리랜서로 가는 최단 루트
0962	종교를 공부하는 것이 '교양이 있는 사람'이 되기 위한 최단 루트인 이유(다이아몬드 온라인, 2019년 8월)

≫ 시간을 아껴주는

시간이 바로 돈으로 직결된다고 생각하는 바쁜 현대인에게 강하게 어필하는 카피다. 문장에 따라 '시간을 줄여주는', '손쉽게 해결되는' 등으로 바꿔 쓸 수 있다.

다른 표현 시간을 들이지 않고, 손쉽게, 시간을 아껴주는, 시간을 줄여주는

0963 시간 단축 · 간단 · 바로 실천. 마케팅 카피라이팅 기초반 모집

0964 이제 출근 전에 서두르지 않는다. 당신의 시간을 아껴주는 옷장 수납술

0965 당신의 돈과 시간을 아껴주는 운전면허학원

≫ 단숨에

이 표현은 정도가 아주 급한 상태를 가리킨다. 그만큼 극적인 상황이 떠오르는 단어라서 카피로 사용할 때도 효과가 좋은 만큼 여러 군데서 이미 사용하고 있다. 유니크한 표현과 함께 사용하면 색다른 효과를 볼 수 있다.

다른 표현 곧바로, 눈 깜짝할 사이에, 바로

0966 비즈니스 미팅에서 만나자마자 단숨에 호감을 사는 보디랭귀지가 있다!

0967 읽자마자 단숨에 끌리는 카피에는 법칙이 있다

0968 좋아하는 사람을 단숨에 유혹하는 한마디의 기술

≫ 가속화

같은 페이스로 전진하는 것이 아니라, 스피드가 단계적으로 빨라진다는 것을 전달하는 단어다. 사회문제나 현상 등을 긴박감 넘치는 분위기에서 전달할 때 주로 사용하는데, 상품 홍보에도 응용해서 사용할 수 있다. 단순히 '빨라진다'고 하는 것보다, 스피드감을 전달할 수 있다.

다른 표현 스피드업, 액셀을 밟다

0969 전 세계적으로 탈종교 가속화, 종교란 무엇인가 생각할 계기

0970 보고 그대로 따라 해도 당신의 요리 실력이 가속화됩니다

0971 기후변화 가속화. 지구의 복수가 시작됐다. 우리는 어떻게 대응할 것인가

≫ 아주 적은

'아주 열악한 상황에서도 뭔가를 가능하게 해준다'라는 뉘앙스를 표현할 때 주로 사용한다. 0972처럼 '불과 **'라고 구체적인 양이나 시간을 제시하는 경우와 0973, 0974처럼 제시하지 않는 경우가 있다.

다른 표현 불과, 조금, 미미한, 약간의, 단

0972 전 세계에 불과 6명밖에 없는 특수한 자격증 보유자가 도와드립니다.

0973 아주 적은 빛으로도 충전할 수 있는 솔라 배터리 탑재

0974 아주 적은 시간으로도 놀랄 정도로 전신이 릴랙스되는 눈 스트레칭

≫ 레버리지

다른 표현 지렛대 원리로, 복리로

원래 '지렛대의 원리'를 말하는 것으로, 지렛대처럼 적은 힘으로 큰 효과를 올리는 것을 나타낼 때 쓴다. '레버리지 효과'라는 경제 용어는 이미 대중화되었는데, 타인의 자본을 지렛대 삼아서 자기 자본 이익률을 높인다는 의미를 갖고 있다.

0975 '레버리지'는 테크닉이 아니라 삶의 방식이다!

0976 『레버리지 시간술; 노 리스크 하이 리턴의 성공 원칙 (レバレッジ時間術; ノーリスク・ハイリターンの成功原則)』 (혼다 나오유키, 겐토샤, 2007) *국내 미출간

0977 수입을 대폭 올리고 싶다면, 레버리지 효과가 있는 일을 찾아라

≫ 비용 대비 효과

다른 표현 효율 투자, 현명한 돈 사용법

주로 '비용 대비 효과가 높다'고 자랑할 때 사용하는 카피다. 비용은 구체적인 수치로 나타내지만, 효과는 꼭 수치로 나타난다는 보장은 없다.

0978 졸업 후 5년간의 월급으로 조사, '비용 대비 효과가 가장 좋은' 전공은?(포브스 재팬, 2017년 2월)

0979 신입 사원 육성, 비용 대비 효과 좋은 방법이란?

0980 임플란트 꼭 비쌀 필요가 있을까? 비용 대비 효과 좋은 임플란트 시술

≫ 가성비

다른 표현 최소의 **로 최대의 **, 코스트 퍼포먼스

'비용 대비 효과가 높다'가 정중한 표현이라면 '가성비 굿', '가성비 짱', '가성비 갑' 같은 표현은 여러 업종에서 캐주얼하게 사용하는 카피다. 경쟁업체나 대체 상품이 많은 물건일수록 가성비가 매출을 결정하기 때문에 폭넓게 사용할 수 있다.

0981 최고의 가성비가 아니라면, 반품하셔도 좋습니다

0982 맛은 그대로, 가격만 down, 친절은 두 배로, 가성비 갑 호프집

0983 다른 어디서도 찾을 수 없는 가성비 짱 치킨점

≫ 돈(을) 들이지 않고

다른 표현 돈 안 드는, 공짜로

금전적인 부담이 없거나 적다는 것을 호소하는 표현이다. '시간이 걸리지 않는다는 것'을 표현하는 카피는 많지만 의외로 '돈이 안 든다'고 말하는 카피는 많지 않다.

0984 돈을 들이지 않고도 매출 올리는 방법이 있다?!

0985 돈 들이지 않고 사람들에게 호감을 사는 사소한 습관

0986 돈 들이지 않고 간단하게 할 수 있는 DIY 리폼

기대감 높이기

'드디어'나 '** 도래!' 등 기대감을 높이는 표현을 보면, 마음이 설렌다. 사실은 바로 이 '감정'이야말로 사람이 물건을 사게 되는 이유다.

예를 들면, 당신이 고급 손목시계(이게 아니라면, 옷이나 자동차, 콘서트 티켓 등 다른 아무거나 좋다)를 사고 싶다고 하자. 당신은 왜 그것이 갖고 싶을까? 어쩌면 특별한 이유는 없고, 그냥 '갖고 싶으니까 갖고 싶다'라는 마음일 확률이 높다. 혹은 '확실한 이유가 있다'고 하더라도 처음 그것을 갖고 싶다고 생각한 순간을 잘 떠올려보면, 그 이유는 나중에서야 만든 것인 경우가 많다.

『궁극의 세일즈 레터(究極のセールスレター, The ultimate sales letter)』(댄 케네디, 동양경제신보사, 2007 *한국어판 『고객을 불러오는 10억짜리 세일즈 레터 & 카피라이팅』 리텍콘텐츠, 2014)에서는 '사람은 감정으로 물건을 사고, 논리로 정당화한다'라는 말이 나온다. 이에 따르면 우선, 감정을 자극하는 말이나 디자인으로 그 브랜드를 '갖고 싶은 것, 사고 싶은 것'으로 만드는 것이 우선이다. 왜 그 물건을 사야 하는지, 왜 필요한지, 그 논리를 따지는 일은 물건을 산 이후에 고객이 알아서 한다는 것이다. 따라서 카피라이터는 읽는 사람이 그 물건이 갖고 싶도록 논리가 아니라 감정에 호소하는 단어를 써야 한다. 여기서는 읽는 사람의 '기대감을 높이는' 표현을 소개한다.

≫ 드디어

다른 표현 이제, 가까스로

'기다리고 기다렸다'라는 의미가 내포되어 있는 단어다. 가까운 미래에 뭔가를 기대할 수 있다는 것을 잘 보여준다.

0987 드디어 럭비 월드컵이 일본에 온다(포브스 재팬, 2019년 5월)

0988 드디어 대망의 새로운 콘텐츠가 등장!

0989 드디어 내일 리뉴얼 오픈

≫ 결국

다른 표현 여태, 대망의, 기다렸던

어떤 사건이 어떻게 됐는지 궁금하게 만드는 카피다. 또한 결정적인 방법을 표현할 때도 쓴다.

0990 허리 통증, 방치하다가 결국…

0991 직장생활, 결국 남는 건 사람이다

0992 『국어의 기술 외전 결국은 어휘력』(이해황, 좋은책신사고, 2016)

≫ 데뷔

'첫 등장', '처음으로 사용', '처음으로 체험하다'라는 상태를 표현할 때, '데뷔'라는 말을 쓰면 화려하고 조짐이 좋은 인상을 줄 수 있다.

다른 표현	등장, 첫선을 보임, 첫 무대, 본방
0993	Mac 데뷔. 당신의 데스크톱에 3가지 새로운 어플을 데려왔습니다(애플)
0994	겨울 보너스로 주식 데뷔를 계획하다
0995	3살 손녀의 노래방 데뷔곡에 조부모가 감탄

≫ 지금

의미나 용도가 다양한 단어지만, 여기서는 일단 문자 그대로 '현 시점에서'라는 뜻이다. 또 한 가지는 0997처럼 '지금 이 타이밍이라서 더'라고 다시 한번 주목을 끄는 효과가 있다. '지금이야말로'라는 변형 표현도 있다.

다른 표현	현재, Now, 목하∗∗중, ∗∗진행 중, 당면, 지금이야말로
0996	농협이 지금 투자신탁 판매에 진심인 이유(동양경제 온라인. 2019년 8월)
0997	지금의 아이들에게 알려주고 싶은, 세계에 알려져 있는 한국의 전통문화
0998	지금이야말로 유튜브로 신규 고객 획득!

≫ 이것이

'이것이야말로'라고 강조하는 표현이다. 약간 엄숙하고 과장스런 분위기도 풍긴다. 1000처럼 '이것이'의 내용을 앞에 먼저 늘어놓은 다음에 '~ 이것이 ∗∗'라고 도치된 문장을 쓰면 강한 자신감을 풍긴다.

다른 표현	이것이야말로, This is ∗∗
0999	그래, 인생에는 이것이 있다(아메리칸 익스프레스)
1000	'의지력, 고도의 비전, 분야를 뛰어넘은 사고법' 이것이 일론 머스크다(포브스 재팬. 2016년 9월)
1001	2020년이 되어도 인기가 사그라들지 않는, 이것이 원조 울트라세븐이다

≫ 지금이야말로

과거에 뭔가에 실패해본 경험이 있는 사람들에게 어필하는 표현이다. 다이어트, 자격증 시험 등 성공하기 쉽지 않은 분야에서 효과적으로 사용할 수 있다. 이 카피의 다음 문장에서 다른 상품이나 서비스와 달리 어떻게 성공할 수 있는지를 보여줘야 한다.

다른 표현	다음에야말로, 다음에는 반드시, 이번에야말로
1002	캠핑의 인기가 다시 부활! 지금이야말로 기대되는 이유 (뉴스위크 일본판. 2019년 7월)
1003	지금이야말로 불면증을 극복할 수 있는 기회
1004	주말 라운드에서 이번에야말로 100을 쳐보겠다! 샷별 원 포인트 레슨

≫ 두 번 다시

다른 표현   결단코, 지긋지긋

다시는 겪고 싶지 않은 괴로운 뭔가를 막아준다는 것을 잘 전달해준다. 힘든 일을 겪은 사람들에게 공감을 불러일으키는 카피로 좀 더 비장한 느낌을 전달해야 할 때는 '결단코' 같은 단어로 바꿔 쓸 수 있다.

1005	이제 두 번 다시 아프고 싶지 않다. 허리 삐끗 예방에 효과적인 스트레칭
1006	이것만 기억하라, 두 번 다시 스피치로 긴장할 필요가 없다
1007	두 번 다시 지각하지 않게 해주는 알람 어플 10가지

≫ 온갖

다른 표현   별별, 모든, 삼라만상

'모든'이라는 의미이지만, 그보다 더 중후한 느낌과 넓은 범위라는 인상을 준다.

1008	온라인 교재는 온갖 툴로 전환, 발전시킬 수 있습니다
1009	클라우드 서비스로 온갖 작업을 스피디하게
1010	온갖 불만을 깨끗이 받아넘기는 슈퍼 콜센터

≫ 심금을 울리는

다른 표현   감명, 가슴이 철렁하다, 마음이 흔들리다, 사무치다

'심금'이란, '마음 깊은 곳에 숨어 있는 감동과 공감의 미묘한 심정'을 말한다. 여기에 '울린다'는 동사가 붙으면 '사람의 마음을 움직인다'는 것을 전달하는 최적의 카피가 된다. 일상적인 말은 아니기 때문에 사용할 상황은 한정되지만, 문학이나 음악, 미술 등 예술 작품을 이야기할 때 주로 사용한다.

1011	심금을 울리는 단어의 법칙(『광고 이렇게 하면 성공한다』)
1012	상대의 심금을 울리는 사소한 위로 한마디
1013	독일인의 심금을 울리는 한국 특산품 5가지

≫ **이래의

다른 표현   **이후의, **의 재래, ** 만의

'과거에 일어난 중요한 이벤트'와 '앞으로 찾아올 새로운 이벤트'를 연결시키는 표현이다. 1016처럼 자사 상품의 과거에 대해서 이야기할 때도 사용한다. 약간 무게를 잡는 표현이기 때문에 임팩트 있는 사건을 이야기할 때 효과적으로 쓸 수 있다.

1014	블록체인이 왜 복식 부기 이래 대발명인가(THE21ONLINE, 2019년 1월)
1015	르네상스 이래, 또 하나의 문화 대혁명
1016	창업 이래 같은 비밀 소스를 사용하고 있는 인기 맛집

≫ 최적(베스트)

문자 그대로 가장 적합하다는 뜻이다. '베스트'라고 바꿔 말할 수도 있다. 1017처럼 문맥상 '아주 딱 들어맞는다'는 뜻일 때는 '**에 최적'이라고 쓰면 된다.

다른 표현 딱 맞는, 안성맞춤, 저스트핏

1017	당신의 모든 사진과 파일 등을 보존하는 데 최적의 장소(애플)
1018	날씨 변화가 심한 환절기에 베스트인 아웃도어 패션 10
1019	태양광 발전을 최적의 상태로 유지하기 위해 절대 빠릴 수 없는 관리법을 소개

≫ 가장

모든 것들 중에서 최고라는 뜻이다. 이 카피를 사용하려면 다른 것과 비교해서 보여줘야 한다. 그러므로 사용 전에 우선 내가 홍보하려는 상품의 경쟁 상품들을 시장 조사하는 것이 필수다. 그 과정에서 차별성이나 특징이 보이면 그것을 내세우는 카피를 쓰면 된다.

다른 표현 최고로, 베스트의, 최강의, 피크

1020	노트북 사상, 가장 긴 배터리 지속 시간을 당신의 손에!
1021	A 그룹 중에서 가장 빨리 준결승 진출을 결정하는 것은 누구인가?
1022	서울시에서 가장 지대가 높은 곳에 있는 식당

≫ 제일

누구나 'No.1'이 되고 싶어 한다. 그런 심리를 파고드는 카피로 많이 쓰이고 있다. 단 진짜 1위가 아닌데, 과장해서 사용하는 것은 소심해야 한다. 딱 1위가 아니더라도 '많은 것들 중에서 이것이 가장 좋다'라는 의미로도 사용할 수 있다.

다른 표현 No.1, 발군, 탁월한

1023	인스타그램이 처음이라도 괜찮아요. 제일 쉬운 인스타그램 따라 하기
1024	면접에서 제일 중요한 것, 면접관에게 아부하지 마라 (포브스 재팬, 2017년 10월)
1025	올해 판매 1위를 기록한 베스트 아이템

≫ 확

'대단히', '매우'와 같은 의미로 캐주얼하게 쓸 수 있다. 이 단어가 들어가면 속도가 붙는 느낌을 준다. 정중한 표현이 어울리는 상품에는 쓰지 않는 게 좋다.

다른 표현 단숨에, 확, 휙, 왕창

1026	직업 선택의 가능성이 확 넓어지는 편리한 스킬
1027	고객의 만족도가 확 높아지는 접대법
1028	여성의 시선을 확 잡아당기는 스포츠 시계

≫≫ 착착

구어체로 많이 쓰는 단어이기 때문에 생생한 현장감이 느껴진다. 음식이나 의복 등등이 내 몸에 딱 맞아떨어진다고 말할 때 쓰면 최적의 효과를 볼 수 있다.

다른 표현	**에 어울리는
1029	입에 착착 감기는 양념장
1030	몸에 착착 감기는 정장
1031	입에 착착 붙는 살아 있는 영어회화

≫≫ 거대한

'크다'라는 뜻이다. 사용할 상황은 한정되어 있지만 '대단히 크다'라는 것을 조금 진중한 뉘앙스로 표현할 수 있다.

다른 표현	고귀한, 위대한, 장엄한
1032	계산기의 한계를 뛰어넘는 AI 개발자의 거대한 도전
1033	거대한 힘. 거대한 능력(애플)
1034	'초식남의 증가'라는 거대한 착각(동양경제 온라인, 2016년 12월)

≫≫ 한층 더

퀄리티나 기능 등 뭔가가 업그레이드됐을 때, 그것을 어필할 수 있는 카피다. 문자 그대로만 보면 '한 단계 위'라는 뜻으로 보이지만, '대단히 혹은 유달리 뭔가가 좋아졌다'는 것을 표현할 때 쓴다.

다른 표현	한 등급 위의, 더욱, 눈에 띄게, 유달리
1035	한층 더 물든 가을 산이 당신을 환영합니다
1036	블랙프라이데이 쇼핑. 모바일 이용이 한층 더 활발해져(포브스 재팬, 2015년 12월)
1037	당신의 헤어스타일이 한층 더 멋지게 변신

≫≫ 실로

'정말로', '대단히', '완전히'라는 의미를 다 갖고 있는 표현이다. 많이 사용하는 표현은 아니기 때문에 1038처럼 '매우(very)'라는 뜻으로 쓸 때 유니크한 느낌을 전달한다. 문맥상 사람의 감정까지 전달하는 카피다.

다른 표현	대단히, 매우, 정말로, 완전히
1038	파일을 실로 아름답게 관리합니다(애플)
1039	승리의 요인은 4회말, 실로 훌륭한 보내기 번트
1040	드론으로 할 수 있는 실로 놀라운 일

≫ 도래

다른 표현 다가오다, 습격, 여명, 개막

'뭔가가 내 쪽으로 다가온다'라는 뉘앙스이다. 조만간 이벤트나 릴리스 정보가 생길 때, 심플하게 '＊＊합니다!'라고 말하기보다 이 단어를 사용하면 효과적으로 사람의 감정을 고조시킬 수 있다.

1041	모바일 마케팅. 전혀 새로운 시대의 도래!
1042	내성적인 사람들의 전성시대가 도래했다!
1043	가을 레저 시즌의 도래. 당신의 외출 파트너는?

≫ 다채로운

다른 표현 여러 가지, 버라이어티한, 다양한

단순히 '여러 가지'라고 하는 것보다 더 종류가 풍부하다는 것을 표현해주는 카피다. 카피를 쓸 때 흔히 쓰는 단어보다 '일상적이지는 않지만 주의를 끄는 단어'가 효과적인 상황도 있다.

1044	다채로운 크리스마스 플랜으로 기억에 남는 추억을 남기세요 (마루노우치 호텔)
1045	다채로운 공격이 특기인 선두 타자가 팀의 핵심
1046	다채로운 옵션 중 당신에게 딱 맞는 것을 골라 쓰는 재미!

≫ 마음대로

다른 표현 생각한 대로, 생각대로, 자유자재로, 자유롭게 ＊＊하다

'생각한 대로'라는 뜻인데, 훨씬 자유분방하고 기쁜 느낌을 준다. '뭔가 잘 풀리지 않는 일이 있어 그것을 컨트롤하고 싶다'라고 생각하는 사람에게 어필하기 좋은 카피다.

1047	음악을 내 손바닥 안에서 마음대로(애플)
1048	이것으로 그 사람을 당신의 마음대로
1049	연애도 일도 내 맘대로 즐기는 사람은 무엇이 다른가?

≫ 만끽

다른 표현 맛보다, 음미하다

'즐기다'라는 뉘앙스를 강하게 표현하는 단어다. '모든 것을 맛보다'라는 원래 뜻이 있어서 한 가지보다는 여러 가지를 경험할 수 있는 상품 등에 사용하면 좋다. 예를 들어 관광지나 식당 등이 있다.

1050	몰타 섬의 숨겨진 문화를 만끽하세요
1051	쉽게 겨울을 만끽할 수 있는 서울시청 광장 스케이트장
1052	1인분 가격으로 무제한 참치회를 만끽할 기회

비밀스런 분위기 만들기

'나만 특별한 정보를 얻고 싶다', '다른 사람은 모르는, 일부 특별한 사람만 알고 있는 정보를 얻고 싶다' 같은 소망은 누구에게나 있다. 비밀이 있다는 것을 알게 되면 사람은 누구나 어떻게 해서든지 그것을 알려고 한다. 이런 심리의 밑바탕에는 '일이 잘 풀리는 사람은 나와는 다른 특별한 정보를 가지고 있고, 그래서 잘되는 것이다'라는 생각이 있을 것이다.

주식 거래에서 '인사이더 정보' 등의 말이 오가는 것처럼(위법이지만), 일반인이 알기 전에 숨어 있는 정보를 입수하는 것은 이익으로 연결된다. 옳고 그름은 별개로 하고, 그러한 '알려지지 않은 정보'에 끌리는 사람의 심리를 카피에서는 잘 활용해야 한다.

다음 장의 챕터 중 '재미있는 정보 제공하기'에서도 다루겠지만, 도움이 되는 정보를 제공받으면, 보답하고 싶어지는 '호혜의 법칙'이 작용하기 때문이다. 한발 앞서 입수한 정보나 원래는 밝히지 않는 정보를 제공하면, 읽는 사람은 감사의 마음을 표현하게 된다.

그리고 비밀을 알려주는 뉘앙스의 카피를 쓸 때, 자주 하는 실수가 한 가지 있다. 그것은 '**의 비밀은 **였다'라고 해답을 미리 알려줘버리는 것이다. 카피를 이렇게 쓰면 읽는 사람은 그 정보만으로 만족하고 더 이상 궁금해하지 않게 된다.

≫ **의 비밀

가장 심플하면서도 호기심을 불러일으키는 강력한 카피 중 하나인데, 그만큼 자주 쓰이는 것이다. '**의 요령'이라고 살짝 바꿔서 쓰기도 한다. 너무 자주 보이는 표현인 만큼, 그 비밀의 '내용' 자체가 정말로 비밀이라 부를 만한 것인지를 반드시 확인해야 한다.

다른 표현 시크릿, 프라이버시, **의 비밀

1053	성공하는 벤처 기업의 비밀
1054	순한 맛의 비밀은 숨어 있는 체다치즈
1055	자연스런 밝기가 매력적인 봄 컬러 메이크업의 비밀

≫ 놀랄 만한 **의 비밀

'비밀'은 사람들에게 알려지지 않았을 뿐, 반드시 그 내용이 흥미롭다고 단언하기는 어렵다. 그래서 '이 얘기를 들으면 놀랄 것이다'라는 뉘앙스를 강조한 것이 이 카피다. 센세이셔널하게 들리는 만큼, 정말 대단한 내용이 아닌 경우에는 쓰지 않는 게 낫다.

다른 표현 경악스러운 **의 비밀, 쇼킹한 **의 비밀

1056	당신의 이름에 숨겨진 놀랄 만한 비밀
1057	놀랄 만한 신규 고객 획득의 비밀을 참가자에게만 알려드립니다
1058	평범한 회사원이 발견한 놀랄 만한 주식 투자의 비밀

≫ **의 비결

다른 표현 **의 요령, 요점, 급소, 포인트

'비밀'과 거의 같은 뜻으로 쓰이지만, '비결'은 '가장 효과적인 방법'이라는 뉘앙스가 강하다. 따라서 '그 해결책은 효과적인 노하우다'라는 것을 이미 암시하고 있는 카피다. '비밀'보다 '비결'이 쓰기 좋은 경우가 더 많다.

1059	고객 컴플레인을 기회로 바꿔 회사의 열혈 팬으로 만드는 비결이란?
1060	50대에도 30대 피부를 유지하는 동안의 비결은?
1061	재택근무 중에도 일할 의욕을 불러일으키는 4가지 비결 (포브스 재팬, 2019년 6월)

≫ 공개

다른 표현 밝힌다, 오픈한다, 대공개, 모두 공개, 최초 공개

'숨겨져 있던 것을 드러낸다'는 뜻으로, 직접적으로 '비밀이다'라고 말하지 않고도 충분히 그런 분위기를 풍길 수 있다.

1062	지금은 집콕 시대, 날마다 따라 할 수 있는 홈트 무료 대공개
1063	토익 만점 받을 수 있는 비법 대공개
1064	40대 여배우가 스킨케어의 모든 것을 공개

≫ **의 이면에 있는 비밀

다른 표현 베일에 싸인, 밝혀내다, 커밍아웃

비밀 자체가 원래 숨겨져 있는 것이지만, '이면에 있다'라는 표현이 앞에 붙으면 '더욱더 깊이 뭔가가 숨겨져 있다는' 느낌이 물씬 난다. 겉으로는 보이지 않는, 숨어 있는 무언가가 강력하게 느껴지는 카피다.

1065	회사 로고 디자인 이면에 있는 비밀
1066	역대 최고 주가를 기록한 기업의 이면에 있는 비밀
1067	펭수 신드롬, 그 이면에 있는 비밀

≫ **(관계자)가 절대로 말하지 않는

다른 표현 **(전문가)의 속내, **가 한사코 숨기는

'**' 자리에 권위자를 넣는 것이 포인트. 업계의 프로나 전문가, 관계자가 숨기고 싶어 하는 '비밀 중의 비밀'이라는 뉘앙스를 풍긴다. 사람의 호기심을 강하게 자극하는 카피다.

1068	관계자가 절대로 말하지 않는 대형 소속사의 비밀
1069	여행사가 절대로 말하지 않는 항공권 예약의 이면
1070	의사가 절대로 말하지 않는 현대 의학의 비밀

≫ 놀랄 만한 사실

다른 표현 기막힌 사실, 깜짝 놀랄 사실, 충격적 사실

'놀랄 만한 **의 비밀'과 거의 같은 카피지만 '비밀' 대신 '사실'을 쓰면 오히려 더 객관적, 중립적인 인상을 줘서 설득력이 강해지기도 한다. 데이터나 팩트를 바탕으로 한 내용에 사용하는 것이 좋다.

1071	코스트코 영업의 놀랄 만한 사실 12가지(비즈니스 인사이더 재팬, 2019년 6월)
1072	모나리자 그림에 숨겨진 놀랄 만한 사실
1073	외계인에 대한 놀랄 만한 사실을 보도합니다

≫ 진실

다른 표현 리얼, 진상, 다큐멘터리, 리포트, 실록

'세간에 알려진 것과는 다른 진짜 모습'이라는 뜻이다. '내가 모르는 다른 뭔가가 있을지도 몰라'라는 생각이 들기 때문에 이목을 사로잡는다. 세간의 인식과는 정반대의 의견을 어필할 때도 사용하면 좋다.

1074	지금 페이스북 광고가 절호의 기회라는 진실
1075	비즈니스 스쿨은 도움이 되지 않는다. MBA의 진실과 거짓말 (『당신의 회사가 90일 만에 돈을 번다』)
1076	잇몸병의 진실(라이온)

≫ 본질

다른 표현 핵심, 중추, 에센스, 요점

학문적 혹은 철학적인 단어로, 겉으로는 잘 드러나지 않는 사물의 모습이나 성질을 알려야 할 때 사용한다. '복잡해 보이는 것을 심플하게 요점만 알려준다'는 콘셉트로 응용해서 사용할 수 있다.

1077	파타고니아, 직업의 본질을 묻는다
1078	축구와 야구 팬의 본질적인 차이점은?
1079	여성들은 왜 출산을 거부하는가? 저출산의 본질을 추적하다

≫ 진상

다른 표현 실태, 수면 아래, 내실, 이면, 알려지지 않은 **

'진실'과 비슷한 단어지만, 사건이나 사물의 '진짜 사정'이라는 뜻을 포함하고 있다. 그 때문에 카피에 스토리성이 생기고, 드라마틱한 배경에 대한 궁금증을 유발한다.

1080	블록체인의 진상
1081	계속해서 과열되는 의대 입시 경쟁률. 합격률 7%, 진상은?
1082	미궁에 빠진 사건의 진상 규명은 어디까지 왔나?

⟫⟫⟫ 불편한 진실

다른 표현 그림자, 기밀

'누군가에게는 알려지면 곤란한 비밀이 있다'라는 매우 미스터리하면서 강력한 표현이다. 단순히 '알려지지 않은 것'을 전달하는 것뿐만 아니라, 누군가의 이해관계가 얽혀 있다는 것을 암시하고 있다. 사용할 상황은 한정되지만, 딱 맞는 상황일 경우에는 매우 강력한 카피가 될 것이다.

1083	학교에서는 알려주지 않는 자본주의의 불편한 진실
1084	독일인이 '나치와 동반 자살'을 선택한 불편한 진실(프레지던트 온라인, 2019년 9월)
1085	지구 온난화에 대한 불편한 진실

⟫⟫⟫ 금단의(금지된)

다른 표현 터부시된, 금지된, 위험한, 해서는 안 되는

금지된 행위를 뜻하는 단어로 왠지 모르게 사람을 긴장하게 만든다. '금단의 과실'이라는 표현처럼, 어딘가 종교적인 냄새도 풍긴다. 읽는 사람은 미스터리한 분위기에 휩싸이면서 저절로 흥분감을 느끼게 된다.

1086	『금단의 세일즈 카피라이팅』
1087	17년 동안 번역이 금지된 전설의 경제경영서(『더 골』 엘리 골드렛, 동양북스, 2019)
1088	인간은 왜 금지된 것에 더 끌리는가

⟫⟫⟫ 이면

다른 표현 블랙박스, 무대 뒤, 베일에 싸인

겉에서는 보이지 않는 것을 뜻한다. '반드시 도움이 된다고는 할 수 없다'라는 점에서 '비결' 등과는 다르다. 무대 뒤에서 무슨 일이 일어나고 있는 듯한 미스터리한 분위기를 풍긴다.

1089	자동차를 팔 때 알아두어야 할 중고차 가격 결정의 이면을 들여다본다
1090	숫자로 해석하는 생명보험 회사의 이면
1091	모르는 게 나은 일류 호텔 주방의 이면

⟫⟫⟫ 아무도 알려주지 않는

다른 표현 아무도 말하지 않은, **에서는 알려주지 않는

'교과서에는 나오지 않는', '일반적으로 잘 알려지지 않은', '학교에서 가르쳐주지 않는' 등등 여러 가지 변형 표현이 있다. 반드시 꼭 어려운 내용에 쓰는 것은 아니고, 폭넓게 응용해서 쓸 수 있다.

1092	『아무도 알려주지 않는 돈 이야기』(루디 히로에, 21세기북스, 2013)
1093	아무도 알려주지 않는, 답장이 빨리 오는 업무용 이메일 쓰는 법
1094	아무도 알려주지 않는, 예방 접종을 하지 않아도 독감에 걸리지 않는 방법

≫ 아무에게도(한테도) 말 못 할

다른 표현 아무에게도 말할 수 없는, 무덤까지 갖고 갈

누구에게나 타인에게는 말 못 할 고민이 있을 것이다. 1095처럼 대인관계나 콤플렉스 등을 이야기할 때 잘 어울리는 카피다. 반드시 '고민'이 아니더라도, '요령이나 비결'에 대해서도 쓸 수 있다.

1095	아무에게도 말 못 할 고민을 전화로 해소하는 방법
1096	손님에게는 말할 수 없는 일급비밀 레시피
1097	아무한테도 말할 수 없는 수익률 상승의 법칙

≫ 비법

다른 표현 특색

비밀이나 비결보다 중후한 느낌을 전달하는 카피다. 강경한 느낌으로 폭넓게 사용하는 표현인데, 약간 딱딱하고 과장하는 듯한 느낌도 든다.

1098	10년 동안 업계 1위를 유지하는 경영 비법
1099	매일 먹어도 질리지 않는 맛의 비법
1100	어디서든 환영받는 '수트 스타일링' 비법

≫ 진수

다른 표현 핵심, 에센스, 비결, 영혼, 진면목

'비법'과 마찬가지로 약간 무겁고 딱딱한 인상을 주는 표현인데, 고상한 느낌도 있다. 상황을 잘 선별해야 하지만, 단어만으로도 강력하게 어필할 수 있다.

1101	아름다움의 진수, 도자기 아트 박물관
1102	아마존의 '고객지상주의'의 진수는 '인간의 선의를 믿지 않는 것'이다(포브스 재팬, 2018년 5월)
1103	맛있게 맵다, 고추장 맛의 진수를 알려드립니다

≫ 최후의 수단

다른 표현 진기, 비밀 병기

'비법'과 비슷한 뉘앙스인데, 좀 더 무게감이 느껴진다. '지금까지 숨겨왔던 수단을 드디어 사용할 때가 됐다'는 느낌을 주기 때문에, 읽는 사람의 관심을 끌 수 있다.

1104	크라우드 펀딩으로 모객 성공, 사업 활성화를 위한 최후의 수단, 지금 신청하세요!
1105	코로나 19, 최후의 예방 수단은 마스크 제대로 쓰기
1106	과도한 식욕 때문에 고민인 그가 선택한 최후의 수단은?

≫ 알려지지 않은

'나는 이미 그것에 대해 잘 알고 있다'고 생각하는 사람에게 강하게 어필하는 카피다. 예를 들어 1109처럼 관광지를 소개하면서 '알려지지 않은 **의 매력'이라고 표현하면, 그곳에 자주 방문하던 사람도 흥미를 갖게 된다.

다른 표현	누구에게도 알려져 있지 않은, 아는 사람만 아는
1107	알려지지 않은 간장의 힘(키코만)
1108	알 만한 사람은 다 아는 요즘 잇템!
1109	외국인 관광객에게 거의 알려지지 않은 숨은 명소를 소개합니다

≫ 수수께끼

'**의 수수께끼', '**의 신기함'과 같은 표현은 심플하면서도 강하게 호기심을 자극하기 때문에 자주 사용되곤 한다. 이 단어를 보면 그 수수께끼에 대한 '답'이 궁금해서 클릭하거나, 그다음 내용을 꼭 읽게 된다. 또한 한 단어로 미스터리함을 연출할 수 있기 때문에 편리하다.

다른 표현	신기함, 미스터리, 정체불명, 신비
1110	AI에는 없는 '확신'의 수수께끼
1111	안과 의사의 수수께끼(프레지던트 2019년 7월 19일호)
1112	고대 그리스 문명의 수수께끼를 추적하는 마추픽추 7일간의 여행

≫ 은신처

'다른 사람의 눈을 피하다'라는 뉘앙스의 단어다. '아늑하다'는 느낌도 갖고 있다. 다른 사람과는 차별되는 뭔가를 원하는, 정보통이 되고 싶은 사람에게 효과적인 카피이다.

다른 표현	피난처, 성역, 안전지대
1113	삼청동 뒷골목에 숨어 있는 조용한 은신처 레스토랑
1114	연예인이 자주 가는 은신처 카페
1115	지도에서는 절대 찾을 수 없는 은신처 이자카야

≫ 베일을 벗다

평소 익숙한 것에도 '베일을 벗는다'라고 표현하면, 내가 모르는 어떤 트릭이나 계산이 있는 것처럼 느껴지기 때문에 한 번 더 돌아보게 된다.

다른 표현	스포일러, 드디어 공개한다
1116	○○ 호텔 요리사의 국물 레시피, 베일을 벗다
1117	아나운서 스피치, 베일을 벗다
1118	마치 콘서트홀 같은 사운드를 집에서 느낄 수 있는 스피커 배치법을 드디어 공개합니다

배움의 요소 강조하기

'배우고 싶다', '지식을 얻고 싶다'라는 욕구는 누구에게나 있다. '아는 것이 힘이다'라는 프랜시스 베이컨의 명언은 시공을 초월하여 위세를 떨쳤고, 지금도 곧잘 인용되곤 한다. 특히나 시대가 빠르게 변하는 지금 시대에 배움은 끝이 없다. 며칠 사이에 시시각각 새로운 정보와 지식이 쏟아지기 때문에 많은 사람들이 배우지 않으면 도태된다는 위기의식을 갖고 있다. 또 쏠림 현상이 강한 한국이나 일본의 경우에는 남들이 다 알고 있는 것을 나만 몰랐을 때 손해 볼 수 있다는 생각이 매우 강하다. 그러므로 뭔가 배울 게 있는 정보는 환영받는다.

단, 여기서 한 가지 중요한 주의 사항이 있는데, 정보를 제공할 때 '너무 위에서 내려다보는 시선'을 가져서는 안 된다는 것이다. 읽는 사람에 대한 존중감이 빠져 있는 문장은 아무리 양질의 정보가 들어 있다고 해도 외면받기 십상이다.

≫ **의 가르침

다른 표현 교훈, 훈계, 레슨, **가 가르쳐준 것

누군가로부터 배운다는 카피를 쓰려면 이미 그 분야의 전문가 혹은 성공한 사례 등의 '권위성'을 부여해야 한다. 이 요소가 빠져 있다면 허공에 울리는 메아리밖에 되지 않는다. 또한 가르치는 대상은 상황에 따라 꼭 '사람'에 한정되지 않고, '자연계', '역사', '학문' 등 추상적이고 이론적인 것이 될 수도 있다.

1119	『미움받을 용기; 자유롭고 행복한 삶을 위한 아들러의 가르침』(기시미 이치로, 인플루엔셜, 2014)
1120	『스무 살에 만난 유태인 대부호의 가르침』(혼다 켄, 더난출판사, 2004)
1121	전설의 기업가가 일생에 거쳐 굳게 지킨 아버지의 가르침이란?

≫ **으로 이끌다

다른 표현 **를 리드하다, 인솔하다, 약속하다, 이어주다

'가르침'과 마찬가지로 이미 이상적인 상태에 도달해 있는 권위자가 문장에 있어야 한다. '가르침'이 위에서 아래로 내려오는 일방통행의 느낌이라면, '이끈다'는 주체가 배우는 당사자라는 인상이 강하다.

1122	팀을 항상 성과로 이끄는 리더의 3가지 조건
1123	긍정 마인드는 당신의 일을 성공으로 이끈다
1124	호두는 당신을 건강한 식습관으로 이끈다(포브스 재팬, 2015년 12월)

≫ 조언

다른 표현 권유, 권고, 제안, 제언, 어드바이스

'가르침', '이끌다'와 비슷하지만, '조언'의 경우에는 권위 있는 전문가 느낌이라기보다는 먼저 경험한 동료나 친구로부터 좋은 정보를 제공받는 뉘앙스다. 오히려 1.5발짝 앞선 사람의 이야기가 현실적으로 훨씬 도움이 될 때가 많다.

1125	직장생활 5년차 대리가 신입 사원에게 보내는 3가지 조언
1126	현직 변호사가 알려주는 변호사 직업에 대한 현실적인 조언
1127	인간관계로 고민하는 회사원을 위한 정신과 의사의 5가지 조언

≫ **에게 배우다

다른 표현 **에서 획득한, 따라 하는, **에서 도출한

문자 그대로 '배우다'라는 뜻이지만, 주로 '좋은 것을 흡수한다', '다른 영역에서 교훈 및 정수를 빨아들인다'는 뜻을 암시한다. 1130처럼 전혀 배울 게 없다고 생각한 대상이 등장하면 오히려 더 흥미를 끌기 쉽다.

1128	'3초의 법칙'에서 배우는 첫인상 관리법
1129	이순신 장군에게 배우는 자기감정 조절법
1130	아기에게 배우는 직설적인 감정 표현법

≫ 배울 점

다른 표현 모범이 되는, 참고가 되는, 힌트가 되는

'모범이 되는', '참고가 되는', '힌트를 주는' 뭔가를 표현하는 방법이다. 사실 관계보다 어떤 배울 점이 있는지를 알고 싶어 하는 사람들에게 효과적인 카피다.

1131	성공한 스타트업, 배민에서 배울 점
1132	아이가 여름 합숙 프로그램을 통해 배울 점
1133	악한 사람에게도 배울 점은 있다

≫ 녹학(혼자 배우다)

다른 표현 독학으로 배우는, 혼자서도 할 수 있는, 집에서 배우는

이 단어를 보면 바로 떠오르는 것은 '나 혼자서도 할 수 있다'라는 생각이다. 원래 뭔가를 새로 배울 때는 일정 시간대에 속박되고 돈도 많이 드는데, 혼자서도 할 수 있다고 하니까 확 끌릴 수밖에 없다.

1134	혼자 집에서 배우는 기타 레슨 DVD
1135	학원에 다니지 않고 혼자 배울 수 있는 칼림바 책
1136	독학으로 배우는 웹디자인 인터넷 강좌

≫ 교과서

의무교육을 받은 사람이라면 누구에게나 익숙한 단어이기 때문에 '내용이 보증된', '틀린 내용이 없는', '신뢰할 수 있는' 같은 느낌을 전달할 때는 매우 유용하다. 한편으로는 '교과서적'이라는 부정적 뉘앙스로도 쓰이기 때문에 적절한 문맥인지를 잘 파악해서 써야 한다.

다른 표현 텍스트, 교본, 매뉴얼, 경전, 안내서

1137	요즘 누가 신문에 광고하나, 모바일 시대의 마케팅 교과서
1138	애인이 생긴 사람 필수. 연인들이 좋아하는 주말 여행지의 교과서
1139	나이를 잊게 하는 자세를 만들어주는 걷기의 교과서

≫ 수업

'교과서'와 마찬가지로 조금 딱딱한 느낌이 있는데, 적절하게 잘 사용하면 효과적이다. 역시나 '공부의 느낌'을 동반하는 단어로 '공신력이 있는', '확실한' 같은 느낌을 준다.

다른 표현 안내, 전수, 학교, 학원, 스쿨

1140	기획서, 광고문, 리포트 등 하고 싶은 말을 효과적으로 전달하는 문장 쓰기 수업
1141	토너먼트에서 이기기 위한 '테니스 수업'
1142	상황에 따라 인상을 바꿔주는 넥타이 수업

≫ 레슨

한국에서는 학교 수업을 '레슨'이라고 부르는 일이 별로 없고 주로 '학원 수업' 특히 예술 분야의 취미 활동 등에 많이 쓰인다. 그런 만큼 딱딱한 주제에 붙여서 사용해도 뭔가 '편하고', '취미스러운' 느낌을 전달할 수 있다.

다른 표현 커리큘럼, 클래스, 강의

1143	파는 힘을 단련하는 마케팅 레슨
1144	밑단 줄이기부터 아이 옷 만들기까지 폭넓게 활용하는 소잉 레슨
1145	직장 여성을 위한 시간 단축 반찬 레슨

≫ **에서(는) 알려주지 않는

'학교에서 알려주지 않는'이라는 카피는 빈번하게 사용되고 있는데, 학교뿐 아니라 직장이나 가게 등 여러 단어를 넣어서 응용할 수 있다. 1147처럼 학문이나 권위 있는 학교 등등을 넣으면 이론만으로는 완전히 파악할 수 없는 실전 노하우가 존재한다는 것을 암시한다.

다른 표현 **에서는 배울 수 없는, **에서는 알 수 없는

1146	비즈니스 스쿨에서는 알려주지 않는 면접의 요령 5가지 (포브스 재팬, 2018년 7월)
1147	MBA에서는 알려주지 않는 작은 회사를 위한 신규 고객 모집법
1148	구글 선생님은 알려주지 않는 검색법

>>> 학원

다른 표현 사립학원, 서당, 교육기관

일반적으로 '학교'보다 '학원'이 더 전문적이거나 혹은 개인의 니즈에 맞춘 내용을 일대일로 가르쳐주는 곳으로 통한다. 따라서 특별 강좌나 사립 교육 아카데미 같은 데를 홍보할 때 '**의 학교'보다는 '**학원'을 더 자주 쓴다.

1149	마케팅 완전 공략 학원
1150	현역 메이크업 아티스트의 실전 메이크업 학원
1151	고령자를 위한 스마트폰 학원

>>> 복습

다른 표현 리뷰, 돌아보기, 저번 **에서는

학창 시절에 자주 쓰던 단어인 만큼 친근한 이미지가 있다. 학습이나 강습 콘텐츠를 홍보할 때 잘 사용하면 효과적이다.

1152	동영상으로 복습하는 아이언샷의 기본
1153	복습하면 재미있는 조선 시대 역사
1154	세월과 함께 깊어지는 '갈색 구두'의 매력을 다시 한 번 복습

>>> 진심으로

다른 표현 성실하게, 진짜로, 진정으로, 진지하게, 전력투구로

'손쉽게'나 '부담 없이, 가볍게' 같은 단어와는 대척점에 있는 카피로 '진지하게 임한다'는 태도를 보여준다. 쉽고 간단하게 뭔가를 습득하고자 하는 사람들에게는 오히려 효과가 없을 수도 있으므로 어울리는 문장인지를 잘 생각하고 써야 한다.

1155	지금이야말로 진심으로 뛰어들어야 할 유튜브 전략
1156	작은 회사가 진심으로 몰두해야 할 일하는 방식 개혁
1157	아이의 자존감을 위한다면 진심으로 소통하는 법을 배우자

>>> 마스터

다른 표현 상급, 습득, 컴플리트, 최고 난이도

'마스터하다'는 무언가를 완전히 습득한다는 뜻이다. '승자', '전문가' 등을 가리킬 때도 쓸 수 있다.

1158	인디자인 마스터 강좌
1159	목표는 금 투자 마스터. 3가지 기법을 철저 비교(일본경제신문, 2019년 9월)
1160	사투리를 마스터하고 싶은 사람을 위한 조언

≫≫ 훈련소

다른 표현 특훈, 단기 집중 트레이닝, 스파르타식

원래는 군대에서 신병을 훈련할 때 모이는 장소라 군대식 트레이닝을 말한다. 그러던 것이 트레이닝, 연수 등에도 쓰였고 지금은 '일정 기간 동안 집중적으로 트레이닝해서 실력을 올려준다'는 것을 암시하는 단어가 되었다.

1161	영어회화 집중 훈련소, 하루 10분 대화만으로 실력 업그레이드
1162	카피 잘 쓰는 사람으로 만들어주는 글쓰기 훈련소
1163	필라테스 단기 집중 트레이닝 클래스 오픈

24시간, 365일 일하는 세일즈맨

과거에 세일즈 레터를 '세일즈맨십 인 프린트' 즉 '인쇄된 영업자'라고 불렀다.

인간 세일즈맨은 처음부터 일일이 영업 방식에 대해 교육하지 않으면 일을 할 수 없고, 또 영업 교육을 받았다고 해서 모두가 동일한 능력을 발휘할 수는 없는 노릇이다. 일하는 과정에서 당연히 개인차가 생기기 마련이고, 그것이 결국 영업 실적 차이로 드러나게 된다. 게다가 영업자가 하루에 방문할 수 있는 고객의 수는 한정되어 있고, 영업장도 하루에 응대할 수 있는 고객의 수는 한정적이다.

하지만 세일즈 레터는 한 번 잘 만들어서 발송만 하고 나면 24시간 365일 영업 활동을 해준다. 당신이 자고 있든, 휴가를 갔든, 대신 영업을 해주면서도, 일이 힘들다, 부당하다는 불평불만도 하지 않는다.

〈월스트리트 저널〉은 20년 이상 똑같은 내용의 세일즈 레터를 발송하고 있다. 이렇게 만약 내용이 훌륭하다면, 특별히 카피를 바꾸지 않고 몇 번이나 반복해서 사용할 수도 있다. 또한 세일즈 레터를 만드는 과정에는 어느 정도의 노력이 필요하지만, 일단 완성이 되면 모두 동일하게 최고 수준의 세일즈맨 토크를 재현할 수 있다. 인간 세일즈맨처럼 개인차가 생길 일이 없는 것이다.

인터넷 판매가 주류가 된 현재는 세일즈 레터를 온라인으로 뿌리고 있다. 이것을 랜딩 페이지(LP)라고 부른다. 랜딩 페이지는 세일즈 레터와는 달리, 발송 시간과 발송하는 수고로움조차 별로 많지 않으면서도 더 많은 사람들과 접촉할 수 있다. 따라서 훌륭한 랜딩 페이지를 갖고 있다는 것은, 훌륭한 영업 담당자가 24시간 365일 고객을 상대로 마케팅을 하고 있는 것과 마찬가지다.

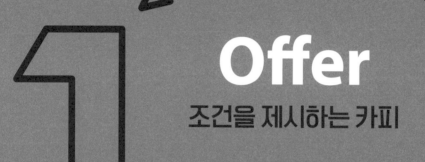

Offer
조건을 제시하는 카피

마케팅 카피라이터가 하는 일은,
상품의 가치를 최대한 높여서 파는 것이다.

당신이 파는 상품,
그것의 가치를 높여서 제안하라

4번째 법칙인 제안(Offer)의 의미를 우선 알아보자. 여기서 오퍼(Offer)란 **'상품 내용'**과 **'판매 조건'**을 소개하는 것이다. 예를 들면, 이 책에 대한 홍보 카피를 쓸 때 오퍼에 해당하는 문장은 다음으로 압축할 수 있을 것이다.

'돈 벌어주는 카피 문장 2000개를 모은 이 책은 카피 초짜부터 프로 카피라이터까지,
응용해서 쓸 수 있는 카피 단어장이다. 평생 찾아볼 수 있는 카피 사전을 단돈 ○○○○ 원에
제공한다!'

"그렇구나……. 그러면 간단하네. 책 소개 정보를 그냥 옮겨 적으면 되는 거구나!"
혹시 이렇게 생각하는 사람이 있을지도 모르겠지만, 아쉽게도 고객은 그렇게 호락호락하지 않다. 아무리 퀄리티가 높은 상품이라 할지라도, 그 '가치'를 전달하지 못하면 고객의 마음을 움직이지 못한다.

여기서 한 가지 결정해야 할 것이 있는데, 그것은 더 많은 고객에게 판매하는 것(고객 수를 최대화)을 목표로 할 것인가 아니면 가격을 올려서 매출액을 높이는 것(수익을 최대화)을 목표로 할 것인가이다. 어느 쪽을 목표로 삼고 카피를 쓴다고 해도 마케팅 카피라이터가 해야 할 일은 **상품 가치를 최대한 높여서, 언어로 표현하는 것이다.**

이것만 잘 해내면 두 가지 목표를 전부 다 달성할 수 있다. 유사 · 경쟁 상품이 넘치는 상황에서 그 상품의 가치를 명확하게 표현해주면 '어머, 이건 지금 당장 사야 돼!'라고 생각하게 된다. 그렇다면 상품 가치를 높이는 카피 기술에 대해 이야기해보겠다.

【상품 가치를 높이는 카피 기술 ①】

다른 카테고리에 있는 고급 상품으로 비유한다

'식혜'를 예로 들어보자. 식혜의 일반적인 가격은 1000원 정도다. 아무리 건강해지는 영양소가 들어 있다 한들 그것이 1000원이라면 과즙 0%의 주스와 별다를 것이 없어 보인다.

그런데 '**마시는 비타민 주사**'라는 카피를 사용하면 어떻게 될까?

1000원으로 5만 원대의 비타민 주사를 맞는 효과를 볼 수 있다는 기대감에 '득템했다'고 생각하게 될 것이다.

【상품 가치를 높이는 카피 기술 ②】

두 가지 가격대 상품을 제시한다

보급형과 고급형 상품을 따로 준비해서 두 가지 가격대를 제시한다.

이렇게 하면, 두 가지 효과가 있다.

첫 번째는 **계약 성사율이 높아진다**. 왜 그럴까? 이것은 인간의 심리 때문인데 '살 거야? vs. 말 거야?'라고 묻는 것이 아니라 '보급형 vs. 고급형, 어떤 걸로 살 거야?'라고 물으면 이미 사는 것을 전제로 깔고 있기 때문에 구매할 확률이 높아진다.

두 번째는 평균적으로 구매 가격이 높아진다. 이렇게 가격에 선택권을 줬을 때 고객 중 일정

퍼센트는 더 높은 가격대의 상품을 고르기 때문이다. 계약 성사율이 높아지고, 평균 구매 가격이 높아지기 때문에 이 기술을 사용하지 않는 것이 오히려 이상할 정도로 효과적인 전략이다.

【상품 가치를 높이는 카피 기술 ③】

다른 특별한 혜택을 준다

이것은 인포머셜(정보를 제공하는 상업 광고)로 빈번하게 쓰이는 전형적인 패턴이다.

- 오늘 중으로 사시는 분에게…,
  특전으로 ○○를 무료 증정합니다.
- 오늘 놓치면 후회, 선착순 ○명에게는…, 구하기 힘든 ○○, 그리고…
- 마지막 기획 1+1+1 찬스 ○○…, ○○…, 거기다 또다시 ○○까지 얹혀드립니다.

이런 형식 등등이다. 만약 평소에 갖고 싶은 물건이었다면 '이 정도 혜택을 주는 기회는 없다'고 판단해서 바로 주문에 들어간다. 틀에 박힌 표현이기는 하지만, 전 세계 공통으로 자주 쓰는 카피 패턴이다.

【상품 가치를 높이는 카피 기술 ④】

상품을 보장할 수 있다고 강조한다

좋은 상품이 쏟아져 나오고, 이를 홍보하는 과장성 카피 문구가 너무 많이 나오다 보니, 웬만한 카피로는 고객의 마음을 움직일 수 없는 것이 현실이다. 이럴 때 '품질이 홍보하는 것과 다르다면 전액 환불해주겠다' 같은 카피를 쓴다면 고객이 볼 때는 '저렇게 말할 만큼 정말 자신이 있구나'라고 생각하게 마련이다.

여기서 상품을 보장하는 방식은 '만족 보장'과 '효과 보장'이 있다.

'만족 보장'은 어떤 이유든 고객이 만족하지 못한다면 요금을 받지 않겠다고 말하는 것이고,

'효과 보장'은 상품을 써보고 효과가 없다면 전액 환불해주겠다고 말하는 것이다. 이런 카피는 상품의 품질에 대한 판매자의 높은 자신감을 효과적으로 전달해준다.

【상품 가치를 높이는 카피 기술 ⑤】

상품 네이밍은 보자마자 바로 알아차리게 짓는다

상품의 네이밍은 중요하다. 네이밍을 어떻게 하느냐가 상품의 가치를 결정해버리기 때문이다. 특히 모바일 쇼핑이 대세가 된 지금, 긴 상품 설명서는 사라지게 되었다.

'무엇을 파는 것인지' 알 수 없는 광고로는 더 이상 다음 페이지를 클릭하게 만들 수가 없다. 그러므로 광고 카피 혹은 상품명이 고객의 눈에 띈 순간, 바로 뭔지 알 수 있도록 하는 것이 중요하다. 파는 사람만 알고 있는 네이밍은 그저 자기만족에 지나지 않는다.

네이밍을 지을 때 가장 중요한 두 가지가 있는데, 첫 번째는 듣자마자 알기 쉬우면서 잘 기억나는 것이어야 한다는 것이다. 그리고 두 번째는 검색했을 때 불편하지 않아야 한다는 것이다.

여기서 나의 실패담을 하나 공개해보겠다. 예전에 온라인 클래스 개설에 대한 강의를 론칭하면서 '최강의 리드 마그넷 강좌'라고 이름 붙였다. 누구에게나 모객 기술이 필요한 시대가 되었으므로 '리드 마그넷'이라는 전문 용어를 사용해도 괜찮을 거라고 생각했다. 아마 이 책을 읽고 있는 독자들도 '엥? 리드 마그넷이 뭐지?'라고 생각하고 있을지도 모르겠다.

'리드 마그넷(lead magnet)'이란 '리드(예상 고객)를 마그넷(자석)처럼 끌어당긴다는 뜻으로 무료 콘텐츠나 물품 등'을 말한다. 만반의 준비를 하고 이 강좌를 오픈했는데…, 결과는 대실패였다.

그래서 '온라인 강좌 만드는 법과 파는 법'이라고 강좌명을 바꿨더니, 그때부터 폭발적으로 수강생이 늘어났다. **내용은 바꾸지 않았는데도 말이다.**

이렇듯 듣자마자 **어떤 것인지 바로 알 수 있는 것이 아니면** 고객에게 그 가치를 전달하는 것이 불가능하다.

지금까지 말한 표현 기술처럼, 제안(Offer)에 해당되는 이번 장에는 다른 상품과 비교하기, 두 가지 버전의 가격대 제시하기, 특별 혜택 주기, 보장하기 등 다양한 테크닉이 등장한다. 많은 테크닉 중에 가장 기본이 되는 것은 '알기 쉬운' 것이어야 한다는 것이다. 좋은 제안은 알기 쉬운 말로 해야 한다. 그러므로 이번 장을 읽기 전에 우선 이 질문에 답해주었으면 한다.

> **"당신이 팔려고 하는 것을 한마디로 표현하면 어떤 상품인가?"**

만약 이 질문에 간결하면서도 강력한 답변을 할 수 있다면 그 상품에 대한 카피는 지금부터 소개하는 단어와 표현으로 쉽게 쓸 수 있을 것이다.

제안 내용 전달하기

'문제를 지적하고 그 해결책을 제시'하는 것은 카피라이팅의 정통적인 패턴이다. 하지만 '해결책(S)'과 '제안(O)'의 차이는 알 것 같으면서도 확실히 감이 안 올 수도 있다. 그런 사람들을 위해 두 법칙의 차이에 대해서 이야기해보겠다.

쉽게 말하면 '해결책'은 문제를 해결하는 방법, 수단을 말하고, '제안'은 그 방법이나 수단을 권하는 말이나 형식이다.

예를 들면, '운동을 못했더니 살이 쪄서 몸이 힘들다'라는 문제에는 '다이어트'라는 '해결책'이 있다. 하지만 다이어트에는 수많은 종류가 있다. 식이요법만 해도 가짓수가 다양하다. 이런 다양한 해결책 중에서 어떤 특정한 방법을 혜택이나 조건과 함께 고객에게 제안하는 것이 바로 '제안'에 해당된다.

카피 문장은 '무엇을 말하는가'가 '어떻게 말하는가'보다 중요하다. 즉 '무엇을 제안하는가'가 아주 중요한 포인트라는 말이다. 애초에 이 내용이 흥미롭지 않다면, 아무리 유려하고 놀랄 만한 표현법을 구사한다고 해도 효력이 없다.

물론 매력적인 문장으로 전달하는 것이 중요할 때도 있지만, 너무 과장된 표현을 쓰거나, 스스로 도취되어서 부풀린 홍보 문구를 쓰면 오히려 '과대광고'로 치부되면서 외면받는 것이 현실이다.

≫ (기간)이면 당신도 할 수 있습니다

다른 표현 (기간)만 저를 만나세요. 당신의 **가 달라집니다

어떤 기간을 제시하고 그만큼의 시간만 투자하면 문제를 해결할 수 있다고 고객을 설득하는 카피는 예나 지금이나 자주 쓰이고 있다. 여기서 주의할 점은 효과를 직접적으로 주장하는 것에 제재가 있다는 점이다. 특히 건강 관련 상품은 야사법상 문제가 생기기도 한다.

1164	3주 동안만 만나보세요. 당신의 장이 가벼워집니다
1165	단 2개월이면 당신도 몸짱이 될 수 있다!
1166	아침 10분 감사일기 쓰기, 당신의 삶이 180도 바뀝니다

≫ 맡겨주세요

다른 표현 맡기세요

믿어도 좋다고 어필하는 편리한 표현이다. '**라면'과 함께 제안 내용을 열거할 때도 많다. 심플하고 불쾌감을 주지 않으면서도 자신감이 느껴진다. 스킬이나 지식, 기술 관련 서비스와 특히 궁합이 좋다.

1167	누수 때문에 고민이시가요? 저희에게 맡겨주세요!
1168	직원 100명 이하 회사의 경리 업무라면 저희에게 맡겨주세요
1169	부동산 업무라면 저희에게 맡겨주세요

≫ 전해드립니다

'보내다'나 '선사하다'라는 표현과 비슷하지만, 좀 더 정중한 느낌의 카피로 자주 쓰이고 있다.

다른 표현 보내드립니다, 선사합니다

1170 모두에게 안심과 안전을 전해드립니다

1171 따뜻한 맛을 문 앞으로 전해드립니다

1172 항상 다방면의 최신 정보를 전해드립니다

≫ 그래서

'해결책'이나 '제안'으로 전환할 때 사용하면 좋은 접속사다. 문제점이나 이익을 쭉 나열한 다음, 드디어 해당 상품·서비스에 대한 소개로 들어갈 때 쓴다. PASONA 구성상 S나 O가 들어가기 직전에 사용한다.

다른 표현 그런 까닭에, 그런 이유로, 그래서 더욱

1173 그래서 손글씨의 장점을 활용한 디지털 툴을 개발!

1174 그래서 바로 도움이 되는 것이 카피라이팅입니다

1175 그래서 등장하는 것이 3D프린터입니다

≫ 떠오르다

'명확해지다', '알려지다'라는 뜻인데, 저절로 드러난다는 뉘앙스가 강하다. 애쓰지 않아도 자연스럽게 뭔가가 드러나는 것을 강조할 때 쓰면 좋다.

다른 표현 분명하다, 드러나다

1176 문제를 보자마자 답이 떠오르는 비법

1177 지금 서서히 떠오르는 성장 시장 리스트

1178 불황 속 폭풍 성장, 떠오르는 중고 시장

≫ 진단

'진단'이라는 단어를 보면 의사가 떠오르기 때문에 뭔가 전문적인 느낌을 준다. 최근에는 자가 진단을 하면서 재미있는 결과를 알려주는 콘텐츠들이 잠재 고객을 끌어모으는 유력한 툴로 사용되고 있다.

다른 표현 점검, 체크, 테스트, 어떤 타입?, 유형별

1179 우울증 자가 진단 테스트

1180 당신의 피부 스타일을 진단해드립니다

1181 MBTI 유형별 맞춤형 도서 추천

≫ **라면, **할 수 있습니다

다른 표현 **라면, **가능합니다

'**라면'이라는 조건을 제시하면, 해당되는 조건의 사람은 흥미롭게 볼 수 있는 카피다. 고객의 범위를 좁히는(N) 효과도 볼 수 있다.

1182	골드 면허라면 보험료 10% 할인
1183	부부 모두 65세 이상이라면 입장료 30% 할인
1184	플래티넘 회원이라면 매장 구입 시 언제나 10% 할인

≫ **하면서 **할 수 있습니다

다른 표현 **하면서(한 채로) **할 수 있습니다

두 가지 이득이 있다는 것을 알리는 카피다. 'A를 실현하는 것뿐만 아니라, 동시에 B도 실현할 수 있어요'라고 설득하는 느낌인데, 1186처럼 원래는 양립하기 힘든 것을 가능하게 해준다고 말하면서 호기심을 끈다.

1185	이익을 올리면서 사회 공헌도 가능한 궁극의 회사 경영술
1186	세계 각지를 여행하면서 고수익을 얻을 수 있는 일이란?
1187	합법적으로 절세하면서 저축도 늘릴 수 있습니다

≫ **×**

다른 표현 **와 **의 장점만 합쳐

덧셈보다 더 강력한 이득을 주는 '곱셈' 부호만으로도 카피를 만들 수 있다. 문장으로 설명하지 않아도 이미지로 금세 알 수 있기 때문에, 글자 수를 줄여야 할 때 쓰기 좋다. 몇 개의 상품을 조합해서 제시할 때, 강력한 카피기 될 수 있다.

1188	디지털×아날로그 = 더욱 강력해진 마케팅 툴
1189	'동영상 제작 사업'×'교육 사업'×'복지 사업'
1190	'인도네시아의 음악×향기'로 마음을 힐링하세요

≫ **하는 기술

다른 표현 솜씨, 수법, 기능, 노하우, 스킬

'**하는 방법'보다 전문적인 느낌이다. 말 그대로 어떤 종류의 '기술'을 말하기도 한다. 단순한 '방법'도 '기술'이라는 단어를 붙이면 '사실은 뭔가 심오한' 것이라고 생각하게 만든다.

1191	나와 생각이 다른 사람을 내 편으로 만드는 기술
1192	지금 리더에게 요구되는 것은 본질적인 문제를 해결하는 기술
1193	네이티브도 납득하는 복잡한 내용을 영어로 설명하는 기술

≫ 테크닉

'기술'과 같은 뜻이지만, 이 단어를 쓰면 약간 더 가벼운 느낌을 준다. 원래 정공법으로 하면 시간이 걸리는 것을 '테크닉'을 통해 단기간에 터득할 수 있다는 뉘앙스로 설득할 때 사용한다.

| 다른 표현 | 메소드, 플레이, 퍼포먼스, 기술 |

1194	대화를 잘할 수 있는 심리 테크닉
1195	워커홀릭을 위한 '금세 잠들 수 있는' 테크닉
1196	5년 안에 1억 원 종잣돈을 만드는 테크닉

≫ 어떻습니까?

이렇게 물어보면 읽는 사람에게 결정권을 맡기는 뉘앙스라 강요하는 느낌이 들지 않아서 좋다. 다만, 그만큼 '거절하기도 쉬워지기' 때문에, 메시지의 힘은 약해질 수도 있다. '어떻습니까?', '아니요, 괜찮습니다'라는 패턴이 되지 않도록 제안해야 한다.

| 다른 표현 | 어떤가요?, 시도해보지 않겠습니까? |

1197	초등학생 자매를 위한 과자 만들기는 어떻습니까?
1198	올 가을 코디로 애스콧타이는 어떻습니까?
1199	지금 제철인 '복어'는 어떻습니까?

≫ 느껴보세요

식품뿐 아니라 거의 모든 분야의 상품을 제안할 때 쓸 수 있는 카피 단어다. 추상적이고 관념적인 뭔가를 권할 때도 이 단어를 쓰면 감각적으로 와 닿는 장점이 있다.

| 다른 표현 | 아무쪼록, 괜찮으시다면 |

1200	천상의 맛을 느껴보세요
1201	자, 이제 온몸으로 안락함을 느껴보세요
1202	가을의 정취를 이곳에서 느껴보세요

≫ **을 권해드립니다

정중한 표현으로 다양한 분야에 응용해서 사용할 수 있다. 강요하지 않으면서 선택의 주체가 고객에게 있다는 뉘앙스인 만큼 존중받는 느낌이 든다.

| 다른 표현 | **를 권유합니다, **를 권합니다 |

1203	지금 당신의 상황에 맞는 책을 골라 권해드립니다
1204	피임 때문에 고민하고 계신 분들께 권해드립니다
1205	부동산으로 성공하고 싶은 분들께 권해드립니다

≫ 추천

'**가 추천하는 **', '**추천'이라는 형태로 빈번하게 사용된다. '수많은 상품 중에 이것이 가장 효과적이고 좋아요'라면서 고객이 정보 수집에 걸리는 시간을 아껴준다는 뉘앙스도 풍긴다.

금주의 추천**, 오늘의 추천**

1206 환갑을 넘긴 세대에게 추천하는 창업 종목은?

1207 비염으로 고민하는 사람에게 추천하는 공기청정기 5

1208 도예를 좋아하는 당신에게는 도기제 맥주 컵을 추천

≫ 강추

가장 좋은 것을 강력하게 추천한다는 표현이다. '추천'보다 약간 더 구어적이고 캐주얼한 느낌을 준다. 많은 것을 열거하며 그중 하나를 추천한다기보다는 '바로 이것'이라고 강조하면서 추천할 때 쓰는 표현이다.

유력 후보, **에 노미네이트

1209 스튜어디스들이 강추한 뷰티 아이템 10

1210 출판사 편집자들이 강추한 올해의 책

1211 영화감독들이 강추한 숨겨진 명작 영화 리스트

≫ 시도해보세요

'사주세요', '구매하세요' 같은 직접적인 단어는 강요하는 느낌이면서 장사치 같아서 거부감이 들지만, '시도해보세요'라고 하면 그런 느낌이 전혀 들지 않아서 좋다. 1214처럼 뭔가 괴로운 일이 있는 고객을 대상으로 이 단어를 쓰면 역시 범위를 좁히는(N) 효과도 볼 수 있다.

트라이해보세요, **는 어떻습니까?

1212 첫 달 특가 5000원으로 시도해보세요

1213 이 방법으로 얼마나 저녁 준비가 편해지는지, 지금 시도해보세요

1214 머리숱이 적어서 고민이라면 무료 샘플로 시도해보세요

≫ 지금이 바로 사야 할 때

'지금 사지 않으면 뭔가 손해 보는 느낌이다'라는 것을 전달하는 카피다. 시즌 상품이나 트렌드 상품 등을 홍보할 때 딱 맞는 카피다. 꼭 그런 상품이 아니더라도 긴박한 느낌을 풍기는 효과를 낼 수 있다.

지금이 찬스, **를 손에 넣을 찬스

1215 리넨 셔츠는 지금이 바로 사야 할 때!

1216 지금이 사야 할 때인 수입차 베스트 3

1217 직장 여성들이 고른 '지금 사야 할 립스틱'

≫ 무조건

다른 표현 따지지 말고, 닥치고

이것저것 따질 필요가 없을 만큼 확실한 선택이라는 것을 강조할 때 쓸 수 있는 강력한 카피다. 자신감이 넘치고 도전적인 느낌을 주기도 한다.

1218 한 번 따놓으면 무조건 돈 벌어주는 자격증

1219 들으면 무조건 평온함을 주는 힐링 음악

1220 따지지 말고, 일단 한번 드셔보세요

≫ 한마디로

다른 표현 스트레이트하게, 단도직입적으로, 거침없이

뭔가 핵심적이거나 본질적인 내용을 이야기해야 할 때, 이 단어를 넣어준다. '단언컨대', '단적으로 말하면' 등으로 바꿔 쓸 수도 있다. '한마디로'라는 말을 들으면, 누구나 그다음 내용에 주목하게 된다. 중요한 뭔가를 강조할 때 아주 효과적인 단어다.

1221 한마디로, 외국인에게 어떻게 팔 것인가?

1222 상속 절차가 궁금하신가요? 한마디로 답해드립니다

1223 집짓기가 고민인 분들, 한마디로 해결해드립니다

 위인들의 카피 (3) 로버트 콜리어

로버트 콜리어(1885~1950): 미국에서는 카피라이터뿐만 아니라, 사상가나 철학자 등등으로 폭넓게 활동한 인물이다. 그 유명한 카네기나 머피와 나란히, 성공학의 권위자로 불리기도 한다. 콜리어의 대표작 『The Robert Collier Letter Book』(*국내 미출간)은 2차 세계대전 이전인 1937년에 출간되어 80년 이상 수많은 카피라이터들에게 영감을 준 명저다.

그는 뛰어난 카피라이팅 스킬로 석탄, 코크스부터 양말, 의류에 이르기까지 모든 것을 팔았다. 그는 상품이나 구매 이유는 여러 가지여도, 사람의 본질은 거의 바뀌지 않는다고 말한 바 있는데, 이것이 바로 아직도 그때 그 카피라이팅 기술이 실전에 사용되고 있는 이유다.

또한 콜리어는 "대부분의 카피라이터들은 반응이 좋았던 세일즈 레터에 사용된 카피를 계속 따라 하면 무조건 성공할 거라고 생각하는데, 이것은 완전한 착각이다. 카피 표현 자체는 생각보다 중요하지 않다. 반응이 좋았던 세일즈 레터가 어떤 아이디어를 뒷받침하고 있는지, 그것이 가장 중요하다"라고 단언했다. 이것은 카피를 그대로 모방하는 것보다, 그 이면에 있는 '인간이 물건을 고르는 보편적인 심리'를 분석하는 것이 훨씬 중요하다는 것을 잘 설명해주는 말이다.

새로움 강조하기

'처음으로 뭔가를 경험했을 때는 매우 감동했지만, 익숙해지고 난 이후 점점 감동은 옅어지고, 그러다가 결국 아무 느낌도 없어졌다.'

이런 생각을 해보지 않은 사람은 없을 것이다. 만약 월급이 100만 원이던 시절에 30만 원이 늘어난다면 처음에는 만세를 부르며 기뻐하겠지만, 조금만 시간이 흘러도 월급 130만 원이 너무 당연한 것이 되어서 전혀 행복감을 느낄 수 없을 것이다. 만약 월급이 500만 원으로 오른다면, 거기에서 30만 원이 늘어봤자 이전에 느꼈던 감동은 전혀 느끼지 못할 것이다. 이렇듯 인간이 가치를 느끼는 정도와 방식은 일정하지 않다.

'인간이 새로운 것에 흥미를 느낀다'는 점은 카피를 쓸 때도 항상 염두에 둬야 하는 상식이지만, 엄밀히 말하면, '지금과는 다른 상황'에 흥미를 느끼는 것이다. 왜 다른 상황에 반응할까? 그 이유 중 하나는 인간의 뇌 구조로 설명할 수 있다. 미국의 뇌 진화학자인 폴 D. 맥린 박사에 의하면, 인간의 뇌에는 반사를 관장하는 원시적인 '파충류 뇌', 감정을 관장하는 '포유류 뇌', 이성을 관장하는 '인간 뇌'라는 모델이 있는데, 이 중에서 가장 처음 반응하는 것은 '파충류 뇌'라고 한다. 주위 상황이나 외부 환경이 변할 때, 모든 생물은 위험을 느끼고, 안전한지에 대해 불안해한다. 그리고 이런 불안이 바로 호기심으로 이어진다.

≫ 새로 나왔어요

이 표현은 신제품이 나왔을 때뿐만 아니라, 상품이나 서비스의 업그레이드 버전이 출시되었을 때도 빈번하게 사용할 수 있다. 기본이 되는 표현인 것 같지만 새로운 것에 민감하게 반응하는 인간의 심리를 자극하는 카피이다.

다른 표현 드디어 나왔다! 드디어 등장, 신제품

1224	디자인은 더 심플하게, 기능은 더 강력하게, 업그레이드된 김치 냉장고가 새로 나왔어요
1225	치킨너겟, 갈릭맛이 새로 나왔어요
1226	○○라면, 매운맛 버전이 새로 나왔어요

≫ 새로운(완전히 새로운)

'신**'라는 표현은 편리하지만, 단어 앞에 '신'을 붙였을 때 부자연스러운 경우도 있다. 그럴 때 '새로운 **'라고 풀어서 얼마든지 쓸 수 있고, 어떤 단어와 함께 써도 어색하지 않다. 예를 들어 1228을 '신영어 배우는 법'이라고 바꿔 쓴다면 말이 어색해질 것이다.

다른 표현 새로운, 아주 새로운, 신선한, 요즘 스타일의, 최신

1227	완전히 새로운 디자인으로, 완전히 새로운 레벨로(애플)
1228	완전히 새로운 '영어' 공부법(프레지던트 2016년 3월 22일호)
1229	낙태에 대한 완전히 새로운 시각!

≫≫ 새로운 상식

다른표현 **는 이미 구식, 아직 **하고 있어? 뉴 스탠다드

상품을 새로 출시하는 것이 어려울 때는 다른 접근법이 필요하다. 상품은 그대로여도 뭔가 새로운 시점을 발견할 수 있다면 그 부분을 내세우는 것이다. '지금까지 알고 있던 상식은 이미 구식이 되었다'는 것을 은연중에 암시하는 효과도 있다.

1230	마케팅과 카피라이팅에 대한 새로운 상식
1231	퇴근 이후 시간에 대한 새로운 상식
1232	운동에 대한 새로운 상식

≫≫ 새로운 발견(정보·감각)

다른표현 맛본 적 없는, 세계(한국) 최초

'새로운 상식'과 같은 맥락으로 상품이나 서비스 자체를 새롭게 하지 않더라도 '보는 관점'을 새롭게 제시하는 카피. 상식 대신 발견, 정보, 감각 등 다양한 단어를 대입해서 사용할 수 있다. 1234처럼 오래전부터 있었던 것에 대해서도 새로운 관점을 제시하면 매력적으로 보일 수 있다.

1233	부드럽게 녹아드는 새로운 식감
1234	강릉에 대한 새로운 발견!
1235	실비보험에 대한 새로운 정보를 드립니다

≫≫ 상상 그 이상

다른표현 있을 수 없는, 상식과는 다른, 아무도 모르는

뭔가 새로운 것이 나왔다는 것을 강조할 때 쓸 수 있는 표현이다. 영화 〈매트릭스〉의 광고 카피로 쓰였던 1236이 대표적인 응용 표현이다. '완전히 새로운'의 변형된 표현으로 여러 형태로 응용해서 사용할 수 있다. '새로움'과 동시에 '역발상'이라는 느낌을 줄 수 있다.

1236	무엇을 상상하든 그 이상을 보게 될 것이다(영화 〈매트릭스〉)
1237	상상 그 이상을 보여줄 꿈의 콘서트
1238	당신이 상상하는 맛. 그 이상의 맛을 선사합니다

≫≫ 상식을 뒤엎는(뛰어넘는)

다른표현 상상을 초월하는, 상상을 뛰어넘는, 상식 밖의, 파격적인

'지금까지 알려진 상식을 뒤엎을 만큼 새로운 뭔가가 나왔다'고 말해주는 카피. 기존의 지식을 전복하는 센세이셔널한 내용을 기대하게 만든다.

1239	지금까지의 상식을 뒤엎는 최첨단 IT 테크놀로지 전시회로 초대합니다
1240	1300원 초밥의 상식을 뛰어넘는 궁극의 1접시
1241	『상식 밖의 경제학(Predictably Irrational)』(댄 애리얼리, 청림출판, 2018)

≫ 발견

다른 표현 발견하다, 디스커버, 발굴, 세상에 드러나다

'미지의 것을 발견하는' 것을 말한다. 심플한 카피지만 왠지 사람의 마음을 설레게 한다. '재'를 붙여 '재발견'이라고 쓰면, '이미 알고 있다'고 생각하던 것에서 다시 한 번 새로운 것을 발견한다는 문맥으로 사용할 수 있다.

1242	중3을 위한 자기 발견 프로젝트
1243	숲으로 들어가면, 새로운 아이디어를 발견할 수 있다
1244	맛있는 전주의 재발견

≫ 리뉴얼

다른 표현 새로워진**, 초심으로 돌아가, **혁명

제로에서 만들어낸 것은 아니지만, 기존에 나왔던 상품이나 서비스를 새롭게 재탄생했다고 알리면서 다시 한 번 홍보할 수 있는 카피다. 음식점에서 새로운 메뉴를 공지하거나, 업그레이드 버전의 상품을 출시할 때 자주 쓴다.

1245	10년 동안 사랑받은 **, 더 맛있게 리뉴얼하다!
1246	오래 기다리셨습니다. 이번 주말 리뉴얼 오픈
1247	인기 카레 세트 리뉴얼 메뉴 드디어 등장!

≫ 진화

다른 표현 진보, 파워업

'진화'에는 두 가지 의미가 있다. '진보하고 발전하는 것', 그리고 '생물 등이 원래의 종과는 약간 다른 형태로 바뀌는 것'이다. 이 단어를 보면 생물의 진화가 먼저 떠오르기 때문에 단순히 그냥 변한 게 아니라 형태 자체가 변했다는 뜻으로 통한다.

1248	초등 글쓰기 책이 획기적으로 진화했습니다
1249	진화하는 에너지 비즈니스의 행방
1250	디지털 금융의 놀라운 진화

≫ 획기적

다른 표현 혁명적, 전대미문, 미증유, 비할 데 없는

어떤 문제에 대처할 방안이 없었는데, '때마침 기존에 없던 뭔가가 등장했다'고 말해줄 때 딱 맞는 카피다. '전대미문'이나 '미증유'라는 단어보다 훨씬 더 편하게 넓은 범위에서 사용할 수 있다.

1251	'생산성'을 비약적으로 향상시키기 위한 획기적인 해결책
1252	욕실의 오래된 물때, 주방의 찌든 때를 없애줄 획기적인 상품
1253	삶의 질이 달라지는 획기적인 아파트

≫ 혁명

다른 표현 레볼루션, 변혁

프랑스 혁명 등 계급 혁명을 시도했던 역사적 사건이 떠오르는 단어지만, 카피로 사용될 때는 '어떤 상태가 급속도로 바뀐다'는 의미로 통용된다. 지금까지 있었던 뭔가가 180도 바뀌었다는 느낌을 준다.

1254	전기차 혁명 시대
1255	크래프트 맥주 혁명(일본경제신문, 2019년 7월)
1256	문구 마니아도 탄성을 지르는 만년필 혁명

≫ 개막

다른 표현 오프닝, 서장, 프롤로그, 신시대

'막이 열린다'='시작된다'라는 의미로 사용되는 수사적인 표현이다. '시작'이라고 표현할 수도 있지만, '개막'이라고 하면 더 드라마틱하게 느껴져서 기대감이 높아진다. '**시대의 개막'이라는 표현이 자주 쓰인다.

1257	뉴노멀 시대의 개막, 무엇이 어떻게 달라지나
1258	전기차 시대의 개막
1259	헤어 케어 시대의 개막

≫ 핫

다른 표현 생기발랄한, 쌩쌩한, 힙한, 싱싱한, 젊은

'지금 가장 주목받고 있는', '전성기'라는 뜻이다. 단순히 '새롭다'고 쓰는 것보다 더 생생함을 전달하는 표현이다.

1260	주식 시장에서 '지금이 핫'한 회사는 414곳(동양경제온라인, 2013년 6월)
1261	요즘 핫한 맛집 리스트
1262	여대생에게 인기인 핫 어플 10가지

≫ 최신 정보

다른 표현 최첨단, 프론티어, 선구적인

어떤 카테고리의 상품이든 해마다 새로 나온 정보가 중요하다. 앞에 연도를 넣어서 업데이트된 정보를 제공할 때 자주 사용된다.

1263	실업급여 조건 2021 최신 정보
1264	2021 전기차 보조금 최신 정보
1265	공무원 시험 합격의 길, 2021 최신 정보

≫ 한 발 앞서

다른 표현 전위적, 아방가르드

크게 앞서는 게 아니라 한 발짝 앞이기 때문에, 나도 할 수 있다고 느끼게 만드는 카피다. 또는 '동료나 라이벌과 차이를 만든다'라는 문맥으로 넓게 쓰인다.

1266	직원에게 자유를! 넷플릭스의 한 발 앞선 인재 활용술
1267	0세부터 한 발 앞서가는 영재 교육
1268	한 발 앞선 기술을 내 손 안에

≫ 차세대

다른 표현 뉴에이지, 앞으로의

IT 기술의 발전으로 하루가 다르게 변화하는 현 시점에서 설득력 있는 카피다. 특히 가전제품을 비롯한 전자 제품의 경우에는 사이클이 매우 빠르기 때문에 이 카피 단어를 많이 사용한다.

1269	전기차, 수소차, 공유차, 차세대 모빌리티에 대한 모든 것
1270	차세대 세큐리티로 당신의 집을 지키세요
1271	코웨이가 만든 차세대 정수기

≫ 선점

다른 표현 민감, 예고편, 선행

새로운 것에 대한 사람들의 반응은 크게 신중파와 적극파로 나눌 수 있다. 새로운 것을 시도할 때 두려움보다 흥미를 더 느끼는 '얼리 어댑터'에게 어필하는 카피다. 이들이 은연중에 갖고 있는 '다른 사람보다 먼저 써보고 유행에서 앞서고 싶다'라는 심리를 파고들 수 있다.

1272	아직 경쟁 없는 시장에서 새로운 블루칩을 선점하라
1273	절대 떨어지지 않을 지역을 선점하는 기준
1274	유행 선점. 올 가을 주목하는 스카프 색상 특집

≫ 창조

다른 표현 크리에이트, 숨을 불어넣는

'새롭게 만들다', '태어나다'라는 뜻이지만, '천지 창조'라는 단어에서 느껴지듯이, 종교적이고 엄숙한 기운이 있어서 다른 카피 단어로 대체할 수 없는 독특한 분위기를 연출한다. 기존의 것을 개량하는 것보다 제로 상태에서 새로운 것을 만들어낸다는 인상이 강하다.

1275	질문의 힘으로 사업을 창조하는 방법
1276	김치에 대한 창조적인 아이디어
1277	팬을 창조하는 비즈니스의 비밀

≫ AI 시대

다른 표현 근미래, 퓨처

AI 기술이 빠르게 발전하면서 최근 급격하게 많이 쓰는 카피 단어다. '컴퓨터, 알고리즘의 눈부신 발전으로 노동이 필요 없는 분야가 급속도로 늘고 있다', '인간만이 할 수 있는 것을 개발해야 한다'라는 메시지가 은연중에 포함되어 있다.

1278 AI 시대에 자기계발은 어떻게 달라질까?

1279 AI 시대에 부상하는 유망 사업 아이템

1280 AI 시대, 가장 필요한 능력은 바로 이것

≫ 최첨단

다른 표현 파이오니아, 선구적, 이노베이션

'가장 진화된'이라는 의미로, 기술이나 노하우가 필요한 상품, 서비스를 홍보할 때 자주 쓴다. 앞서 나온 '한발 앞서'나 '획기적'보다 더 센 표현으로 압도적으로 기술이 진화했다는 것을 알릴 때 쓰는 단어이므로 적재적소에 맞게 사용해야 한다.

1281 최첨단 의료 기술로 암 완전 정복

1282 최첨단 가전제품으로 매일매일이 행복한 하루

1283 인체공학적 디자인의 최첨단 의자를 아이에게 선물하세요

≫ 흐름

다른 표현 트렌드, 추세, 풍조

파도의 흐름에 탈 수 있으면 배는 편하게 앞으로 나아가고, 파도를 거스르면 에너지가 발생한다. 이러한 이미지 그대로 홀로 쓰일 때는 '트렌드'를 의미하고, '흐름을 읽는다' 같은 문장에서는 시대의 흐름을 파악한다는 뜻으로 통한다.

1284 비즈니스의 흐름을 읽는 회사 vs. 못 읽는 회사

1285 외식 산업의 흐름을 읽다

1286 세계 경제의 흐름을 읽는, 돈의 역사

캐치 카피와 헤드라인 카피

'캐치 카피'와 '헤드라인 카피'는 차이가 있다. 캐치 카피는 상품의 이미지를 전달하는 것이 목적이지만, 헤드라인 카피는 다음 문장을 읽게 만드는 것이 목적인 만큼, 흥미를 끄는 단어를 사용한다. 캐치 카피는 상품의 모든 매력을 전달하기 위해, 말을 압축하지만, 헤드라인 카피로는 모든 것을 이야기할 필요가 없다. 단지 '다음 내용이 뭔지 진짜 궁금하다'라고 생각하게 만들면서, 그다음 문장으로 바통을 넘기기만 하면 성공이다.

쓸모 있는 정보 제공하기

사람이 물건을 살 때, 가장 중요한 판단 근거는 '나한테 어떤 이익을 주는가?'이다. 여기서 이익이란 경제적인 것뿐 아니라 심리적인 것, 기능적인 것 등등 다양하다. 예를 들면, 용량이 512GB인 스마트폰이 있다고 하자. '용량이 512GB'라는 것은 그냥 제품의 '특징'이다. 반면, 512GB라는 용량 덕분에 '사진을 대량으로 저장할 수 있어서, 추억을 항상 가지고 다닐 수 있다' 또는 '용량 때문에 마음에 드는 사진을 지워야 하는 스트레스로부터 해방된다'라는 것은 심리적 이익과 실용적인 이익이라 말할 수 있다.

'이 상품(서비스)이 이렇게 대단한 겁니다'라고 아무리 제품의 특징을 강조한들, 그것을 심리적, 기능적, 경제적 이익과 연결해서 말해주지 않으면 마음이 움직이지 않는다. 그 대단한 특징이 '고객에게 어떤 이익을 주는지'를 제대로 알려주지 않으면 좀처럼 팔리지 않는 것이다. 당신이 카피라이터라면 '고객이 이 물건을 정말 갖고 싶은 이유가 뭘까?'에 대해 잘 궁리해보고, 바로 그 '이유'를 감정의 언어로 바꿔서 호소해야 한다. 이것을 언어화하는 능력이 바로 카피라이터가 연마해야 할 핵심 기술이다. '고객에게 어떤 이익을 주는가?'에 대한 답변이 잘 생각나지 않는다면 '이 제품을 쓴 후, 결과가 어떻게 되는가?'에 대해 먼저 생각해보자. 이 질문을 몇 번이고 반복하다 보면, 분명 고객의 '진짜 욕구'가 뭔지 감이 잡힐 것이다.

≫ 솔깃한 정보

다른 표현 득템 정보, 구미가 당기는, 돈이 되는

대부분의 사람들이 알고 싶어 하는 것, 들으면 이득이 되는 것을 표현한 카피다. '당신 이거 놓치면 안 돼요'라는 뉘앙스로 자주 쓰인다.

1287	귀가 솔깃해지는 저녁 루틴의 힘
1288	책상에 앉아서 일하는 직장인에게 솔깃한 정보
1289	바이크 마니아인 당신에게 솔깃한 정보입니다

≫ 불러일으키는(유발하는)

다른 표현 낳다, 생기다, 일어나다

'감동을 불러일으키다'처럼 긍정적인 것에도 자주 쓰이고, '불행을 불러일으키다'처럼 부정적인 것에도 쓰인다. '내가 가만히 있어도 저절로 그렇게 된다'라는 뉘앙스를 풍긴다. 비슷한 말로 '유발하는'이 있는데, 이는 주로 부정적인 문장에 쓰이므로 문맥에 어울리게 선택해서 사용해야 한다.

1290	추억을 불러일으키는 레트로 마케팅
1291	당신의 집에 우아한 향기를 불러일으킬 아로마 캔들
1292	질투심을 유발하는 메이크업 팁

≫ 업(UP)

다른 표현 자꾸 올라가다, 높아지다, 상승

'**가 올라간다'라는 뜻이지만 이것을 '**가 업'이
라고 표현하면 문장에서 힘과 리듬감이 느껴진다. '월
급이 대폭 올라간다'와 '월급이 대폭 업!'은 뜻은 같지
만, 문장이 주는 느낌은 사뭇 다르다.

1293	폴리페놀 성분으로 맛과 건강은 UP, 가격은 DOWN
1294	처진 기분을 업시키는 음악 방송
1295	하루 1번 섭취로 면역력 UP, 스트레스 DOWN

≫ 통째로

다른 표현 전부, 모두

'부분이 아닌 전부를 준다' 혹은 '**와 **를 한꺼번
에 준다'고 설득할 때 주로 사용한다. 혹은 복잡하던 절
차를 한꺼번에 해결할 수 있다고 말할 때도 쓰면 간편
하다.

1296	비자 신청부터 발급까지, 통째로 해결해드립니다
1297	그냥 쓰기 찜찜했던 베개, 이제 통째로 빨아 쓰자!
1298	두통, 치통, 생리통을 통째로 해결해주는 알약

≫ 비용 절감

다른 표현 합리화, 슬림화, 지출 삭감

경제가 어렵고, 소비 심리가 얼어붙을수록 비용 절감
하는 방법에 대한 정보는 인기를 끈다. 가성비를 따지
는 알뜰한 고객들에게 강하게 어필할 수 있다.

1299	액정 수리비, 비용 절감하는 팁
1300	중고차 살 때, 최대한 비용을 절감하는 3가지 방법
1301	보험료, 혜택은 최대한 받으면서 비용을 절감하는 꿀팁

≫ 무릎을 치게 되는

다른 표현 놀라다, 영감을 받은, 개안하는, 아, 그렇구나

'어떤 일을 계기로 그 의미나 요령을 확실히 알게 된다'
는 의미로 쓰인다.

1302	읽기만 하면 무릎을 치게 되는 마케팅의 고전
1303	무릎을 치게 되는 스카프 연출법
1304	먹는 순간 무릎을 치게 되는 맛집

≫ 장점만 골라놓은

세상 모든 것에는 장단점이 있는데, 이는 고정적인 것이 아니다. 어느 순간 장점이 단점이 되기도, 단점이 장점이 되기도 한다. 이 카피는 단점을 최소화하면서 장점만을 집대성했다는 느낌을 주기 때문에 거의 모든 분야에서 두루 사용할 수 있다.

다른 표현 콤비, 좋아하는 것만 골라

1305	펀드와 주식의 장점만 골라놓은 ETF
1306	도시의 화려함과 시골의 고즈넉한 분위기, 장점만 골라놓은 동네
1307	쾌적하면서 품격 있는 '장점만 골라놓은' 비즈니스 슈즈

≫ 차마 물어볼(말할) 수 없는

'너무나 궁금한데, 모르고 있다는 사실을 들키기 싫어서 주변에 차마 물어볼 수 없었던 것' 하나쯤은 누구에게나 있을 것이다. 그 심리를 공략하는 카피로 호기심을 자극하기 때문에 효과적이다.

다른 표현 다른 사람에게 물어볼 수 없는, 모르면 부끄러운

1308	남자가 여자에게 차마 물어볼 수 없는 질문
1309	부끄러워서 차마 물어볼 수 없었던 질문에 답하다
1310	모르고 있으면 부끄러운 레스토랑 이용 매너

≫ 조건(요건)

단순히 '어떤 것이 필요해요'라고 말하는 것과 '＊＊의 조건'이라고 표현하는 것은 어감이 많이 다르다. '이런 것이 없으면 실현할 수 없다'라는 의미가 훨씬 더 강해져서 뇌리에 강하게 남는다.

다른 표현 ＊＊에 필요한 것, 전제 조건

1311	성공하는 스타트업 기업의 조건
1312	주택 청약, 1순위의 조건
1313	새로워진 운전면허 시험, 합격의 조건은?

≫ 힘

'힘'을 갖고 싶다는 욕구는 누구나 갖고 있다. 육체적인 힘뿐만 아니라, 권력, 권리 등등을 누리고 싶은 것은 인간의 본능이기 때문에 아주 빈번하게 사용되는 카피 단어다. 그런 만큼 식상한 문장이 되지 않도록 잘 응용해서 사용할 필요가 있다.

다른 표현 ＊＊력, 파워, 에너지, 권리

1314	『아침이 달라지는 저녁 루틴의 힘』(류한빈, 동양북스, 2021)
1315	『나는 나를 파괴할 권리가 있다』(김영하, 문학동네, 2010)
1316	『긍정의 힘』(조엘 오스틴, 두란노, 2005)

≫ 계속 **하다

순간적으로 뭔가를 좋아하거나 일시적으로 성공을 거둘 수는 있지만, 그것을 지속하는 것은 몹시 어려운 것이 현실이다. <u>그것을 가능하게 해주는 뭔가가 있다면 누구든 거기에 기대고 싶은 마음이 들 것이다.</u>

다른 표현 살아남다, 유지

1317	계속 매출이 성장하는 기업의 인용술
1318	원금을 계속해서 늘려가는 완전 비밀 투자술
1319	일 년 내내 계속 활력을 유지하는 비법

≫ 쭉

이것 역시 계속 효과가 난다고 말할 때 쓰는 단어인데, 좀 더 캐주얼한 문장에서 사용한다. <u>한 글자만으로도 강한 인상을 남길 수 있다.</u>

다른 표현 언제까지나, 영원히, 끝나지 않는, 포에버

1320	은퇴 후에도 쭉 돈 버는 비결
1321	중년 이후에도 쭉 20대 몸매를 유지하는 법
1322	지금 사는 동네에서 쭉 살고 싶다면, 재건축이 답

≫ 몇 번이나

'한 번뿐만 아니라 반복해서'라는 뜻이다. 1323이나 1325처럼 '중독이 되다', '반복하게 된다'라는 의미로 사용되는 경우가 많다. 물론 단순히 횟수를 반복한다는 의미로도 쓰인다.

다른 표현 몇 번이고, 몇 번이라도, **어게인, 리피트, 칠전팔기

1323	5가지 양념이 잘 배어 있어, 몇 번이나 먹고 싶은 파스타 소스
1324	실패해도 몇 번이나 도전할 수 있는 힘, 회복탄력성
1325	멀어도 몇 번이라도 가고 싶은 섬의 매력

≫ 더

'더 좋은 일이 있다'고 말해주는 카피 단어다. '더**, 더**'라고 계속 반복하면, 리듬감 있는 카피를 만들 수 있다.

다른 표현 게다가, 더해서

1326	「당신의 회사는 90일 만에 더 벌 수 있다」
1327	더 맛있게, 더 새롭게!
1328	공무원 시험 준비, 더 잘하는 비법이 있다!

≫≫ 더욱

좋은 점(이익)에 대해서 나열할 때는 한꺼번에 전부 다 설명하지 않고, 가장 중요한 이점을 의도적으로 맨 마지막에 말하면서 '이 점은 더욱 ＊＊하다'고 덧붙이면 좋다.

다른 표현 플러스, 한층, 박차를 가하다, 하나 더

1329	더욱 새롭게 진화한, 신형 디스플레이의 탄생
1330	사진을 못 찍기가 더욱 어려워졌습니다(애플)
1331	구매자 특혜가 하나 더. ＊＊증정

≫≫ 한층 더

'더욱'이 몇 가지가 겹치는 느낌이라면 '한층 더'는 강도가 더 세지는 느낌을 말한다. 이전의 상태보다 더욱 강력해졌다는 것을 다이내믹하게 표현할 수 있는 카피다.

다른 표현 한층 더, 가속하다, 멈출 수 없는

1332	한층 더한 스피드와 한층 더한 안전성
1333	한층 더 진화한 SUV를 만나다
1334	스타일을 한층 더 살려주는 안경테

≫≫ 매일 쓰는

만약 가전제품 같은 전자제품을 매일 쓴다면 좀 비싼 것을 사도 사용 빈도수가 높은 만큼 본전을 뽑을 수 있으므로 그 심리를 건드리는 카피를 쓰면 된다. 그 외에도 매일 쓰는 물건은 위생이나 건강에 관련된 것이 많으므로 그에 맞춰서 이점을 이야기해준다.

다른 표현 항상 사용하는, 데일리, 에브리데이

1335	매일 쓰는 냉장고, 볼 때마다 기분이 좋아지는 ＊＊로 바꾸세요
1336	『에브리데이 토스트; 내일이 기다려지는 70가지 토스트와 샐러드』(연서인, 동양북스, 2021)
1337	듬뿍 써도 아깝지 않은 데일리템

≫≫ 불변의

급변하는 세상에서 '바뀌지 않고 가치를 쭉 유지하는 것이 어려운 만큼' 매력적으로 들릴 수 있는 카피다. 특히 '마케팅'처럼 하루가 다르게 급변하는 영역에서 불변의 법칙이 있다고 하면 흥미롭게 들릴 수밖에 없을 것이다.

다른 표현 바뀌지 않는, 그대로의, 부동의, ○년 사용하는

1338	『마케팅 불변의 법칙』(알 리스, 잭 트라우트 비즈니스맵, 2008)
1339	영어 공부에 대한 불변의 진리 대방출
1340	동물의 세계를 통해 살펴본 절대 불변의 남녀 관계

≫ 의외로 모르는

다른 표현 뜻밖에 모르는

'알 것 같은데, 알려지지 않은', '당신이 아직 모르는 정보를 알려드립니다'라는 뉘앙스를 전해준다. 이미 잘 알고 있는 분야라도 이 단어가 들어가면 저절로 궁금증이 생긴다.

1341   지역 주민도 의외로 모르는 숨겨진 맛집을 소개합니다

1342   의외로 모르는 자동차의 기본 관리법

1343   알 것 같으면서 의외로 모르는 꽃 이름 20가지

≫ 가이드북

다른 표현 교재, 바이블, 안내서, 입문서

주로 안내서에 쓰는 단어인데, 참고서, 교재 등에도 쓰인다.

1344   **시험 기출 문제 가이드북

1345   개인사업자를 위한 확정 신고 가이드북

1346   즉흥 연주에 빠질 수 없는 클래식 기타 가이드북

≫ 숨은 비법

다른 표현 비장의 기술, 비밀 기술

일반적으로는 잘 알려지지 않은 기법이나 테크닉을 말한다. '보통 사람은 쓰지 않는', '기본적인 기술이 아닌' 등등의 뜻이 내포돼 있어 전문가들이 쓰는 특별한 방법을 알 수 있다고 설득할 때 사용할 수 있다.

1347   떡볶이를 맛있게 만드는 숨은 비법

1348   겨울철 습도 조절의 숨은 비법

1349   생화를 오래 유지시켜주는 숨은 비법

≫ 공통점

다른 표현 공통하는, 공통항, 유사점

단순히 어떤 사건이나 사물들의 공통적인 특징을 가리키는 경우도 있으나, '원리 원칙'으로 연결되는 뉘앙스로도 많이 쓰인다. 엄청나게 자주 쓰이는 카피이므로 읽었을 때 궁금한지, 그렇지 않은지를 살펴보고 카피를 정리해보자.

1350   포춘 500에서 사라진 기업의 공통점

1351   분노가 많은 사람들이 어린 시절에 겪은 공통점

1352   일을 정시에 끝내는 사람과 취미가 스포츠인 사람의 공통점

재미있는 정보 제공하기

누군가 나에게 친절하게 대해주거나 도움 되는 정보를 알려주면, 자연스럽게 그 사람에게 감사한 마음이 생긴다. 그리고 그와 동시에 자신도 무언가 보답을 해야겠다는 일종의 부채 의식이 생긴다. 예를 들어 마트 같은 데서 시식을 했을 때, '사지 않으면 미안한' 마음이 든 적이 있을 것이다. 이렇게 뭔가를 받으면, 보답하고 싶어지는 감정을 심리학에서는 '호혜의 법칙'이라고 부른다. 시식 이벤트를 하거나 무료로 샘플을 주는 이벤트는 바로 이 '호혜의 법칙'을 이용하는 것으로 매우 효과가 좋다.

물건뿐만 아니라 '재미있는 정보'를 제공해도 호혜의 법칙은 작동한다. 누군가 나에게 정말 도움이 되거나 혹은 정말 재미있는 정보를 말해주면 단번에 그에 대한 호감도가 수직 상승할 것이다. 또 그런 정보를 반복해서 받다 보면, 어느새 그 사람에 대한 신뢰가 싹튼다. 그렇게 되면 결국 '보답하고 싶은 마음'이 생겨나게 마련이다.

현재 많은 기업들이 바로 이러한 인간의 심리를 겨냥해서 정기적(혹은 비정기적)으로 타깃 고객들에게 유용한 정보를 모아 제공하고 있다. 이는 고객과의 관계를 유지하기 위한 목적도 있지만, 판매를 위한 노림수도 분명 존재한다. 여기서 중요한 것은 제공하는 정보가 반드시 정확한 것이어야 하고 도움이 되거나 재미를 주는 것이어야 한다는 점이다. 만약 이 점이 확실하지 않다면 전혀 효과가 없다는 것을 기억해야 한다.

≫ 취급설명서

다른 표현 메뉴얼, 가이드, 안내서, 입문서

취급설명서는 원래 전자기기 등 조작이 필요한 물건에 주로 사용한 용어지만 지금은 다양하게 쓰이고 있다. 특히 인간관계 때문에 괴로운 사람들을 겨냥해서 누군가에 대한 대응법, 대처법을 알려준다는 뉘앙스로 쓰면 재미를 유발한다.

1353	갑질하는 상사 취급설명서
1354	육식남 취급설명서
1355	어딜 가나 꼭 있는 진상 인간 취급설명서

≫ ○선(리스트○)

다른 표현 셀렉트, ○가지, 리스트

많은 것들 중에서 엄선된, 몇 가지 것을 추려서 소개할 때 매우 편리한 표현이다. 특별히 숫자에 제약은 없고, 소개하는 내용에 따라서는 100가지 이상도 있을 수 있지만, 일반적으로는 5~20 정도, 많을 때는 30 이하 정도가 보통 기준이다. 너무 많으면 읽는 사람도 지레 겁을 먹을 수 있다.

1356	밀레니얼 세대에게 설내 해시는 안 되는 부탁 리스트 10
1357	여성들에게 반응 좋은 3만 원대 좋은 선물 15선
1358	내성적인 사람에게 딱 맞는 직업 20선

≫ 가이드

다른 표현 참고서, 교본, 교과서, 지도, 맵

가이드라는 단어를 보면 낯선 여행지에서 만났던 '가이드'가 떠오르면서 왠지 '이것만 보면 헤매지 않겠지', '이것만 믿고 따라가면 안심이야'라고 생각하게 된다. 정보를 제공하는 카피로 기본 중의 기본이다.

1359	누구나 쉽게 따라 할 수 있는 명상 가이드
1360	궁극의 페이스북 광고 가이드
1361	2020년판 이태원 맛집 가이드

≫ 핸드북

다른 표현 노트, 수첩, 필수, **포켓

'핸드북', '가이드북' 모두 '안내서, 입문서'라는 의미로 사용한다. 다만, 여행 등의 경우에는 일반적으로 '가이드북'이 쓰이는 경우가 많고, '핸드북' 쪽은 콤팩트해서 손이나 가방에 들어가기 쉽다는 느낌이 있다.

1362	아기를 위한 영양 핸드북
1363	전국 배낚시 핸드북
1364	인사 담당자를 위한 노동기준법 핸드북

≫ 꿀팁

다른 표현 팁

원칙이나 규칙은 아니지만, 알아두면 유용한 정보를 가리키는 말로 최근 눈에 띄게 자주 쓰는 표현이다. 그냥 팁이라고 하는 것보다 '꿀팁'이라고 하면 맛과 향이 느껴져 더 뇌리에 강하게 남는다.

1365	정리의 신이 알려주는 하루 10분 정리 꿀팁
1366	상대에게 호감을 주는 말투 꿀팁
1367	남자의 여름 땀 냄새를 없애주는 꿀팁

≫ 매뉴얼

다른 표현 실용서, 안내서, 텍스트

원래는 어떤 심각한 문제나 사건에 대응하는 법을 순서대로 정리한 것을 말하지만, 개인적이면서도 사소한 어떤 일이나 사건에도 매뉴얼이란 단어를 붙여서 사용하는 것이 추세다. 카피를 봤을 때 재미와 정보가 동시에 느껴지면 성공한 것이다.

1368	고객의 화를 빠르게 잠재우는 '컴플레인 대응 퍼펙트 매뉴얼'
1369	연봉 협상 시 취해야 할 '말과 행동 매뉴얼'
1370	길게 관계를 지속하기 위한 '원거리 연애 매뉴얼'

≫ 도움이 되는

다른 표현 쓸모 있는, 편리한, 효과적인

이 카피를 쓸 때는 어떤 상황에서, 어떤 종류의 사람들에게 도움이 되는지를 구체적으로 쓸수록 재미있어진다. 진지한 문장에도 쓰고 재미있는 문장에도 쓸 수 있다.

1371	사람에게 지친 당신에게 도움이 되는 아이템
1372	공부를 잘하고 싶은데, 하기는 싫은 당신에게 도움이 되는 책
1373	자주 토라지는 아이 때문에 고민인 엄마들에게 도움이 되는 이것

≫ 힌트

다른 표현 암시, 증거, 실마리, 단서

'어드바이스'는 누군가가 정해진 해결책을 던질 때 쓰는 단어인데, '힌트'는 그것을 계기로 스스로 해결책을 찾아내야 하는 느낌이 있다. 이 단어를 쓰면, 약간 감질나게 느껴지긴 하지만, 꼭 정해진 답을 제시해야 한다는 압박은 사라진다.

1374	환율과 주가에 대한 몇 가지 힌트
1375	문제 안에 정답에 대한 힌트가 들어 있다?
1376	국내파 영어 능통자가 알려주는 영어 공부에 대한 몇 가지 힌트

≫ 스위치

다른 표현 전환, 계기

뭔가 '온'과 '오프'의 상태가 있어, 그것을 바꾸는 것이 가능할 때 비유적으로 사용하는 카피 단어다. 심리적인 난어와 함께 쓰면 유니크한 카피 문장을 만들 수 있다.

1377	퇴근 이후, 회사 일에 대한 스위치를 끄는 법
1378	우울한 일이 있어도, 금세 의욕 스위치를 켜는 법
1379	안 되는 일도 되게 하는 내 안의 긍정 스위치

≫ 포인트

다른 표현 요점, 에센스, 본질, 요령

'요점, 중요한 점'이라는 뜻이다. 'O개의 포인트'라는 식으로, 숫자와 함께 사용하는 경우가 많다. 얼핏 보면 '방법'과 비슷한 느낌이지만, 방법론이 아니라 무언가를 달성하기 위해 핵심 요소만 뽑아서 알려줄 때 사용한다.

1380	초보자들을 위한 주식 투자 체크 포인트
1381	좋은 유산균을 고르는 세 가지 포인트
1382	회의 석상에서 신뢰받는 화술의 3대 포인트

≫≫ 잡학

다른 표현 트리비아, 토막 상식

온갖 방면의 잡다한 지식을 말하는데, 자질구레하지만 쓸모 있는 지식이라는 인상이 강하다. 유머러스하게 사용하면서 호기심을 끄는 효과를 노릴 수도 있다.

1383	건강에 대한 잡학 지식
1384	알아두면 쓸데없는 신비한 잡학사전(tvN 프로그램, 2017~)
1385	자동차에 대한 잡학 지식

≫≫ 원칙

다른 표현 원리, 법칙, 철칙, 약속 사항, 골든 룰

'기본적인 룰'이라는 뜻이다. '어떤 변수가 있어도 이것만은 흔들리지 않는 기본이다'라고 이야기할 때 사용한다. 약간 무게감이 있는 단어이기 때문에 가벼운 내용에 사용하면 어색해진다.

1386	재테크의 가장 기본적인 3원칙
1387	비즈니스 협상의 3원칙
1388	운동선수들이 꼭 지키는 부상 예방 3원칙

≫≫ 관계

다른 표현 상관, 관련, 연결

부모 자식이나 남녀, 스승과 제자 등 일반적인 인간관계뿐만 아니라, 사건이나 사물과의 관계도 사람들의 흥미를 끄는 것은 마찬가지이다. 특히 양쪽이 대조적이거나, 각각 강한 매력을 갖고 있는 경우, 서로 전혀 관계가 없어 보이는 경우에는 더욱더 흥미롭다.

1389	『돈과 영어의 비상식적인 관계 1, 2』(간다 마사노리, 스튜디오본프리, 2005)
1390	종교와 비즈니스의 깊은 관계
1391	국악으로 알 수 있는 한국인과 음악의 절묘한 관계

≫≫ 편한

다른 표현 안성맞춤, 인스턴트, 장소와 시간을 고르지 않는

문맥에 따라 '편리하고 쉽다' 혹은 '마음이 편안하다'라는 두 가지 의미로 쓰인다. 두 가지 다 사람이 추구하는 것이므로 설득력 있는 카피로 만들 수 있다.

1392	입어보면 대단히 편한 남성 보정 속옷
1393	사무실에서 간단하게 쓰기 편한 가습기
1394	e편한세상(대림산업)

⫸ 예상(예측)

다른 표현 예언, 전망, 어림, 가늠, 마일스톤

'미래에 무슨 일이 일어날지 다른 사람보다 먼저 알 수 있다'고 생각하면 누구나 혹할 것이다. '예언'이라고 하면 과장스럽게 들려서 오히려 의심스럽기도 하지만, '예상, 예측'이라고 하면 전문가가 짚어준다는 뉘앙스여서 설득력이 높아진다.

1395	『신호와 소음; 불확실성 시대, 미래를 포착하는 예측의 비밀』 (네이트 실버, 더퀘스트, 2021)
1396	인간의 욕망 패턴을 알면 미래를 예측할 수 있다!
1397	AI가 예상하는 없어지는 직업 리스트

⫸ 앞으로

다른 표현 지금부터, 다가오는, 찾아오는, 내일(의), 미래(의)

한발 앞선 미래를 미리 예측해서 선점하고 싶어 하는 사람들에게 솔깃한 카피를 만들 때 유용하다. 지금까지 존재했던 것이어도 '앞으로 **', '미래의 **'라고 표현하면 '지금까지 통용되던 룰이 바뀌었다'고 느끼게 만들어, 사람에 따라서는 초조함을 느끼게 된다. 심플하면서도 사람의 마음을 사로잡는 단어다.

1398	앞으로 10년. 세대를 모르면 비즈니스를 할 수 없다!
1399	『앞으로 10년 부를 끌어당기는 100가지 블루오션』(닛케이BP 종합연구소, 동양북스, 2020)
1400	미래 어업에 IT 전략이 불가피한 이유

⫸ ○년 후

다른 표현 ○년 지난 후, ○년 뒤

'○년 후에도 같은 상태가 지속될 것이다'라는 패턴과 '○년 후에는 실적이 상승할 것이다'라는 패턴으로 주로 사용한다.

1401	10년 후에도 고전으로 남을 도서 리스트
1402	5년 후, 순이익을 2.5배로 만들어줄 이 아이템!
1403	TOC 이론은 현재 매출액을 4년 후 순이익으로 바꿔줄 것이다(『더 골』 엘리 골드렛, 동양북스, 2019)

⫸ 언제나 이용 가능

다른 표현 어프로치, 접근

아무리 좋은 서비스도 내가 원할 때 이용할 수 없다면 무용지물이다. 언제든 내가 보고 싶을 때 볼 수 있고, 내가 이용하고 싶을 때 이용할 수 있다는 건 고객 입장에서 큰 매리트이다. 그런 상품이나 서비스가 있을 때 유용하게 쓸 수 있는 카피다.

1404	365일 언제나 이용 가능한 부인 핀매대 빵집입니다
1405	언제라도 이용 가능한 당신의 크라우드 스토리지
1406	메일에 답장 주시면 언제나 이용 가능한 할인 코드 제공

≫ 이런 적 있다

'어떤 특별한 경험을 한 적 있다'고 말할 때 곧잘 쓰이는 구어체 표현인데, 읽는 사람이 공감하게 만들거나 재미있는 경험을 떠올리게 만드는 효과가 있다. 정중한 문장에서는 사용하기 어색한 카피다.

다른 표현	자주 있는, 전형적, 짚이는 데가 있는, 스테레오타입

1407	면접 볼 때 실수, 나도 이런 적 있다 Best 10
1408	술 먹고 실수, '나도 이런 적 있어요' 에피소드 대모집
1409	첫 만남에 말실수, '나도 이런 적 있다'

≫ 습관

'＊＊한(하는) 사람의 습관'이라는 패턴의 카피는 광범위하게 많이 쓰이는 것 중 하나이다. 타인의 행동 패턴에 대해서 관심이 많은 것이 인간의 본능이기 때문에 앞으로도 변함없이 쓰일 것이다. 얼마나 호기심을 유발하는지가 관건이다.

다른 표현	공통점, 요령, 관례, 버릇

1410	『성공하는 사람들의 7가지 습관』(스티븐 코비, 김영사, 2017)
1411	세계 정상의 자리에 선 한국인 아티스트의 습관
1412	그날의 기분을 업시키는 아침 습관 3가지

≫ 상식

'알고 있어야 할 지식' 또는 '알고 있는 게 당연'하다는 뉘앙스로 쓰인다. 일반적으로 많은 사람들이 다 하고 있으면 왠지 모르게 나도 해야 할 것 같은 압박감을 느끼게 되는데 그 점을 노리는 카피다. 또한 그 점을 경고하기도 한다.

다른 표현	양식, 스탠다드, 모두가 하고 있는

1413	권력형 성추행, 범죄행위라는 건 이미 상식
1414	우리가 잘못 알고 있는 건강 상식
1415	요즘 모두가 하고 있는 사업이라면, 절대 하지 마세요.

≫ 특집

신문, 잡지, 텔레비전 프로그램 등에서 자주 볼 수 있는 카피로 '무언가 특정 테마나 토픽에 관한 정보를 모은 것'을 뜻한다. 단편적인 정보도 '특집', '스페셜'이라는 콘셉트로 제시하면, 정리를 원하거나 비교 검토를 원하는 사람에게 특별한 가치를 제공할 수 있다.

다른 표현	스페셜, 코너, 섹션

1416	100대 멋진 기업 특집
1417	B급 맛집 대특집
1418	이번 주는 어머니의 날 특집

독창성과 우월성 강조하기

지금 시대는 비슷한 상품과 서비스가 흘러넘쳐 완전히 오리지널한 것은 거의 없다. 내가 팔려고 하는 상품이 무엇이든 그와 비슷한 상품도 찾으면 금방 발견할 수 있을 것이다. 만약 진짜로 획기적인 상품이 나왔다고 하더라도, 금세 누군가가 그와 비슷한 상품을 만들어서 팔고 있는 것을 누구나 본 적이 있을 것이다. '독창성'이 있는 상품이더라도 팔 수 있는 기간이 매우 짧아진 것이다. 다시 말하면 비슷한 상품과 서비스가 넘쳐나는 상황에서 고객에게 선택을 받아야 한다는 것이다. 그러므로 당신이 카피를 쓰기 전에 이 질문에 한번 답해보자.

"왜 다른 상품이 아니라, 당신이 파는 상품을 사야 할까?"

고객이 어떤 물건을 고르는 것은 비슷한 다른 것에는 없는 '무언가'가 있기 때문일 것이다. '가격이 싸다'는 것도 그중 하나가 될 수 있다. 하지만 저렴한 가격만으로 승부를 보려고 하면 라이벌 상품도 똑같이 싸게 팔기 시작하기 때문에 결국에는 제 살 깎기 경쟁이 될 뿐이다. 이때 필요한 것이 바로 아까 한 질문의 답이 될 수 있다. 그것은 '그 상품만 갖고 있는 특징(독창성)' 그리고 '다른 상품보다 훌륭한 특징(우월성)'이다. 이것이 바로 USP(Unique Selling Proposition)다. 지금부터 소개하는 카피는 바로 이 USP를 발견하고, 그것을 언어화하는 방법에 대한 것이다.

≫ **스타일

다른 표현 **에게 배웠다

누구나 선망하는 것에 대해서는 따라서 해보고 싶은 욕망이 있다. 특정 사람의 이름이나, 유파, 단체, 지명 등등에 붙여서 브랜드로 만드는 단어로 원래는 패션이나 머리 모양에 사용했는데, 점점 그 폭이 넓어지고 있다.

1419	올해 유행은 햅번 스타일? 재키 스타일?
1420	럭셔리한 모던 클래식 스타일의 인테리어
1421	하버드 스타일로 아이 키우는 법

≫ **식

다른 표현 **양식, **형, **스타일, **지향

'**스타일'과 같은 뜻이다. '**식'은 '방식'에서 따왔기 때문에, 더 구체적인 이미지가 있다. '류'는 '식'보다 좀 더 예스러운 느낌이 있어서, 상황에 따라 맞게 사용하는 것을 권한다.

1422	살아 있는 미국식 영어회화란 바로 이런 것
1423	이탈리아식 감자 수제비, 뇨끼를 맛보세요
1424	이제는 덴마크식 교육법이다!

≫ 노하우

원래 뜻은 비밀 기술 정보를 뜻하는데 어떤 특정한 인물이나 단체의 독창적인 방법, 기술, 이론을 홍보할 때 유용하게 쓸 수 있는 단어다.

1425	집 정리 노하우, 3가지만 기억하라
1426	토익 만점 노하우가 여기 모였다
1427	수학의 신이 전해주는 수학 학습 노하우

≫ 생각법

'자기만의 독창적인 이론' 혹은 '사물을 바라보는 독특한 시각'을 갖고 있는 상품이나 서비스를 홍보할 때 쓸 수 있는 카피다. 앞에 무엇을 붙이느냐에 따라 독창성과 우월성을 한꺼번에 표현할 수도 있다.

1428	『부자들의 생각법』(하노 벡, 갤리온, 2013)
1429	『조훈현, 고수의 생각법』(조훈현, 인플루엔셜, 2015)
1430	노벨상 수상자들의 생각법

≫ 이론

일반적이라기보다는 독창적인 이론을 창조해냈다는 것을 강조할 때 '**이론'이라고 네이밍해서 알릴 수 있다. '**' 안에는 누군가의 이름 혹은 일반 명사를 넣어도 새로운 단어인 것처럼 느껴져서 주의를 끈다.

1431	'농사꾼 이론'으로 재배한 무농약 채소 배달 서비스
1432	앞으로의 비즈니스 형태를 만드는 신이론 – 'U이론'을 선점하라!
1433	『LOVE 이론』(미즈노 케이야, 분쿄사, 2014) *국내에는 만화판만 출간됨

≫ 얼리버드

남들보다 먼저 일어나서 하루를 시작하는 아침형 인간을 뜻하는 말로 부지런하고 성실하다는 긍정적 이미지를 갖고 있다. 빨리 움직이는 사람들을 위해 특별한 이벤트를 하거나 그들을 타깃으로 하는 특정 상품을 기획해서 홍보할 때 적합하다.

1434	얼리버드를 위한 특별 할인 이벤트
1435	설 맞춤 선물세트, 얼리버드 프로모션
1436	얼리버드 주문하면, **를 선물로 드립니다

⋙ 선택받은

다른 표현 **초이스, 셀렉트, 엄선된

'누군가에게 선택받았다'는 피동 표현을 쓰면 가만히 있어도 누군가가 와서 선택했다는 뉘앙스를 풍기기 때문에 우월성을 더 강조할 수 있다. 인기 혹은 혜택이 있다는 것을 저절로 알릴 수 있는 카피다.

1437	올 한 해 소비자들에게 가장 많이 선택받은 인기 제품이 한 자리에!
1438	한국인에게 선택받은 선물세트 1위
1439	여의도 증권맨들에게 선택받은 손목시계 브랜드 5

⋙ **가 선택받는 이유

다른 표현 **가 사랑받는 이유, **(손님)이 **라는(인) 이유

'선택받은'의 변형된 표현으로 광고에서 자주 쓰는 카피다. 어떤 독창적인 차별성과 우월성이 있길래 선택받았는지 그 이유가 은근하게 궁금해진다. 이 카피를 쓰게 되면, 이후에 그 이유에 대해 확실한 근거를 제시해야 한다.

1440	인천 공항이 경유지 공항으로 자주 선택받는 명확한 이유
1441	제주도가 여행지로 선택받는 이유 10가지
1442	배우 김혜수가 대중에게 오랫동안 사랑받는 이유

⋙ **가(이) 다른

다른 표현 따라 할 수 없는, 타의 추종을 불허하는, 지금까지와는 다른

유사 상품과 비교해서 어떤 점이 다른지를 직접적으로 언급하는 카피다. 이 카피 역시 도대체 그 차이가 뭔지 궁금해진다. '**가 선택받는 이유'보다 더 자신감이 넘치는 인상을 준다.

1443	혀에 감기는 맛의 깊이가 다른 커피
1444	지금까지 우리가 알던 라면 맛은 잊어라! 맛의 차원이 다른, **라면
1445	레벨이 다른 카피라이팅 기술, 이 강좌에서만 배울 수 있다

⋙ 이것이 다르다

다른 표현 왜 **를 고르는가, **가 결정적 근거

'**가 다른'보다 좀 더 구체적이고 세세한 차이를 명시하는 카피다. '여기'라고 하면 '어디?'라고 되묻고 싶듯이 '이것'이라고 하면 '뭐?'라고 물어보고 싶어진다. 그 호기심을 노리면서도 우월성을 강조하는 카피다.

1446	신입에게 '나만 따라와'가 통하지 않는 것은 당연. 잘되는 기업의 팀워크는 이것이 다르다
1447	가전의 명가, LG 스타일러는 이것이 다르다
1448	호감 주는 말투, 이것이 다르다

≫ 세상에 하나뿐인 **

다른 표현 유일의 **, 온리 원의 **, 유니크

특별 주문 제작이나 커스터마이징 제품에 자주 쓰는 카피다. 물론 개별적인 맞춤 제작 상품의 경우, 완전히 똑같은 것은 없을 것이다. 이 카피는 글자 그대로 세상에 하나뿐인 것을 강조한다기보다는 '특별한 가치'가 있다는 것을 세련되게 표현한다고 보면 된다.

1449 완성까지 128시간, '세상에 하나뿐인 수트'를 마련하는 기쁨
(모브스 재팬, 2017년 2월)

1450 세상에 하나뿐인 스마트폰 케이스를 당신에게

1451 세상에 하나뿐인 당신만의 인생 설계를 도와드립니다

≫ 사상 최**

다른 표현 이전에는 없던 **, 첫 시도, 매우 드문, 역대급

'역사상 없었던', '최초의'라는 뜻을 강조하는 카피다. 구어체로는 '역대급'이라는 단어가 자주 쓰인다. 지금까지 나왔던 상품이나 서비스와는 전혀 다른 뭔가가 있다는 것을 강조할 수 있다.

1452 사상 최고급 필라테스 기구 구비

1453 사상 최고급 한우만 엄선해서 서비스

1454 사상 최대 주식 거래량를 통해 바라본 향후 경제 전망

≫ 의외로 ** 없었던(있었던)

다른 표현 의외로 **가 될 수 있는(없는), 의외로 **가 높은(낮은)

'생각지도 못했는데' 효과가 있다거나 혹은 효과가 없다거나 하는 일이 생기곤 하는데, 이렇게 예상을 빗나가는 사건에 사람들은 관심이 많다. 그 의외성을 어필하면서 독창성과 우월감을 동시에 언급하는 카피다.

1455 의외로 장점이 될 수 있는 나쁜 습관 3가지

1456 의외로 효과 있었던 피부 트러블 해결책

1457 의외로 적중률 높은 바로 그것, 첫인상 심리학

≫ 존재감

다른 표현 전지전능, 관록 있는

'어떤 단체나 조직에서 절대로 없어서는 안 되는', '전체 분위기를 좌지우지하는'이라는 긴 문장을 한 단어로 보여줄 수 있는 힘이 있는 카피 단어다. 수많은 유사, 경쟁 상품들 사이에서 강렬한 존재감이 있다는 것을 나타낼 수 있다.

1458 람보르기니, 황소 같은 강렬한 존재감!

1459 미국 주식 시장을 뜨겁게 달군, 테슬라의 존재감

1460 존재감 있는 사람이 되는 법

≫ **의 법칙

다른 표현 섭리, 철칙, 규칙, 원리, 작법

'이런 법칙만 잘 알아도, ~하게 된다'라는 인과관계가 깔려 있는 카피다. '이것만 알면 당신도 할 수 있다'라고 해석되므로 언제나 사용해도 효과가 좋다. 시중에 알려져 있는 무수한 법칙이 있는데, 그 상품만이 갖고 있는 독특한 이론을 '**의 법칙'으로 네이밍해서 알려도 좋을 것이다.

1461 「돈이 되는 말의 법칙」

1462 늘 성과가 좋은 사람들이 실천하고 있는 '휴식의 법칙'이란?

1463 우아하게 보이는 액세서리 사용 법칙

≫ 더(The) **

다른 표현 원조**, **라면 **

브랜드명으로 무수히 많이 쓰인 표현인데, 정의를 확실히 내리기는 힘들지만, '원조', '대표적', '하나밖에 없는 그것'이라는 듯한 느낌을 준다. 너무 익숙해서 진부하게 들릴지 모르지만 그 상품만의 독특한 뭔가가 있을 때 사용하면 좋다.

1464 「더 해빙」(이서윤. 홍주연. 수오서재, 2020)

1465 더 페이스샵(THE FACE SHOP)

1466 「더 골; 당신의 목표는 무엇인가?」(엘리 골드렛, 동양북스, 2019)

≫ 비교해보세요

다른 표현 비교해주세요

'**보다 좋지요?'라고 강요하듯 주장하는 것이 아니라, 다른 상품과 비교해보라고 말해줌으로써 읽는 사람이 알아서 납득하게 만드는 카피다. 다만 호기심을 유발하지 못한다면, 효과가 떨어진다는 점을 기억해야 한다.

1467 자동차 보험, 비교해보고 고르세요

1468 절전 건조기, 1년간 사용 전기료를 비교해보세요

1469 적금과 이율 차이, 비교해보세요.

≫ 평판이 좋은**

다른 표현 입소문 난, **가 보장하는

평판이 좋다고 하면 누구나 호기심이 인다. 어떤 지역에서 혹은 특정 직업군 사이에서, 소셜미디어에서 등등에서 평판이 좋은 뭔가가 있다고 말해주는 카피로 쓰이기 때문에, 상품을 제안(O)하는 것 뿐만 아니라, 동시에 타깃을 좁히는(N) 역할도 한다.

1470 좋다고 입소문 난 요리 교실 베스트 10

1471 애프터서비스가 훌륭하다고 지역에서 평판이 좋은 건축사무소

1472 트위터에서 평판이 좋은 인기 미용사의 헤어숍

≫ 보통이 아닌

다른 표현 장난이 아닌, 인간이 아닌, 얕볼 수 없는, 무시무시한, 심상치 않은

'보통내기가 아니다, 여간내기가 아니다'라는 의미로, 주로 긍정적인 문맥으로 쓰인다. 여기서 보통이 아니라는 것은 데이터나 논리에 바탕한 것이라기보다는 육감으로 느끼는 '감'에 의한 것이라고 봐야 한다. 그 뉘앙스가 있기 때문에 미스터리한 느낌도 풍길 수 있다.

1473	체험 모집, 당신이 '이 사람, 보통이 아니다'라고 느꼈을 때는?
1474	보통이 아닌 아름다움을 선사합니다
1475	장난이 아닌 레시피, 국물 맛이 끝내줘요

≫ 업계

다른 표현 일대, **계, 동업자, 관계자

상품 세일즈 카피로 쓸 때는 같은 종류의 제품이나 서비스 중에서 우월하다는 것을 표현하는 문장으로 구현될 때가 많다. 캐주얼한 문장에서는 잘 어울리지 않는다.

1476	자동차업계 지형을 바꾼 자율주행 기술
1477	업계 최초! GPS 기능 탑재
1478	미용업계에 유례가 없는, 영어, 중국어, 일본어가 통하는 곳

≫ No.1

다른 표현 최고, 최강, 탑, 퍼스트, **에서 가장

안타깝게도 1위는 잘 알려지고 널리 기억되지만, 2위는 사람들의 기억에 남지 않는 경향이 있다. 그만큼 사람들은 1위가 뭔지, 누군지에 지대한 관심을 가진다. 그 심리에 기대는 카피. 지나치게 사용하면 안 되고 희소성 있게 사용해야 가치가 더 높아지는 카피다.

1479	모두에게 선택받은 No.1 상품 리스트
1480	지난 5년간 꾸준히 소비자들에게 선택받은 매출 No.1 상품 리스트
1481	점유율 No.1 국민 포털사이트, 네이버

≫ 최고

다른 표현 일류, 극상, 일급

세계 최고나 한국 최고는 아무나 될 수 있는 것이 아니다. 따라서 최고가 될 수 있을 듯한 더 작은 카테고리를 찾아서 그 그룹에서 최고라고 카피를 쓰는 것도 하나의 방법이다. 예를 들어 '한국에서'가 아니라 '서울에서', '서울에서'가 아니라 '서교동에서'라는 식으로 범위를 줄여서 쓰는 것이다.

1482	최고 자동차 세일즈맨이 말하는 팔리는 언어술
1483	호텔 출신 일류 파티시에가 만든 티라미수
1484	강남 최고의 고층 맨션

판매 조건 제시하기

완전히 똑같은 신발을 같은 가격에 팔고 있는 두 개의 가게 A와 B가 있다고 치자. 다만 B가게에는 지금 '덤'으로 클리닝 스프레이가 붙어 있다. 이 경우, 당신이라면 어디에서 사겠는가? 덤이 매력적으로 느껴진다면, B가게에서 사려고 할 것이 뻔하다. B가게가 더 비쌌다고 하더라도 차액이 1000~2000원 정도라면 덤이 있는 쪽을 선택할지 모른다. 즉, 고객은 구매를 결정할 때 여러 가지 조건을 종합적으로 판단한다는 것이다. 이렇게 다양한 조건, 즉 가격이나 특혜, 지불 방법 등이 바로 이 책에서 말하는 '오퍼'다.

카피로 예를 들어 설명해보겠다. 이미 짐작하는 독자들도 많겠지만, '정가 ○○○원이 지금 사면 ○○○원'이라는 형태로 많이 쓴다. 여기에 깔려 있는 것은 '앵커링(anchoring) 효과'라는 심리 이론이다. 쉽게 말하면 처음에 본 숫자가, 그 이후에 온 숫자를 받아들이는 심리에 영향을 미친다는 것이다. 처음부터 '3만 원'이라고 하는 것보다 '정가 5만 원, 지금 사면 단돈 3만 원!'이라고 하면, 5만 원이 바로 앵커(닻) 역할을 하면서 기준이 되기 때문에, 3만 원이 저렴하게 느껴진다.

≫ 단(고작)

다른 표현 기껏해야, 설마

'적다', '싸다'는 것을 알리는 카피다. 여기서 사용하는 실제 액수는 시세를 잘 알아보고 그것보다 적다는 것을 정확하게 어필해야 한다.

1485	매월 단 3000원으로 동영상 무제한
1486	한 달 전기료가 고작 2만 원
1487	겨울용 고급 이불 단 하루만 10% 세일

≫ 딱

다른 표현 온리, 꼭

'딱, 이 정도', '이 이상은 발생하지 않는다'라는 것을 말할 때 쓴다. 원래는 딱딱한 것이 접히는 소리를 표현한 말로, '빈틈없다'는 뜻이다. 가격을 전면에 내세우는 카피이기 때문에 고객의 불안을 없앨 수 있는 카피인데, 속어 느낌이 강하기 때문에 맞는 문맥인지 잘 살펴 사용해야 한다.

1488	스포츠웨어가 싱하복 세트에 딱 3만 원
1489	초기 비용, 설치 비용 전부 합쳐 딱 50만 원에 제공
1490	추가 요금 일절 없이, 딱 10만 원에 캠페인 실시 중

≫ 2개 사면 1개 무료(반값)

다른 표현 세트가 득, 이건 어때세요?, 2+1 이벤트

'Buy 2 Get 1 Free'라고도 불리는 유명한 카피 공식이다. 이에 딱 맞는 기획전이 있어야 쓸 수 있는 카피지만, 단기간에 매출액을 높이기 위해 자주 사용한다. 50% 할인하는 것보다 두 개 사면 한 개를 무료로 주는 것이 판매자 입장에서는 훨씬 유리하다.

1491	1개 3000원 이상의 조각 케이크가 2개 사면 1개 무료
1492	2개 강좌를 동시 수강하신 분은 2번째 강좌를 반값으로 들을 수 있습니다
1493	남성 수트를 2벌 사시면, 2번째 옷은 반값

≫ 무료

다른 표현 프리, 공짜, 서비스

무엇을 무료로 할 것인지는 여러 유형으로 생각해볼 수 있는데, 여기서는 본체의 일부를 무료로 하는 케이스(1494), 덤을 무료로 주는 케이스(1495), 샘플을 무료 제공하는 케이스(1496)를 들었다.

1494	인사이트 파인더 실전 강좌 레슨1을 기간 한정 무료 공개
1495	책가방을 구입한 분께 '이름 스티커'를 무료 선물
1496	처음 사용하시는 분은 무료 샘플을 먼저 사용해보세요

≫ 수수료 무료

다른 표현 요금 없음

상품, 서비스의 본래 가격 이외에 별도로 비용이 발생한다면 고객은 부담스러워질 것이다. 따라서 그런 지출의 고통을 줄여준다고 말하면 판매는 당연히 늘어날 것이다. 또는 일정액 이상 구입할 경우, 배송료를 무료로 해주면 바로 매출액이 상승하는 효과를 기대할 수 있다.

1497	교환 수수료 무료
1498	할부 수수료 무료
1499	3만 원 이상 구입하신 분께 배송료 무료

≫ **비용 무료

다른 표현 비용 없음

수수료와 마찬가지로, 본 가격 이외에 '추가 비용'이 발생하지 않는다는 것을 강조하는 표현이다. 또는 1502처럼 '첫 회 상담료' 등과 같이 본래 비용이 발생하는 것을 특별히 무료로 해줄 때 사용할 수 있다.

1500	초기 비용 무료
1501	주차장 요금 무료
1502	첫 회 상담료 무료

≫ 공짜

다른 표현 프리, 무료, 서비스, 봉사

정중한 문장, 예의를 갖춰야 하는 문장에는 어울리지 않는다. '공짜'는 소비자의 금전적 리스크를 한 번에 없애버리기 때문에, 최강의 매리트가 느껴진다. 하지만 또 그만큼 의심하는 사람도 있기 때문에, 충분한 설명을 덧붙이는 것이 좋다.

1503	공짜로 홍보가 되는 기본 툴(『궁극의 마케팅 플랜』)
1504	집 팔 때, 4년간 소득세가 공짜?
1505	100명에 1명, 10만 원 이하 쇼핑이 공짜가 되는 대추첨 이벤트

≫ 캐시백

다른 표현 현금 환원, 돌려드립니다

포인트 카드를 사용하는 소매업 등에서 자주 볼 수 있다. 언뜻 '할인'과 다를 바 없는 것처럼 보이지만, 가격을 깎지 않아도 되기 때문에 경영상의 장점이 있다. 소비자의 입장에서 캐시백은 '돈이 돌아오는' 것이기 때문에 당연히 이득으로 느껴진다.

1506	이번 달 신청하신 분 전원에게 빠짐없이 3만 원 캐시백
1507	공식 홈페이지에서 예약하면 캐시백 만 원
1508	50포인트 모을 때마다 캐시백 만 원

≫ 할인

다른 표현 ○% OFF

할인의 종류에는 여러 가지가 있다. 세트 할인이나 가족 할인, 대량 구입의 경우를 상정한 '볼륨 디스카운트'. 다른 상품도 함께 산 사람이나 빨리 구매해준 사람에 대한 '우대'. 생일 등 이벤트에 걸린 특별 할인 등등을 생각해볼 수 있다. 판매자의 아이디어에 따라 다양한 카피를 쓸 수 있다.

1509	가족이 2명 이상 신청하면, 전원 가족 할인 적용
1510	오리털 이불 3점 세트 할인
1511	개강 1주일 전까지, 선착순 신청 할인 접수 중

≫ 데뷔 이벤트

다른 표현 첫선, 첫 등장

이 카피는 판매자 입장에서 쓰는 경우와 고객의 입장에서 쓰는 경우가 있다. 1514는 전자의 경우이고 1512는 후자의 경우다.

1512	수영 데뷔 이벤트 실시 중
1513	이제 콤팩트 디지털 카메라는 졸업. 수동 카메라 데뷔 이벤트
1514	레고, 2021 신상품 데뷔 이벤트

≫ 재고 처분

다른 표현 클리어런스, 밑지고 팔다

'처분'이란 말에서 덤핑의 이미지가 풍긴다. 그만큼 많은 상품을 싸게 살 수 있다고 어필한다.

1515	이번 여름의 마지막 찬스! 재고 처분 세일
1516	살기 위한 눈물의 재고 처분, 양질의 인테리어 상품 대폭 할인
1517	결산 재고 처분 세일 진행 중, 겨울 점퍼 싸게 지금 구입하세요

≫ 신규 가입(내점) 이벤트

다른 표현 프로모션, 신규 가입 환영

신규 고객을 모집하고 기존 고객을 유지하는 것은 자동차의 네 바퀴처럼 함께 추구해야 하는 것이다. 어느 한쪽 그룹에만 치우쳐서 마케팅을 하게 되면 어느새 매출이 줄어드는 위험이 있다.

1518	웹사이트 회원 신규 가입 이벤트 실시 중
1519	신규 가입 이벤트 기간 중에는 3대 웰컴 특전을 부여
1520	8월에는 신규 가입 이벤트를 실시합니다. 이번 기회를 놓치지 마세요

≫ 소개 이벤트

다른 표현 소개해주시면, 친구 이벤트

고객을 소개해준 사람에게 주는 '소개 수수료'라고 생각하면 왠지 너무 장삿속이라는 느낌이 들 수 있으므로, 이 카피를 사용할 때는 소개해준 사람과 소개해서 와준 사람 양쪽에 대한 감사의 마음을 바탕으로 해야 한다.

1521	친구 소개 이벤트
1522	가족, 친구 소개 이벤트
1523	신규 회원 소개 이벤트

≫ 홈

다른 표현 댁, 자택에서, 집에서

집에서 할 수 있다는 것은 즉, '특정 시간에 지정된 장소에 가지 않아도 된다'는 장점이 있다는 뜻이다. 일반적으로 어딘가에 가서 이용해야 하는 상품이나 서비스를 집에서 할 수 있다고 홍보하면 고객은 크게 호응할 것이다.

1524	포토 리딩 홈 스터디
1525	머리 염색 홈 에디션
1526	수익 시뮬레이션 트레이닝 홈 버전

≫ 서식

이른바 '각종 양식'을 가리킨다. 살다 보면 온갖 종류의 서류 등등을 만들어야 하는 상황이 많은데 처음부터 다 만들지 않아도 된다는 이점을 어필하는 것이다.

다른 표현 양식, 포맷, 패턴, 치트 시트

1527	수익 시뮬레이션이 순식간에 가능한 엑셀 서식
1528	합격 확률이 훨씬 높아지는 이력서 서식
1529	처음 만나는 상대의 마음을 사로잡는 명함 무료 서식

≫ 보상 판매

이 카피는 '새로운 것으로 바꾸고 싶지만, 현재 사용 중인 것을 버리는 것이 아직 내키지 않은' 고객이 타깃이다. 스마트폰을 비롯한 IT 전자기기, 전자제품 등을 홍보할 때 자주 사용한다. 고객에게 보상금을 지불함으로써 새 제품을 싸게 살 수 있다고 어필한다.

다른 표현 인수, 매입, 트레이드

1530	보상 판매하면, 새로운 아이폰이 최대 30만 원 할인(애플)
1531	불필요한 안경을 일률 만 원으로, 새 안경으로 보상 판매합니다
1532	구입가에서 보상 판매 금액을 빼드립니다

≫ **의 날

'**의 날'이라는 말을 사용하면 특별한 이벤트를 제공하는 계기가 된다. 그 때문에 많은 회사와 작은 상점들이 이런 기념일을 만들어서 사용 중이다. '특별함'을 연출하면 판매 리듬에 탄력이 붙고, 화제성도 생기기 때문에 새로운 고객을 늘릴 기회도 될 수 있다.

다른 표현 **데이, **타임

1533	근로자의 날(5월 1일) 기념 이벤트
1534	세계 여성의 날(3월 8일) 기념 행사
1535	환경의 날(6월 5일) 기념 무료 나눔 이벤트

≫ 프로그램

텔레비전 등의 프로그램이나 컴퓨터 프로그램 등이 떠오르겠지만 전혀 다른 업계의 상품에도 이 단어를 붙여서 사용할 수 있다. 여기서는 강좌나 커리큘럼에 프로그램을 붙여 카피를 만든 예를 들었는데, 뭔가 더 체계가 느껴지고, 왠지 더 있어 보이는 콘텐츠처럼 느껴진다.

다른 표현 기획, 계획, 프로젝트, 강좌, 교실

1536	내 아이와 함께하는 1달 1번 독서 프로그램
1537	21일간 고객 감동 프로그램(『당신의 회사는 90일 만에 더 벌 수 있다』)
1538	기업의 건강 유지 프로그램, 그 과제와 해결책(포브스 재팬, 2016년 11월)

카피의 '주인공'은 바로 그것을 '읽는 사람'이다

여기서는 가장 중요한 이야기를 하려고 한다. 일기나 에세이 같은 글을 블로그나 SNS 같은 개인 공간에 올린다면 '자신의 이야기'를 써도 아무런 상관이 없다. 하지만 물건을 세일즈하는 카피를 쓴다면, 그래서는 안 된다.

카피의 주인공은 카피를 쓰는 카피라이터가 아니라, 그 카피를 읽는 사람이라는 점을 꼭 기억해야 한다. 그러므로 카피를 쓸 때 기본 원칙은 '내가 하고 싶은 말'이 아니라 '읽는 사람이 듣고(알고) 싶어 하는 말'이 무엇인지를 몇 번이고 고민한 후 쓰는 것이다.

여기서 읽는 사람은 바로 고객이다. 이 원칙은 여러 위인들이 이미 여러 번 이야기한 것인데, 너무 중요한 점이기 때문에 몇 가지 일화를 소개해보겠다.

미국의 유명 카피라이터 댄 케네디는 『궁극의 세일즈 레터』에서 이런 일화를 소개하고 있다. 유능한 세일즈맨이 어떤 노부인에게 새로운 난방 시스템을 팔려고 했을 때 있었던 일이다. 그는 열 출력, 구조, 보장, 서비스 등 그 난방 시스템의 장점에 대해서 구구절절 노부인에게 설명을 늘어놓았다. 그런데 모든 설명을 다 끝낸 이후, 노부인이 이렇게 물었다고 한다.

"그런데 말야, 한 가지 궁금한 게 있는데, 나 같은 할머니도 그거 쓰면 몸이 따뜻해진다는 말인가요?"

이 에피소드를 예로 들면서 댄 케네디는 '이 세상에는 정작 읽는 사람, 즉 고객이 알고 싶어 하는 것을 무시하는 광고 카피가 적지 않다'고 지적한다.

또한 로버트 콜리어는 "당신이 파는 물건을 연구하는 것보다 더 먼저 해야 할 일은 당신이 팔려고 하는 그 물건을 사줄 사람을 연구하는 것이다"라고 말했다. 카피를 읽는 사람이 뭐 때문에 고민하고, 뭐 때문에 힘들고, 또 뭐가 궁금한지, 그것을 잘 이해하면 어떤 카피를 써야 하는지가 저절로 떠오른다는 것이다. 그러므로 제대로 된 카피가 나오지 않는다면, 우선 카피를 읽을 사람을 연구하고, 그렇게 해서 그가 관심 있어 하는 것을 발견해야 한다. 그 이후에, 당신이 팔려고 하는 물건을 연구해서 그 둘 사이를 어떻게 연결해야 할지 고민하면 된다.

사람은 원래 자기중심적이기 때문에 무심결에 자신의 이야기를 하고 만다. 카피 문장을 쓰면서도 어느새 자기가 하고 싶은 말을 써버리게 되는 경우가 부지기수다. 하지만 당신이 좋은 카피, 잘 팔리는 카피를 쓰고 싶다면, 주인공은 당신이 아니라, 읽는 사람 즉 고객이라는 사실을 명심해야 한다.

Narrow

특정한 고객을
타깃으로 삼은 카피

마케팅이란
지금 이 상품이 필요한 바로 그 고객을 사로잡는 것이다.

거절하는 용기를 내라, 그러면 딱 맞는 고객과 만날 수 있다

상품(O)을 소개하고 나서 중요한 것은
그것을 사줄 사람의 범위를 좁히는(N) 것이다.

'많은 고객한테 어필하면 많이 팔 수 있는데
굳이 고객의 범위를 좁힐 필요가 있을까?'

초보 카피라이터는 이렇게 생각할지 모르지만, 이것은 기우일 뿐이다.
**오히려 고객의 범위를 좁히면, 좁힐수록,
반응은 급격히 증가한다.**

내가 이 사실을 깨달은 것은 20년 전의 일이다.
나는 매출을 올리기 위해 매일 광고 카피를 쓰고 지우기를 반복하며 살았는데,

어떤 카피에 고객들이 강렬하게 반응하는지를 어느 순간 깨닫게 되었다.

놀랍게도 '특정한 고객을 대상으로 쓴 카피'에 고객들은 더 강하게 반응했다.

이 장에서 말할 Narrow(좁히기, N) 법칙은 바로 이 점 때문에 탄생한 것이다.

'좁히기(N)'의 예를 들면, 이런 카피 문장들이다.

- '이렇게나 특전이 많기 때문에 아무래도 모든 사람에게 제공할 수는 없습니다.'
- '희소한 재료를 사용하기 때문에, 생산 수량이 한정되어 있습니다. 한 사람당 2상자까지로 제한하겠습니다.'
- '장인의 손으로 하나하나, 정성스럽게 만들고 있기 때문에, 한정된 수량만 판매합니다.'

처음에는 '기간 한정'이나 '수량 한정' 등의 전략이 먹혀서 효과가 좋다고 생각했다.

그러나 그것뿐만이 아니었다.

'범위를 좁히는 카피'에는 그 외에 더 중요한 효과가 있었던 것이다.

그것은 바로 **'그 상품에 딱 맞는 고객을 만날 수 있다는 점'**이었다.

만약 이렇게 딱 맞는 고객을 만나기만 하면, 반복 구매 패턴이 나타나고, 이탈률도 낮아지기 때문에 고객 관리가 용이해지고, 후속 상품을 기획할 환경도 조성되는 장점이 있다.

지금 시대에 Narrow(좁히기, N) 법칙은 **훨씬 더 중요해졌다.**

광고가 범람하는 환경 속에서 살아가는 현대인들은 자신이 원하지 않는 상품에 대한 메시지를 받게 되면, '그 회사에 대한 험담을 하거나, 그 회사 상품에 대한 구매를 줄이거나, 혹은 그 회사 영업자가 찾아와도 미팅을 거부하는' 행동을 하게 되기 때문이다.

(『숨겨진 키 맨을 찾아서(隠れたキーマンを探せ!)』 매튜 딕슨, 브렌드 아담슨, 팻 스패너, 닉 토만, 실업지일본사, 2018

*원제: 『The Challenger Customer』 Portfolio Penguin, 2015 *국내 미출간)

그러므로 Narrow(좁히기, N) 법칙은 단기적으로 광고 효과를 올리기 위해서뿐 아니라 장기적으로 타깃 고객을 관리하면서 고객의 평생 가치(Life Time Value)를 최대화하는 전략을 짜는 데도 유효하다.

그렇다면 Narrow 법칙은 어떻게 해야 효과적인가?

우선은 좁힐 대상을 명확히 하기 위해 다음 질문에 답해봐야 한다.

【열쇠가 되는 질문】

- 동종업계에 비슷한 회사가 많은데
  왜 기존 고객은 우리 회사 제품을 골랐을까?
- 시중에 유사 상품이 많은데
  왜 기존 고객은 우리 제품을 사게 되었을까?

이 질문의 포인트는 '**기존 고객**'의 심리에 **초점을 맞추는 것**이다.

왜냐하면 이미 당신이 파는 물건을 사용하고 있는 고객은

당신도 모르는 그 물건의 '강점'이 뭔지를 알려주는 사람이기 때문이다.

단적인 예를 하나 들어보겠다. 한 치과의사에게 "당신 병원의 강점이 뭐라고 생각하세요?"라고 물었더니, 그는 "제가 치료를 정성스럽게 해주기 때문이겠죠"라고 답했다고 한다.

하지만 실제로 그 병원에 다녔던 환자에게 물어봤더니 이렇게 답했다고 한다.

"그 치과는 제가 치료를 받는 동안 우리 아이가 놀 수 있는 공간이 있거든요."

이렇듯 자신의 강점이 뭔지를 스스로 모르고 있는 경우가 많다.

그러므로 당신의 물건을 샀던 기존 고객이 어떤 점에 왜, 만족하고 있는지를 조사해보면

그 물건의 가치가 더 명확해지고, 어떤 고객을 대상으로 마케팅을 해야 하는지도 좀 더 정확하게 알 수 있게 된다.

그러기 위해서는 '고객의 의견'을 전략적으로 활용할 수 있어야 한다. 기존 고객 중에 당신이

타깃으로 삼고 있는 특징을 갖고 있는 사람이 있다면 그의 의견을 심도 있게 들어보자. 분명 그와 비슷한 타깃 고객을 늘릴 수 있는 전략을 세울 수 있을 것이다.

마지막으로 Narrow 법칙으로 카피를 쓸 때 빨리 효과를 볼 수 있는 것은 **'한정' 수법이다.** 맨 처음 예로 들었던 카피 문장으로 이미 이야기했지만, 한정 수법을 썼을 때 효과는 반드시 높아진다. 만약 홍보성 메시지를 보냈는데 반응이 없다면, 우선 생각해봐야 할 것이 바로 '한정'이 있는지 없는지다. 한정 수법이 들어 있지 않으면 **고객은 언제든지 자신이 원할 때 그 물건을 살 수 있다고 생각하기 때문에, 지금 당장 살 필요를 느끼지 못한다.** 한정 수법에는 두 가지 타입이 있다. 기간 한정과 수량 한정이다.

기간 한정은
'3대 특전은 ○월 ○일까지'
'조기 할인가가 ○월 ○일로 종료됩니다'
와 같이 마감일을 명시하는 것이다.

수량 한정은
'선착순 ○명 한정'
'한 사람당, ○개까지'
이렇게 제공하는 상품의 수가 한정되어 있다는 걸 알리는 것이다.

양쪽을 조합하는 카피도 있는데, 이때 중요한 것은 내용에 진실성이 있어야 한다는 것이다.
예를 들어 '지금 가입하면 가입비 무료!'라는 카피를 보면, 진실성이 느껴지지 않는다.
카피로 '지금'이라고 말하고 있지만, 언제까지 무료라는 건지 정확한 날짜가 표시되어 있지 않기 때문이다.
예를 들어 '지금 토익 시험을 준비 중이신 분, 이번 달 수험료를 대신 내드립니다'라는 카피에는 명쾌한 데드라인이 있기 때문에 진실성이 느껴진다.

이렇게 마케팅이란,
'**내가 팔려고 하는 상품의 장점을 알아봐주는,
딱 맞는 사람과 만나는 기술**'이다.

무리하게 많은 고객을 모으려고 애써봤자, 타깃이 아니라면
당신이 팔려고 하는 상품의 가치가 뭔지 잘 알지도 못하면서
부정적인 리뷰만 남기고 이탈해버린다.
그렇게 되면 오히려 당신의 상품을 알아봐줄 사람을 만나기도 어려워진다.

그러므로 당신이 찾는 조건에 딱 맞는 고객을 찾아라.
그 외 **필요 없는 고객은 거절할 줄 알아야 한다.
그래야 당신이 팔려고 하는 물건은 더욱 잘 나가고
당신의 비즈니스는 더욱 오랫동안 성장할 것이다.**

읽는 사람을 특정해서 말 걸기

'시끌벅적한 파티장에서도 나와 이야기하고 있는 상대방의 목소리는 잘 들린다.' 이것이 바로 널리 알려져 있는 '칵테일파티 효과'다.

인간의 뇌는 복잡한 상황 속에서도 자신에게 필요한 정보에만 주목할 수 있는 능력을 갖고 있다. 파티장뿐만 아니라, 여러 쏟아지는 정보 중에서 자신이 관심 있는 정보에만 골라서 주의를 기울이는 것이 바로 '선택적 주의'이다. 카피라이터가 하는 일은 바로 이 '선택적 주의'에 딱 맞는 단어를 선택하는 것이라고도 할 수 있다.

혼잡한 곳에 서서 '모두 제 말을 들어주세요'라고 외쳐봤자, 좋은 반응을 얻기는 힘들 것이다. 하지만 '아이가 아토피를 앓고 있다면 제 말을 들어주세요'라고 말한다면 어떨까? 이에 해당되는 사람이 있다면 그 말에 반응할 확률이 높아질 것이다. 마치 호명이라도 받은 것처럼, 무시하기 어려울 수도 있다. 이렇게 해당되는 타깃의 범위를 좁히면 좁힐수록 '내 일이다'라고 느끼기 쉬워진다.

그러므로 반응이 좋은 카피를 쓰려면 타깃을 구체적으로 특정하고, 묘사하고, 그들에게 말을 걸어야 한다.

≫ **인 분에게

다른 표현 **인 당신에게, **여, **하는 사람에게

'**인 분에게'라고 하면 해당되는 사람은 자기 이야기이기 때문에 바로 카피 내용에 집중하게 된다. 또 쓰는 사람 입장에서도 '누구를 향해 쓸 것인가(=페르소나)'가 확실하기 때문에 카피 쓰기가 더 쉬워진다.

1539	좋은 카피가 나오지 않아 고민하고 있는 카피라이터들에게
1540	요통이 심해서 밤에 뒤척이는 것도 힘든 분에게
1541	어떻게 하면 자발적으로 공부하게 만들까 하고 생각하고 있는 엄마들에게

≫ **로 고민인 분에게

다른 표현 **로 고민인 당신에게

고민(P)을 거침없이 지적하며 메시지를 전달할 때 사용한다. 1544의 '집의 와이파이가 자꾸 끊긴다'처럼 고민의 상황을 구체적으로 묘사할수록 해당되는 사람은 더 생생하게 자기 이야기라고 느낄 것이다.

1542	비염 때문에 눈이 가려워 고민인 분에게
1543	출산 후 컨디션이 돌아오지 않아 고민인 분에게
1544	집의 와이파이가 자꾸 끊겨서 고민인 분에게

⋙ 언젠가 **하고 싶은 사람에게

다른 표현 언젠가 **하고 싶은 당신에게

장래의 꿈이나 희망을 갖고 있는 사람을 타깃으로 한 카피다. 어디까지나 막연한 미래에 대한 희망사항일 수도 있기 때문에 갑자기 특정한 물건을 판매하기 위한 목적이라기보다는 '우선은 관심을 갖게 하는 것'에 무게를 둔 카피다.

1545	언젠가 회사를 그만두고 독립하고 싶은 사람에게
1546	대출 없이 언젠가 마음에 드는 장소에 카페를 열고 싶은 분에게
1547	조만간 고양이를 키우고 싶은 당신에게

⋙ 앞으로 ○년 안에 **하고 싶은 분에게

다른 표현 앞으로 ○년 이내에 **하고 싶은 당신(사람)에게

'언젠가 **하고 싶다'고 하면 언제 하게 될지 불분명한 느낌이지만, '○년 안에 **하고 싶다'고 하면, 훨씬 더 구체적인 계획으로 느껴진다.

1548	앞으로 3년 내에 회사를 그만두고 싶은 분에게
1549	앞으로 5년 내에 주택 대출을 갚고 싶은 사람에게
1550	앞으로 1년 내에 비즈니스 영어를 마스터하고 싶은 분에게

⋙ 어떻게 하면 좋을지 모르는 분 (사람)에게

다른 표현 어찌하면 좋을지 모르는 당신에게

'생각은 있는데, 방법을 몰라서 고민인 사람'에게 말을 거는 카피다. 읽는 사람의 감정에 가까이 다가가(A), 기분 나쁘지 않게 접근하는 카피이기 때문에 활용도가 높다.

1551	좀 더 영업 실적을 올리고 싶은데 어떻게 하면 좋을지 모르는 당신에게
1552	기타를 좀 더 잘 치고 싶은데 어떻게 하면 좋을지 모르는 분에게
1553	인스타에 올릴 사진을 좀 더 잘 찍고 싶은데 어떻게 해야 좋을지 모르는 당신에게

⋙ 어머님(아버님)께

다른 표현 엄마(아빠)에게, 부모에게 보내는

아이를 가진 부모를 대상으로 하는 카피다. 단독으로 쓰는 경우도 있지만, 거의 대부분의 경우는 '어떤 아이의 부모인가?'라는 전제 조건을 함께 써서, 메시지의 대상을 더 좁힌다.

1554	초등 저학년 아이를 둔 엄마, 아빠에게
1555	18개월부터 3세 미만의 아이를 둔 어머님께
1556	채소를 싫어하는 아이를 둔 어머님께

≫≫ **를 사용하는 분에게

다른 표현 **를 사용하는 당신에게

단순한 전달 사항이 있을 때도 자주 사용하는 카피인데, 여기서는 '특정 제품을 갖고 있는 사람'에게 초점을 맞춘 카피로 예를 들었다. <u>해당되는 사람들은 솔깃할 수밖에 없다.</u>

1557	안드로이드를 사용하는 분에게. 아이폰에는 없는 유니크한 추천 어플 10가지
1558	A350을 애용 중인 분에게. 기능이 강화된 A360이 나왔습니다
1559	돋보기를 사용하는 분에게. 솔깃한 정보

≫≫ **로, **한 분에게, 긴급 안내!

다른 표현 **에서, **한 분에게, 긴급 연락

『금단의 세일즈 카피라이팅』에서는 '대상 고객을 명확히 하면서 긴급한 상황을 알리면' 좋은 효과를 볼 수 있다는 내용이 나온다. 여기서 말하는 긴급한 상황은 특정 사건, 나이대, 지역 등등 아주 다양하게 설정할 수 있다.

1560	1가구 2주택인 분에게. 긴급 안내!
1561	원근용 안경을 사용하는 60대에게 긴급 안내(『불변의 마케팅』)
1562	20대에 이직을 생각하고 있는 분에게. 긴급 안내!

≫≫ **를 위한

다른 표현 For **, **한정, **에게 보내는

누구를 위한 상품, 서비스인지를 한마디로 표현하는 카피다. <u>다양한 단어와 조합할 수 있는 카피이기 때문에 활용도가 높고, 사용하기도 대단히 쉽다.</u> '**'에 들어간 타깃 이외는 놓치는 것 같아서 아깝기도 하겠지만, 실제로는 대상이 넓으면 넓을수록 메시지를 어필하기가 오히려 어려워진다는 것을 알아야 한다.

1563	온라인마케터를 위한 최신 디지털 마케팅 강좌
1564	포토그래퍼를 위한 궁극의 노트북. Photographer×Surface Book(마이크로소프트)
1565	주말에도 일하는 여성을 위한 간단 레시피

≫≫ **라고 생각하시는 분

다른 표현 **라고 생각 중이신 분

이 카피는 사람의 속성이 아니라, <u>희망이나 고민, 과제 등의 '내용'을 내세우는 것이 포인트다.</u> 그 내용을 해결하기 위한 정보를 제공한다.

1566	가벼 서비스를 이용하고 싶다고 생각하는 분에게
1567	회사의 복리후생으로 스포츠클럽을 생각하시는 경영자 필독
1568	시골에서 자급자족 생활을 하고 싶다고 생각하는 당신에게 솔깃한 정보

≫ **야말로

'이번에야말로'라고 쓰는 경우가 많지만, 여기서는 시간이 아니라 '무엇(물건) 혹은 누구(사람)니까 더욱'이라는 의미로 사용하는 경우를 말한다. 예를 들어 1569처럼 '디지털 혁명은 대기업의 것'이라는 인식을 역으로 이용해 카피를 쓰는 식이다.

다른 표현	**라서 더욱, **한 당신이야말로, 그야말로

1569	중소기업이야말로 디지털 혁명이 필요하다!
1570	사양 산업이야말로 모바일 서비스를 도입해야 산다
1571	문과 출신이야말로 회계 공부가 필수

 행동경제학과 카피라이팅의 관계

행동경제학은 인간의 행동(경제활동)을 심리학의 관점에서 연구하는 학문으로 알려져 있다. 1978년에 하버드 사이먼이 노벨 경제학상을 수상한 이후, 2002년에 대니얼 카너먼, 2013년에 로버트 쉴러, 2017년에 리처드 탈러가 각각 똑같은 상을 수상하면서 행동경제학은 대중들에게 가장 핫한 학문으로 자리매김했다. 상을 받은 모든 교수들이 다 행동경제학자였기 때문이다.

이들은 기존의 경제학에서 주장한 '인간은 항상 현명하고 합리적인 판단을 한다'라는 대전제와는 전혀 다른 시각의 주장을 펼쳤는데, 그것은 바로 '인간은 지극히 감정적이고 불합리한 행동을 한다'는 것이었다. 다음의 예는 그 현상을 잘 말해준다.

A. 이 수술을 받은 100명의 환자 중, 90명이 5년 후에도 생존했다.
B. 이 수술을 받은 100명의 환자 중, 10명이 5년 후에 사망했다.

A라는 설명을 받은 이후 수술을 선택하는 사람은 84%, B라는 설명을 받은 이후 수술을 선택하는 사람은 50%였다(『생각에 관한 생각』, 대니얼 카너먼, 김영사, 2018). 잘 살펴보면 양쪽이 모두 같은 확률(5년 후의 생존율 90%=사망률 10%)을 표현한 것이지만, 결과는 이렇게 큰 차이가 있었던 것이다. 어느 부분을 프레이밍(Framing, 오려내기)하느냐에 따라 큰 차이가 발생한다고 하여 이 현상을 '프레이밍 효과'라고 부른다.

이렇듯 행동경제학은 '어떤 언어를 사용하는가'에 따라 인간의 행동이 어떻게 변하는지를 연구한다는 측면에서 카피라이팅과 공통점이 상당히 많다. 오랜 경험을 통해서 얻은 법칙이나 노하우는 무시할 수 없기 때문에 행동경제학에서 말하는 사람의 심리를 알고 있다면 카피를 쓸 때도 큰 도움을 받을 수 있을 것이다.

한정하기

'리미티트 에디션이라서 혹은 올 겨울 한정 판매라서 그만 사버리고 말았다'는 경험은 누구나 한 번쯤 해봤을 것이다. 원래 구매 날짜에 마감을 설정해놓으면, '이때가 지나면 살 수 없다'는 생각이 들도록 하기 때문에 구매 의욕이 높아진다. 마감 날짜가 없으면 사람들은 쉽게 구매 날짜를 뒤로 미룬다. 그래서 고객의 "나중에요"라는 대사를 '세일즈의 죽음'이라고 말하는 것이다. 그 '나중'이라는 것은 '영원히 잊힌다'는 말과 거의 똑같다.

그러므로 언제든 살 수 있는 것은 '지금 사지 않아도 되기 때문에' 미루게 되고, 결국 잊히는 것이라는 것을 기억해야 한다. 그와 반대로 '지금이 아니면 살 수 없다'고 말하면 행동을 재촉할 뿐 아니라 상품 그 자체의 가치를 높이는 효과도 있다. 서로 사려고 하는 상황에서 프리미엄이 붙듯이 사람은 원래 구하기 힘든 물건에 가치를 느끼기 때문이다.

이런 인간의 심리를 마케팅에 이용하는 기업은 많은데, 예를 들어 페라리는 시장 수요 조사를 한 다음, 항상 수요보다 한 대 적게 만듦으로써 브랜드 가치를 높인다고 한다(『히스토리가 되는 스토리 경영』 구스노키 겐, 자음과모음, 2012, 현재 절판). 품귀나 품절 현상을 기사화해서 고객이 더욱 몰려들게 만드는 게임 소프트웨어나 아이스크림의 PR 전략 등도 여기에 해당한다.

≫ ○개(수량) 한정

다른 표현 ○개 한정, 한 사람당 ○개까지

이 카피를 사용할 때는 '왜 한정 수량인지' 그 이유를 충분히 설득력 있게 제시해야 신뢰를 얻을 수 있다. 예를 들면, 재고가 많이 남아 있으면서도 '남은 재고 수량 30개 한정'이라고 홍보하면 그 이후에 어차피 잘못된 정보로 홍보했다는 것이 밝혀지면서 오히려 역풍을 맞게 될 것이다.

1572	선착순! 오리지널 디자인 티셔츠 30개 한정
1573	이 과자는 모두 수작업이기 때문에, 1일 500개밖에 생산하지 못합니다
1574	특별 봉사 가격으로, 한 사람당 3개까지만 구매 가능

≫ ○명(인원) 한정

다른 표현 ○분 한정, **분만

수량과 마찬가지로, '왜 인원이 한정되는지' 그 이유를 확실히 알 수 있게 하는 것이 바람직하다. 인원 한정이라 해놓고, 나중에 범위를 늘리거나 하게 되면 금방 신뢰를 잃게 된다.

1575	멤버십을 가진 분께만 안내. 선착순 20분만 신청 접수 중
1576	초득템 파티 세트, 하루 3팀 한정입니다
1577	전시장 정원 문제로, 죄송하지만 많은 분의 참가는 거절합니다

⋙ 기간 한정

다른 표현 **까지 한정, **까지

이벤트 기간을 정해두는 것은 효과적이다. 왜냐하면 한정된 날짜가 점점 다가올수록 구매 동기가 높아지기 때문이다. 평소에 필요하다고 생각한 물건이었다면 기간 한정이 결정적 계기가 되어 구매로 이어지기도 한다.

1578	8월 12일까지 기간 한정으로 무료 공개합니다
1579	3월 22일 이후에는 30만 원 인상될 예정이니, 서두르세요.
1580	4월 1일부터 10일까지 기간 한정 특별 전시

⋙ 지금이 기회

다른 표현 빨리, 놓치지 말고

기간 한정의 변형된 카피 표현이다. '**는 지금이 기회'라고 단독으로 사용하는 경우도 있지만, 여기서 말하는 지금이 '언제'인지를 밝히지 않으면 역시 신뢰도가 떨어진다. 그러므로 이 카피를 쓸 때는 기간을 함께 밝혀야 더 효과가 좋다.

1581	아이패드 지금이 득템 찬스! 이번 달 말까지 30% 세일
1582	BTS 아이템 지금이 기회. 오늘부터 12월 25일까지 선주문해주세요
1583	**카드 론칭 이벤트, 지금이 기회! 이번 달 말까지 연회비 없이 발급!

⋙ **(계절) 한정

다른 표현 **(봄·여름·가을·겨울) 세일

기간을 '계절'로 한정하는 카피다. 넓게 사용되기 때문에 익숙하고, 위화감이 적다. 그 상품, 서비스와 계절과의 관계성이 없어도 사용할 수 있지만, 그 계절에 어울리는 것이라면 더욱 설득력이 높다.

1584	사전 예약 개시, 연말연시 한정 메뉴 '해피뉴이어 세트'
1585	겨울 한정 특별 할인 판매, 내복 세트
1586	여름 시즌 한정 이벤트, '써머백' 특별가에 판매

⋙ 회원 한정

다른 표현 멤버 한정, 등록자 한정

이 카피는 두 가지 장점이 있다. 우선, 기존 회원을 우대하기 때문에, 회원들의 만족감이 높아진다. 그리고 회원들에게 매리트가 있다는 것을 홍보하는 효과가 있기 때문에 신규 회원 가입이 늘어난다는 것이 두 번째 장점이다.

1587	회원 한정 특별 강연회에 무료 초대합니다
1588	프리미엄 회원 한정 스페셜 아이템을 선물
1589	유료 회원 한정 특별 콘텐츠를 보내드립니다

≫ **하는 분 한정

다른 표현 **된 분 한정, **의 고객님을 우선

자격이나 조건이 있는 사람에게만 특별한 매리트가 있다고 말해주는 카피다. 타깃을 좁힘과 동시에 조건에 해당되는 사람에게는 특권이 있다고 느끼게 해준다. 이미 어떤 물건을 소유하고 있거나 그와 비슷한 것을 구매한 경험이 있는 타깃을 대상으로 하기 때문에 효과가 더 좋다.

1590 뮤처 맵핑 베이직 강좌를 수강하신 분 한정으로 특별가에 모십니다

1591 이 화면에서 신청하신 분 한정으로 커피 기프티콘 증정!

1592 3개월 이상 지속하신 분 한정으로 제공되는 스페셜 콘텐츠

≫ 단, **하는 분에 한해서

다른 표현 단, **인 분만

무엇인가 조건을 붙여 대상을 좁히는 표현이다. '**하는 분 한정'과 비슷한 뜻이지만, '단'이 들어가면 더 강한 인상을 주기 때문에, '단'을 넣지 않고 쓰는 경우도 많다.

1593 셔츠 수선 50% 할인. 단, 이 매장에서 주문하신 분에 한합니다

1594 질문은 플랜 회원에 한해서만 받겠습니다

1595 단, 호텔을 이용하는 분에 한해서만 무료로 빌려드립니다

≫ **인 분은 무료입니다

다른 표현 ** 한정 무료

누구에게나 무료라면 고마운 마음을 갖기가 어렵다. 하지만 무료 대상을 일부로 좁히면 희소성이 생겨난다.

1596 60세 이상인 분은 무료입장입니다

1597 레스토랑을 이용하시는 분은 근처 주차장 요금이 무료입니다

1598 미취학 아동은 무료입니다

≫ 권하지 않습니다

다른 표현 바람직하지 않습니다

권하지 않는 이유를 직접적으로 말하면서 오히려 '설득하는 카피다. 타깃층과 반대되는 고객상을 묘사하면서, 역설적으로 '당신은 안 그렇죠?'라며 은근히 자부심을 올려주는 식의 카피로도 많이 사용한다. 또한 '이런 분에게는 권합니다. 이런 분에게는 권하지 않습니다'라는 식으로 비교해서 쓰는 경우도 있다.

1599 이런 분들에겐 임플란트를 권하지 않습니다

1600 우리 병원은 과잉 진료를 권하지 않습니다

1601 지금 당장 효과를 바라는 분들께는 권하지 않습니다

≫ 환상의

'환상'이라는 단어 자체는 '실재하지 않지만 실재하는 것처럼 보이는 것'이라는 뜻이다. 실재하는 뭔가가 '좀처럼 보기 드물고 신기하다'는 것을 표현할 수 있다. 환상적인 분위기를 연출하면서 희소성 있다는 것을 드러낼 때 적합하다.

다른 표현 레어템, 시간여행을 한 듯한, 환상적인, 판타지

1602	저자가 생전에 남긴 환상의 메모가 10년 후 한 권의 책으로 탄생
1603	2만 원으로 환상의 케이크를 득템할 기회!
1604	매일 나오자마자 30분 안에 품절되는 판타지 도시락

≫ 전설의

이 단어는 '전해 내려오는', '환상적인'이라는 의미가 있다. 또한, 역사적으로 의미 있다는 원래 뜻 말고도 '쉽게 볼 수 없는'이라는 뉘앙스로도 쓰인다. 어떤 분야에서 권위 있는 사람이나 단체 등을 언급할 때, 대단히 강력한 카피 단어다.

다른 표현 구전되는, 전해 내려오는, 레전드

1605	전설의 카피라이팅 강의 오픈
1606	21세기 록 사상 새로운 전설을 만들 밴드!
1607	『대화의 신: 토크계의 전설 래리 킹에게 배우는 말하기의 모든 것』(래리 킹, 위즈덤하우스, 2015)

≫ 단 하나의

'단 한 개만으로도 (효과가) 좋다'고 심플하게 이야기해주는 카피. 읽는 사람 입장에서는 이것만 하면 해결된다는 생각에 솔깃해진다. 또한 그 한 개를 알지(하지) 못하면 좋은 결과를 낼 수 없다는 생각에 절박감을 느끼게 된다.

다른 표현 1개만, 유니크한, 단 1개의

1608	매일매일이 활력 넘치는 단 하나의 기술
1609	결혼을 결정하기 전에 고려해야 할 단 하나
1610	나의 '천직'이 뭔지 알아내는 단 하나의 방법

≫ 유일한

어감상으로는 '단 하나의'보다 문어체 느낌이 강하므로 상황에 맞게 나눠서 사용한다. '유일'이라는 것은 '다른 곳에는 없다'와 같은 뜻이기 때문에, 희소성을 어필할 수 있다. 또한 단정적인 표현이기 때문에 자신감이 느껴진다.

다른 표현 온리, **단 하나, **만

1611	현 상태를 타개하기 위한 유일한 방법 (『바보가 될 정도로 책을 읽어라!』)
1612	10년이 지나도 변하지 않을 유일한 선물
1613	이 지방에서 유일한 체험형 모터 스포츠 시설

≫ 나만의

다른 표현 당신만의, 오더(커스텀)메이드

'다른 사람한테는 없는 것을 갖고 싶다'는 욕구를 갖고 있는 사람이 많다. 커스터마이징이 가능한 경우에는 더더욱 이 카피 단어를 사용해서 그 욕구에 부응할 수 있다.

1614	나만의 BTO 컴퓨터로 최고의 효율을
1615	형태도 페인트도 자유자재. 나만의 오리지널 머그컵을 만들자
1616	커스터마이징 자유. 나만의 오리지널 투어를 만들어보자

≫ 유니크한

다른 표현 오리지널의, 개성적인, 개성 넘치는, 색다른

'다른 곳에는 없는 유일한'이라는 의미로, 일반적으로는 '다른 데에는 없는 재미'라는 뉘앙스까지 포함하고 있다. 이 단어를 보면 '도대체 어떤 점이 다를까?' 하고 궁금해진다.

1617	개성을 보여주면서 합격하는, 조금 유니크한 자기 어필의 기술
1618	신입 사원에게 애사심을 심어주는 유니크한 연수
1619	작지만 유니크한 지방의 숙박 시설

문장력만으로는 팔 수 없다?!

카피를 쓸 때 잊어서는 안 되는 것이 있다. 그것은 ①'누구에게' ②'무엇을' ③'어떻게 말할까'라는 순서로 생각한 후에 써야 한다는 것이다. 일반적으로 카피 자체가 말의 표현법이기 때문에 ③'어떻게 말할까'에만 주목하기 쉽다. 하지만 사실 가장 중요한 것은 ①'누구에게 팔까'를 생각하는 것이다. '에스키모에게 얼음을 팔 수는 없'는 것처럼 처음부터 타깃 설정을 잘못하면 잘 팔 수 있는 것도 팔 수가 없게 된다. 그다음으로 중요한 것이 ②'무엇을 말할까'이다. 이것은 내가 팔려고 하는 상품이나 서비스가 어떤 것이고, 어떤 조건으로 고객이 구매할 수 있는지를 말한다. 구체적으로 말하면 가격이 얼마인지, 경쟁 상품과는 다른 이 상품만의 '매력'은 무엇인지, 지금 사야만 하는 '이유'는 무엇인지 등등이다. 갖고 싶어 하는 사람(='누구에게')을 발견했다고 해도, 이 제안 자체에 매력이 없으면 판매는 쉽지 않다

이것들이 모두 정리돼야 비로소 ③'어떻게 말할까'라는 과제에 대해 생각할 수 있게 된다. 물론 문상이 **좋으**면 고객의 눈에 띌 가능성은 높아진다. 하지만 그것이 구매로 이어진다고 단언할 수는 없다. 카피 쓰는 행위를 요리로 비유한다면 '조리법'을 생각하기 이전에, 먼저 '고객이 무엇을 먹고 싶어 하는지'를 조사한 이후 그 메뉴의 '재료'를 모으는 것이 중요하다는 말이다.

특별함 나타내기

인간은 원래 특별대우에 약하다. 이런 인간 본성에 호소하는 카피 기법 중에는 '벨벳 코드'라는 테크닉이 있다. 벨벳 코드란, 입구 등에 설치된 막대에 빨간색이나 금색의 굵은 끈이 주렁주렁 달린 특별한 레인을 말한다. 한마디로, '당신은 저에게 특별한 분입니다'라는 것을 나타낸다는 표시다. 예를 들면, 신용카드 회사 등에서는 '골드 회원' 제도를 두고 있는데 이것이 바로 '벨벳 코드' 중 하나이다.

이렇게 특별대우를 좋아하는 사람들의 심리는 몇 가지 현상으로 설명할 수 있는데, 첫 번째가 바로 '스노브 효과(snob effect)'다. 이것은 특정한 물건을 소비하는 사람이 늘어나면, 오히려 그 물건에 대한 수요가 줄어드는 현상을 말하는데, 명품이나 주문 제작 상품 등의 경우 유통되는 수량을 제한하는 것은 바로 이 현상 때문이다. 다음으로 이렇게 명품이나 고급 상품 등을 과시하고 싶어 하는 심리를 '베블렌 효과(veblen effect)'라고 부른다. 이에 의하면 고급 상품의 경우 가격이 올라가도 오히려 수요가 증가한다. 상품의 편리함 때문이 아니라 고급 상품을 소비한다는 것을 타인에게 보여주기 위한 것이 주목적이기 때문이다.

스노브 효과나 베블렌 효과 모두 1950년에 논문으로 발표된 이론들인데, 그 이후 반세기가 흘렀지만 지금도 여전히 통용되는 것들이다. '사람이 물건을 사는 이유'는 온라인 쇼핑이라는 거대한 변화가 일어났음에도 별로 바뀌지 않았다는 말이다.

≫ 프리미엄

| 다른 표현 | 사치, 리치, 최고급 |

'할증 가격'이라는 의미와 '고급'이라는 의미가 있다. '더 이상 손에 넣을 수 없기 때문에 정가 이상의 프리미엄이 붙는다'라는 전자의 의미로 쓰이는 경우도 있지만, 카피로 쓸 때는 후자의 의미인 '고급'을 나타내는 경우가 많다. 고급 지향의 사람에게 어필할 수 있는 말이다.

1620	프리미엄 한우 선물세트, 특가 판매 중
1621	한번은 경험해보고 싶다. 프리미엄 호캉스
1622	스탠다드 코스와 프리미엄 코스 중에서 골라주세요

≫ 하이퀄리티

| 다른 표현 | 고급의, 고품질, 하이엔드 |

고품질을 강조하는 데 적합한 표현이다. 단순히 '질이 높은' 것뿐만 아니라, '고급'이라는 이미지도 갖고 있다. 1624처럼 포테이토칩 등 서민적인 상품이라고 하더라도, 가격대를 높인 업그레이드 버전을 만든다면 쓸 수 있는 카피다.

1623	내 차의 쾌적성을 높이는 하이퀄리티 클리닝 서비스
1624	소재와 제조법에 깐깐한 하이퀄리티 포테이토칩
1625	하이퀄리티를 실현하는 프로페셔널 집단

≫ 극상

다른 표현 최상급, 최고급

하이퀄리티나 고품질과 같은 의미이나, 하이퀄리티 중에서도 가장 좋은 것을 '극상'이라고 표현한다. 하지만 실제로는 하이퀄리티 · 고품질의 의미를 조금 과장해서 사용할 때도 많다. 고가 전략 상품을 화려하게 연출할 때에 효과적인 단어이다.

1626	지구상에는 없는 것 같은 극상의 부드러움
1627	극상의 맛과 품질을 자랑하는 생크림 케이크
1628	극상의 이미지를 연출할 수 있는 디지털 카메라

≫ 더할 나위 없는

다른 표현 견줄 것이 없는, 능가할 것이 없는, 더 이상은 없는, 발군의

이보다 위는 없다. 즉 최상급이라는 뜻이다. 수치 비교에 의한 객관적인 순위라기보다는 주관적인 가치 기준에서 쓰는 경우가 많다. '극상' 등의 단어가 너무 과장한다는 느낌이 든다면 이 카피 단어로 바꿔서 사용할 수 있다.

1629	더할 나위 없는 안락함을 맛볼 수 있는 흔들의자의 매력
1630	아이폰을 더할 나위 없이 쾌적하게 사용하는 비법 모음
1631	고급스러우면서 가정적인 대접으로 더할 나위 없는 행복을 느껴주세요

≫ 이그제큐티브(executive)

다른 표현 중역, 간부, 상사, 높으신 분

기업의 상급 관리직이라는 의미로 '엘리트'와 비슷하지만, 부정적인 이미지는 없다. 엄밀히는 상급 관리직이 대상이라는 뜻이지만, 단순히 '고급'이라는 뉘앙스로 쓸 때도 많다. 비교적 연령층이 높고, 비즈니스 지향의 시장에서 어필하는 단어이다.

1632	이그제큐티브를 위한 스피치*프레젠테이션 강좌
1633	롯데호텔 이그제큐티브 타워에서 호캉스 즐기는 법
1634	한번은 체험해보고 싶은 이그제큐티브의 일상

≫ 엘리트

다른 표현 수완가, 인재, 우등생, 수재

'뛰어난 능력이 있다고 인정받은 사람'으로도 통하는데 원래는 '선택된 사람들'이라는 프랑스어에서 나온 말이다. 이를 동경하는 사람도 있지만, 싫어하는 사람도 있을 수 있기 때문에 조심해서 써야 한다.

1635	세계의 엘리트는 '금요일 밤'에 일하지 않는다 (프레지던트 온라인, 2019년 5월)
1636	우등생들의 공부 습관
1637	엘리트가 어떻게든 인정하고 싶지 않은 자신의 결점이란?

≫ 교양

교양이라는 단어는 '유식'이나 '지식' 같은 단어와 달리 약간 우아하고 품격 있는 뉘앙스를 풍긴다. 지식이 풍부하면서도 예의 바르고 품격 있는 사람이라는 분위기가 있기 때문에 이렇게 보이고 싶은 사람들이 타깃이라면 써볼 만한 단어다.

다른 표현 사회인의, 어른이 배우는(즐기는)

1638	교양 있는 사람을 위한 어휘력 수업
1639	『1일 1페이지, 세상에서 가장 짧은 교양 수업 365』 (데이비드 S. 키더, 노아 D. 오펜하임, 위즈덤하우스, 2019)
1640	교양 만화로 읽는 세계사

≫ 성공하는 사람

'능력이나 재능이 있는', '성과를 내는' 사람을 직접적으로 가리키는 단어다. 다만, 너무 포멀한 상황에는 어울리지 않는다.

다른 표현 뛰어난, 수완가, 똑똑한

1641	성공하는 사람은 '자신의 목표를 말하지 않는다' (프레지던트 온라인, 2018년 2월)
1642	왜 성공하는 사람의 책상은 업무 중에도 깨끗한가?
1643	성공한 비즈니스 우먼은 연상의 남성 팀원을 이렇게 대한다.

≫ 차이를 아는

'미세한 차이를 깨달을 정도로 섬세하고 날카로운 감각을 갖고 있다'는 의미이다. 커피나 와인, 만년필, 자동차 등 미세한 차이에 의해 고객의 평가가 결정되는 상품에 사용하기 좋은 카피다.

다른 표현 ＊＊에 시끄러운, ＊＊오타쿠

1644	차이를 아는 골퍼를 위한 장척 드라이버 5선
1645	차이를 아는 사람을 위한 부드러운 필기감
1646	차이를 아는 여자가 쓰는 트리트먼트

≫ 천재

'연습이나 훈련을 많이 하지 않아도, 타고난 재능이나 능력을 갖고 있는 사람'이라는 원래 단어 뜻 때문에 동경이나 선망의 감정을 불러일으킬 수 있다. 그와 똑같은 이유로 읽는 사람 입장에서 '나는 불가능한, 나와는 관계없는 것'이라 받아들여질 가능성도 있다.

다른 표현 지니어스, 이단아

1647	『1년 만에 기억력 천재가 된 남자』(조슈아 포어, 갤리온, 2016)
1648	스포츠로 세계에서 통하는 천재 만들기!
1649	아이를 언어 천재로 키우려면 해야 할 것들

≫ 럭셔리

다른 표현 리치, 디럭스, 고저스, 프리미엄

'고급', '하이퀄리티', '극상'과 같은 뜻의 카피 단어인데 일상적으로 쓰는 말은 아니라서, 신선하고 독특한 느낌을 줄 수 있다. 브랜드 상품이나 고급화 전략의 상품을 프로모션할 때 사용할 수 있다.

1650	인생에, 럭셔리를 손에 넣는 기쁨과 감동을(BMW)
1651	럭셔리 SUV, 레인지로버, 출시 50주년 감사 이벤트
1652	합리적인 가격으로 럭셔리한 체험을 즐겨보세요

≫ 사치

다른 표현 호화, 호사스러운

원래는 부정적인 의미로 많이 쓰이지만 적절한 문장에 잘 사용하면 특별한 대우를 좋아하는 사람들의 마음을 움직일 수 있는 카피다.

1653	연인에게 달콤한 사치를 선물하세요
1654	하루에 지친 내 몸에게 주는 작은 사치
1655	입 안의 작은 사치 생초콜릿 브리엘(서울우유)

≫ 욕심쟁이

다른 표현 탐욕, 욕심

'욕심쟁이'라는 단어에는 '제멋대로'라는 뉘앙스도 들어 있다. '사치'와 마찬가지로 원래 부정적인 느낌이 강한 단어지만 카피로 잘 사용하면 의의로 매력적인 문장이 나올 수 있다.

1656	욕심쟁이를 위한 슈퍼카, 로드요트
1657	10종류의 마린 액티비티가 무제한, 욕심쟁이 비치 플랜
1658	이것저것 다 먹고 싶은 욕심쟁이를 위한 뷔페집

≫ 여유

다른 표현 유유히, 한가로움, 느긋함

금전적인 여유뿐만 아니라, 정신적인 여유도 나타내는 카피 단어다. 여기서는 '예산이 빠듯하지 않다', '조금 여유가 있다'라는 뉘앙스의 예문을 들었다.

1659	여유 있는 노후를 보내기 위해 40대에 해야 할 재테크
1660	마음에 여유를 가져다주는 가벼운 취미 5가지
1661	면접에서 여유 있게 답변하는 스킬

⋙ 전통

다른 표현 이어져온, 전해 내려온

'전통'은 돈으로는 만들 수 있는 게 아니라, 오랜 세월이 필요하다. 그러므로 이 카피 단어가 들어가면 신뢰감과 안도감을 줄 수 있다. 또한 오랜 세월 동안 전해 내려오는 문화나 역사가 브랜드 가치를 만들어내기 때문에 전통품은 고급품이 되기도 쉽다.

1662	30년 전통을 자랑하는 국수집
1663	인도네시아가 자랑하는 전통 음악이 흐르는 힐링 카페
1664	한국에서 배운 전통적인 김치 담그는 법

⋙ 숨겨둔

다른 표현 비장의 카드, 비장의 무기, 킬러**

'다음을 위해서 소중히 빼두다'로부터 파생해서 '특별한'이라는 의미로 사용된다. 그다지 개성이 강한 말이 아니라서, '스페셜하다'라는 것을 나타내는 다양한 상황에서 쓰일 수 있다.

1665	'숨겨둔 한마디'면 적도 아군으로 만들 수 있다
1666	주식으로 한 달에 1000만 원 버는 그가 숨겨둔 투자 비법
1667	당신의 숨겨둔 레시피를 모집합니다!

⋙ 특별

다른 표현 에스페셜, 언제나와는 다른

'보통과는 달리 특별하다'라는 것을 있는 그대로 전달하는 카피다. 1668과 1669에서 소개하고 있는 것은 '특별대우'라는 뉘앙스다. 다만, 특별대우를 받은 기억이 없는 사람들이 보면 오히려 역효과가 날 수 있으므로 상황에 맞게 잘 사용해야 한다.

1668	특별한 당신에게 드리는 멤버십 특전
1669	당신이 지금까지 받아본 적 없는 특별한 공지!
1670	프랑스 루이 왕조가 사랑한 환상의 커피 브루봉 포앵튀 예약 접수 개시. 특별한 한 잔을 제공해드립니다(UCC 우에시마 커피)

⋙ 우대

다른 표현 특별대우, 우대, 후한 대우, 환영

'특별히 잘 대우함'이라는 뜻으로, 보통의 초대와는 다르다는 것을 강조하는 표현이다.

1671	숙박하시는 고객님은 관내 쇼핑몰 전 품목 5% 할인. 우대 특전 있음
1672	회원분들은 각종 우대 서비스를 이용하실 수 있습니다
1673	방문 시 이 '우대 할인 티켓'을 제시해주세요

≫ 초대합니다

다른 표현 초빙, **에 어서 오세요, 안내장

유료 행사에 무료로 초대하는 경우와 한정된 사람만 초대하는 경우, 두 가지가 있다. <u>양쪽 모두 우대하고 있다는 것을 전달한다.</u>

1674	라이브 컨설팅 세미나에 초대
1675	볼보 오너 한정 이벤트에 초대
1676	9월 중에 계약하신 분께는 온천 여행에 초대

≫ 당신만

다른 표현 당신이 좋아하는, 당신 스타일의, 세상에서 단 하나의

시판되고 있는 상품의 대다수는 공장에서 대량으로 찍어내는 '공산품'이라고 할 수 있다. 그런데 만약 주문 제작 상품을 취급한다면, '당신에게만', '당신만의'라는 카피를 통해 특별한 것을 갖고 싶어 하는 고객의 마음을 자극할 수 있다.

1677	당신만의 온리 원 도기 만들기에 도전해보지 않겠습니까?
1678	'비스포크 슈즈', 세상에서 딱 하나밖에 없는 당신만의 슈즈
1679	당신만이 당신을 아름답게 할 수 있다 (시세이도)

≫ 마음에 드는

다른 표현 추천, 편애

'좋아하는', '마음에 들었다'라는 뜻으로 일상 속에서 빈번하게 사용하는 표현이다. 이성 관계뿐 아니라 <u>거의 모든 상품도 이 카피로 표현할 수 있다.</u>

1680	**를 구매하시면 마음에 드는 액세서리를 무료로 드립니다
1681	마음에 드는 사진이 나올 때까지 찍어드립니다
1682	마음에 드는 이성이 나를 좋아하게 만드는 법

≫ 한 단계 업그레이드

다른 표현 레벨이 다르다, 하이 레벨의

대폭 상승이 아니라 '<u>딱 한 단계만큼 위</u>'로 업그레이드했다고 말해주는 카피로 현실적으로 더 와 닿을 수 있다.

1683	한 단계 업그레이드된 단열 효과를 볼 수 있는 새시
1684	한 단계 업그레이드된 겨울용 타이어 베스트 3
1685	당신의 영어회화 실력을 한 단계 업그레이드해드립니다

수준 나누기

당신이 제공하는 상품이 강의나 레슨, 즉 어떤 종류의 지식이나 연마해야 하는 기술이라면 타깃으로 하는 상대가 '어느 수준인지'를 가정하고 카피를 쓰는 게 중요하다. 지금 막 배우기 시작한 사람이나 아직 시작도 하기 전인 초보자에게 응용 테크닉을 소개해봤자 소용이 없다. 마찬가지로 경험이 있는 상급자에게 기본적인 지식을 소개한들 아무런 의미가 없다. 그래서 중요한 것이 수준별 좁히기(N)이다. '초보자여도 언젠가는 중요해지는 스킬이니까', '상급자여도 다시 배워야 하니까'. 아마도 이런 식으로 가능한 한 많은 사람에게 메시지를 전달하고 싶을 것이다. 하지만 그런 유혹에 넘어가게 되면 누구를 대상으로 이야기하는 건지 알 수 없게 되고 결국에는 그 누구도 설득할 수 없게 된다.

여기에서 소개하는 단어를 보면, 초급, 상급에 해당하는 것은 있지만, 중급에 해당하는 것은 별로 없는데 그 이유는 중급이라는 개념이 모호하기 때문이다. 초급, 중급, 상급으로 시리즈가 있는 경우는 괜찮지만, 단독으로 나가는 상품이라면 '중급'이라는 단어는 쓰지 않는 게 좋다. 물론 중급은 '초보자 정도는 아니지만, 그렇다고 능숙한 편은 아닌' 그룹을 가리키기 때문에 대상자의 층이 넓은 것은 사실이다. 하지만 받아들이는 입장에서는 자신이 중급이라고 생각하지 않는 경향이 있다. 중급을 대상으로 하는 경우에는 수준을 언급하기보다는 '~인 분에게'라고 하는 것이 더 효과적이다.

≫ 입문

다른 표현 앞으로 시작하는, 첫 번째의 **, 비기너스

'처음에 배우는 사람을 위한 과정'에 쓰는 단어다. 너무 간단한 스킬에는 잘 쓰지 않고 어느 정도 학습 코스가 있는 경우에 쓰는 것이 적합하다.

1686	클래식 기타 입문 레슨반 모집
1687	직장인을 위한 파워포인트 입문 강좌
1688	컴퓨터를 몰라도 걱정 제로. 초보자를 위한 스마트폰 입문

≫ 기초(기본, 베이직)

다른 표현 기본 룰, 토대

'기초'도 '기본'도 거의 같은 뉘앙스다. '베이직'도 영어일 뿐 의미는 같다. 어느 것을 선택할지는 앞뒤 단어와의 어울림을 보고 확실히 와 닿는 것을 고르면 좋다.

1689	글로벌 인재의 영어회화 베이직 강좌
1690	기초부터 배우는 한국어
1691	생선 요리의 기본. 이것만 기억하면 신선한 생선 요리를 집에서도 즐길 수 있다

≫ 첫걸음

입문 중에서도 '가장 처음에 하는 것'을 말한다. 이 단어를 들으면 차마 엄두가 안 나서 시작하지 못하거나 울렁증을 갖고 있는 사람들의 마음도 무장 해제된다.

다른 표현 첫발자국, 초보, 퍼스트 스텝

1692	적금밖에 모르는 당신을 위한 주식 첫걸음
1693	우리 아이를 위한 한글 첫걸음
1694	『가장 쉬운 독학 일본어 첫걸음』(김연수, 동양북스, 2016)

≫ 기본 중의 기본

'기본 중의 기본'이라는 것을 나타내는 캐주얼한 표현이다. 첫걸음과 같은 느낌이 들지만, '기본의 기'는 반드시 '최초'라는 의미는 아니고, '몇 가지의 기본 중에서 이것만은 절대로 잊어서는 안 된다'라는 뉘앙스를 포함한다.

다른 표현 초기본, 초기초, 초입문, 스타트라인

1695	자소서 쓰기, 기본 중의 기본
1696	비즈니스맨의 수트 스타일, 기본 중의 기본을 알려드립니다
1697	인스타로 내 가게 홍보하기, 기본 중의 기본

≫ 처음으로

여러 가지 상황에서 여러 가지 의미로 쓰인다. 어떤 상품이 새롭게 등장했다고 말할 때 쓰기도 하고, 신규 고객에게 혜택을 준다고 말할 때 쓰는 경우도 있다.

다른 표현 첫**, **의 입구, 시작, 착수, 초장

1698	100% 재생 알루미늄으로 만든 첫 번째 Mac입니다(애플)
1699	처음으로 팀장이 된 사람에게 필요한 조언
1700	우리 가게에서 처음 구입하는 분 한정, 5000원 할인 쿠폰 증정

≫ 초보자

대상이 '초보자'임을 있는 그대로 드러내는 게 오히려 유리할 때 쓰면 된다. '초보자'라는 단어에 대상자가 왠지 부정적인 느낌을 받을 것 같다면 이 단어 대신 '처음의', '기본', '입문' 등의 다른 단어를 쓰면 된다.

다른 표현 비기너, 초심자, 신참자, 입문자

1701	초보자가 사면 안 되는 '5가지 투자신탁'(동양경제 온라인, 2019년 5월)
1702	운동 초보자들이 가장 많이 하는 실수
1703	골프 초보자들이 가장 조심해야 하는 것

≫ 제로부터

다른 표현 처음부터, 전혀 모르는

'미경험'이라는 뉘앙스를 잘 전달하는 표현이다. '미경험'은 조금 딱딱한 표현이지만, '제로부터'는 너무 딱딱하지 않으면서도 폭넓게 사용할 수 있는 편리한 표현이다.

1704	완전 제로부터 시작하는 필라테스
1705	연애 경험 제로라면 꼭 알아야 할 연애 심리 불변의 법칙
1706	시니어를 위한, 제로부터 시작하는 컴퓨터 교실

≫ 쉽게 시작하는

다른 표현 가볍게 시작하는, 노 리스크로

기본적으로 인간은 현 상태를 유지하는 것을 좋아하지, 자신의 행동, 습관을 쉽게 바꾸려고 하지 않는다. 큰맘 먹고 시작해야 하는 것이 있어도 복잡하고 어렵다는 생각에 지레 포기해버리기 십상이다. '쉽게 시작할 수 있다'라는 말은 이런 행동의 문턱을 낮춰주는 효과가 있다.

1707	글쓰기를 쉽게 시작하는 법, 당신도 작가가 될 수 있다
1708	유튜브 마케팅, 쉽게 시작하는 방법
1709	룸 스포츠 어플로 쉽게 시작하는 운동 습관

≫ 속성

다른 표현 개론, 요점을 파악한, 퀵 가이드

'정말 필요한 최소한의 것을 빨리 습득할 수 있도록 정리했다'는 내용을 알려야 할 때 쓰는 단어다. 양이 많아 읽거나 보는 데 시간이 걸리는 상품이라면 쓸 수 없다.

1710	당뇨병 가족력이 있는 분께 권하는 당질 제한 속성 수첩
1711	운전면허 도로연수 속성으로 마스터해드립니다
1712	한자능력시험 3급 3개월 속성반 모집

≫ **도 알 수 있는

다른 표현 **도 이해하는, **여도 OK

일반적으로 배우기 어려운 뭔가를 매우 쉽고 간단하게 이해할 수 있다고 말하고 싶을 때 쓸 수 있는 카피다. **부분에 '초등학생', '원숭이' 같은 단어를 넣어서 그 누구라도 쉽게 접근할 수 있다고 강조한다. 잘못 쓰면 읽는 사람 입장에서 불쾌해질 수도 있기 때문에 주의해서 써야 한다.

1713	『새로 쓴 원숭이도 이해하는 자본론』(임승수, 시대의창, 2016)
1714	유치원생도 이해하는 회계 이야기
1715	초등학생도 알 수 있는 엑셀 수업

≫ **도 가능한

다른 표현 **도 가능, **도 불가능하지 않다

'**도 알 수 있는'과 비슷하지만, '**도 가능한'은 그냥 '안다, 이해한다'가 아니라, '잘할 때까지 서포트한다'는 뉘앙스를 갖고 있다. 1718처럼 읽는 사람의 '행동'이 동반되는 내용에 최적이다.

1716	비전문가도 가능한 전동 드릴 간편 사용법
1717	초보자도 가능한 원어민 전화 영어회화
1718	누구나 가능한 드라이브 레코더 셀프 설치법

≫ 그림으로 이해하는

다른 표현 도해, 비주얼(일러스트)로 알 수 있는

도표, 그림, 사진 등의 비주얼만으로 바로 이해할 수 있는 상품을 홍보할 때 쓸 수 있다. 굳이 글자를 읽지 않아도 일러스트나 이미지만으로 쉽고 편하게 이해할 수 있다고 하면 초보자 입장에서는 혹할 것이다.

1719	그림으로 이해하는 크라우드 펀딩의 구조
1720	그림으로 이해하는 한국의 속담
1721	그림으로 이해하는 아이 심리 백과

≫ 한눈에 이해하는

다른 표현 일목요연, 퀵 가이드, 속성

'그림으로 이해하는'과 같은 의미로 쓰이는 경우도 많지만, 비주얼을 강조하는 것이 아니라, '빨리, 순식간에' 알아볼 수 있다고 강조하는 것이다. 앞서 나온 '속성'과 연결되는 카피 단어다.

1722	재무제표 한눈에 이해하는 법
1723	피타고라스 정리, 한눈에 이해하기
1724	한눈에 이해하는 조선왕조실록

≫ **에서 가장 쉬운

다른 표현 **에서 가장 간단한, 원숭이라도 알 수 있는

언어로 정말 국내 최고, 세계 최고인지를 증명할 수는 없지만, 널리 사용되고 있는 카피다. '대단히 간단하고 알기 쉽다'는 것을 강조한다. '**'에는 지역이나 조직, 업계 등 다양한 집단이 들어갈 수 있다.

1725	세상에서 가장 쉬운 독서 수업, 사이토 다카시 (다이아몬드 온라인, 2019년 1월)
1726	대한민국에서 가장 쉬운 세금 이야기
1727	세상에서 가장 쉬운 빵 굽기

≫ 달인

원래는 '**술'이나 '*도'와 같이 무예, 기예에 통달한 사람에게 쓰는 표현이었는데, 지금은 '어떤 분야에서 잘하는 사람, 통달한 사람'이라는 뜻으로 통한다. 과장이나 허풍이라는 느낌이 들지 않도록 상황에 맞게 잘 골라 써야 한다.

다른 표현 스승, 명인, 거장, 대가, 명수, 강자

1728	꼬치구이의 달인이 추천하는 본격 꼬치
1729	국수의 달인이 말하는, 평범한 잔치국수가 특별해지는 비결
1730	일본어 한자의 달인이 되는 법

≫ 프로

'어떤 분야의 최고 일인자'까지는 아니더라도, '어떤 기능에 숙달된 전문가'를 가리킨다. 전문 지식이나 스킬 등이 필수인 분야와 궁합이 좋은 단어다. 최근 IT 제품 등등에 이 단어를 붙여서 사용하는 경우도 많아졌다.

다른 표현 스페셜리스트, 프로페셔널, 전문가

1731	아이패드 프로(애플)
1732	컬러 코디네이터 프로가 당신에게 맞는 색상을 골라드립니다
1733	질병 조기 발견에 도움을 주는 건강 진단 스페셜리스트

≫ 깐깐한

아주 세세한 곳까지 신경 쓴 상품을 묘사할 때 쓰는 단어다. 일반적인 상품, 보급형 상품이 아니라 고급형, 상급형 상품을 홍보할 때 써야 더 효력이 있다.

다른 표현 까다로운, **에 철저한

1734	까다롭게 고른 유산균만 넣었습니다
1735	완전 무첨가, 무색소 깐깐하게 만든 건강 햄
1736	내 몸이 되는 깐깐한 물(웅진 코웨이)

≫ 본격

전통적인 격식이나 형식을 갖추고 있다는 걸 나타내는 단어다. 1738이나 1739처럼 요리 등을 '정식 과정에 따라 만들었다'고 홍보할 때 쓸 수 있다. '테스트 단계부터 본격적으로 착수했다'라는 의미로 쓰이는 경우도 있다.

다른 표현 본고장, 본가, 원조, 전통의, 왕도의

1737	소형판 스페이스 셔틀 '드림 체이서'가 본격 시동(포브스 재팬. 2018년 12월)
1738	국물이 살아 있는 본격 사누키 우동 맛집
1739	인도에서 직수입한 강황으로 만든 본격 카레 레시피

≫ 완전 정복

다른 표현 퍼펙트, 컴플리트

빠짐없이 모든 내용을 망라하고 있다고 알려야 할 때 쓰는 단어다. A부터 Z까지 다 정리하고 싶은 사람에게 어필할 수 있다. 역으로 생각하면, 시간을 들이지 않고 중요 포인트만 알면 되는 사람들은 이 단어에 부담을 느낄 수 있다는 말이다. 마스터해서 상급자가 될 수 있다고 말할 때도 쓸 수 있다.

1740	자기소개서 완전 정복
1741	전국 고속도로 완전 정복
1742	지하철 타고 갈 수 있는 여행지 완전 정복

≫ 고급 편

다른 표현 마스터 편, 컴플리트 가이드

상품의 타깃을 초보자나 중급자가 아닌 명확히 상급자로 좁힌(N) 표현이다. 이 단어가 들어가면 초보자들은 전혀 관심을 보이지 않을 거라고 생각해야 한다. 타깃 설정에 딱 맞는 내용으로 구성하는 것도 중요하다.

1743	어도비 일러스트레이터 고급 편 강좌
1744	엑셀 조건 함수 사용법 [고급 편]
1745	공인회계사 자격 취득 고급 코스

≫ 능숙한

다른 표현 잘하는, 솜씨 있게, 테크니컬, 탁월한, 귀신같은 솜씨

'얼추 할 수 있는 상태에서 더 나아가 수준이 높아진 상태'를 말한다. 하지만 반드시 '고급 편'이라는 것은 아니다. 1746이나 1748처럼 '현명하다'는 뜻으로 사용하는 경우도 많다. 다양한 상황에서 자유롭게 사용할 수 있는 카피 단어다.

1746	상대를 불쾌하게 만들지 않는 능숙한 거절법
1747	아이의 감정에 능숙하게 대처하는 부모의 태도
1748	자신의 부모보다 연상인 상사와 능숙하게 대화하는 법

≫ 프로 뺨치는

다른 표현 **뺨치는, 아마추어답지 않은, 아마추어 이상의

'프로 수준의 기술력이 있다'고 말하는 카피로 '상급자 대상'이라는 뉘앙스를 풍긴다. '초보자여도 프로처럼 할 수 있다'고 설득할 때도 쓴다. '기본적인 능력은 어느 정도 되는데, 완전히 인정받는 수준이 되고 싶다'라고 생각하고 있는 타깃에게 먹히는 표현이라 할 수 있다.

1749	프로 뺨치는 기타 테크닉 레슨
1750	스마트폰으로 프로 뺨치는 사진 찍는 법
1751	프로 뺨치는 문장력을 익힐 수 있다

여성의 마음 사로잡기

'사람은 감정으로 물건을 사고, 논리로 정당화한다'라는 기본 원리는 남성이나 여성이나 마찬가지로 적용된다. 그런데 아무래도 여성의 경우 '공감 능력'이나 '감정', '센스' 등의 요소가 남성과 비교했을 때 훨씬 높은 것이 사실이다.

어떤 남성이 여성으로부터 고민 상담을 받았다. 그래서 그는 '이렇게 하면 좋을 거예요'라고 뭔가 해결책을 제시했다. 그랬더니 여성은 전혀 기뻐하는 기색 없이 오히려 기분이 상했다는 듯한 태도를 취했다. 이것은 자주 인용되는 남성과 여성의 대화 패턴으로 여기서 여성이 기분이 상한 것은 바로 상대가 '공감해주지 않았기' 때문이다. '남성의 뇌', '여성의 뇌'가 어떻게 다른지에 대한 논란은 이 지면에서는 일단 제쳐두자. 중요한 것은 여성을 대상으로 하는 상품에 자주 쓰이는 특정한 단어가 있고, 그것들이 시장의 문화를 형성하고 있다는 사실이다.

카피 단어 중에서도 여성들이 쉽게 반응하는 것들이 있다. 여기서는 그런 단어들을 모아서 소개해보겠다. 카피라이터는 읽는 사람이 누구인지에 따라 그들의 관심사에 집중에서 단어를 골라야 한다. 특히 최근 소비 계층으로 급성장한 여성 고객층이 대다수인 상품 카피를 쓴다면 그들이 '갖고 싶다', '하고 싶다'라고 느낄 수 있는 단어가 뭔지를 계속 연구해야 할 것이다.

≫ 엘레강스

다른 표현 우아한, 화려한, 호화찬란, 고귀한

'엘레강스'라는 단어 자체에 '우아한', '최상품' 등의 미적인 뉘앙스가 모두 들어 있다. 다른 단어로는 대체하기 어려운, 고귀하고 신비한 분위기를 풍기는 표현이다.

1752	엘레강스한 아우라를 발산하는 숙녀 스타일(보그, 2016년 8월)
1753	엘레강스한 옷맵시를 연출하는 봄 컬러 소품들
1754	엘레강스하고 리치한 기분에 젖는 거실에 주목

≫ 셀럽

다른 표현 슈퍼스타, 톱스타, 카리스마

celebrity(셀러브리티)의 줄임말로, 이제는 완전히 자주 쓰는 단어가 되었다. 원래는 '유명인, 예능인'이라는 뜻인데 이제는 '화려하고 부유한' 이미지를 나타낼 때도 곧잘 쓰인다. 고급스럽거나 비일상적인 분위기를 연출하는 상품 카피에 쓰면 적합하다.

1755	셀럽이 사랑하는 헤어숍
1756	셀럽들 사이에서 난리 난 뷰티 아이템
1757	때로는 저녁 준비와 정리에서 해방되어, 느긋하게 셀럽 기분을 느껴보세요

≫ 쁘띠

'작다'라는 물리적 사이즈에 '귀엽다'라는 느낌까지 더해진 카피 단어다. 아기자기하고 앙증맞다는 뉘앙스를 풍긴다.

다른 표현 미니, 스몰, 손바닥 사이즈, 콤팩트

1758	딤채 쁘띠 김치 냉장고
1759	시어버터 베이비 쁘띠 기프트(록시땅)
1760	쁘띠 스카프 매는 법

≫ 촉촉한

화장품의 질감 등을 표현할 때 자주 쓰는 카피 단어다. 손이나 몸의 부위에 닿는 느낌이 연상되기 때문에 보습 효과나 부드러운 느낌을 강조할 때 최적이다.

다른 표현 녹아드는, 녹아들 것 같은, 반들반들한

1761	샤워 후 긴 머리가 촉촉해지는 샴푸
1762	파우더인데도 촉촉한 감촉
1763	보습력 발군. 바른 순간 입술이 촉촉해지는 립밤

≫ 우리 집

'가사=여성의 일'이라는 인식이 강했던 과거에는 '집'이라는 단어가 여성을 연상시켰지만, 이제는 그렇지 않다. 이 단어는 어린 시절에 부르던 동요가 떠오르기도 하고 왠지 모르게 정감이 가면서 감성적인 단어라 여성들에게 어필하기 좋다.

다른 표현 집에서, 독학, 가족과, 패밀리가

1764	셀프 우리 집 공간 컨설팅
1765	『우리 집 주치의 자연의학 1』(이경원. 동아일보사. 2015)
1766	모두가 즐거운 우리 집 사용법(한샘)

≫ 예쁜

어떤 상품이든 여성을 타깃으로 한다면 예뻐야 한다. 고무장갑이나 국자 같은 주방용품도 실용적이기만 하면 되는 시대는 이미 지나갔다. 예쁜 것을 좋아하는 여성들에게 기본이 되는 카피 단어다.

다른 표현 유행하는, 모드, 패셔너블

1767	더 예뻐 보이는 체형별 코디법
1768	지금 당장 갖고 싶은 예쁜 아이템 20
1769	올 봄에 꼭 시도해보고 싶은 예쁜 원피스 코디법

≫ 귀여운

'귀엽다'는 것은 여성이 구매를 결정하는 중요한 판단 기준 중의 하나다. 영어로 '큐티'라고 쓰는 경우도 최근 들어서 부쩍 늘어났다.

다른 표현 사랑받는, 큐티, 사랑스러운

1770	귀엽고 착용감도 좋은 인기 파자마 브랜드전!
1771	귀여움을 한층 더 살려주는 아이템
1772	귀엽고 품격 있는 액세서리 모음전

≫ 멋진

'훌륭하다'는 뜻뿐만 아니라, '귀엽다', '아름답다' 등등 여러 가지 뉘앙스까지 풍기는 단어다. 물론 남성들에게도 어필할 수 있는 단어지만 여성 타깃의 상품이라면 이 단어를 잘 사용해보자.

다른 표현 쿨한, 간지 나는, 까리한, 쌈빡한

1773	일하는 여성들을 위한 멋진 오피스룩
1774	당신의 예쁜 다리에 어울리는 멋진 슈즈들
1775	마음에 드는 옷에는 멋진 옷장이 어울린다

≫ 아름다운

'예쁘다'는 단어와 '아름답다'는 단어는 비슷하지만 약간 어감이 다르다. 전자는 아기자기하고 귀여운 뉘앙스지만 후자는 우아하고 품위 있는 느낌을 풍긴다. 상품의 컨셉에 따라 둘 중 어울리는 것을 잘 골라 써야 한다.

다른 표현 뷰티풀, 고운, 요염한, 아리따운

1776	아름답고 투명한 피부를 지켜주는 폼 클렌징
1777	아름다운 각선미를 만들어주는 필라테스
1778	아름다운 그대를 위한 특별한 공간

≫ 미인

'미인'이 되고 싶지 않은 여성은 아마도 없을 것이다. 유사어로 '미녀'라는 단어도 있지만, '미인'과는 분위기가 다르다. 1779처럼 '**미인'이라는 식으로 단어를 만들어서 쓰면 좋다. '아름다운 피부를 위해'라고 하면 말이 길어지지만, '생얼 미인'이라고 하면 네 글자로 끝낼 수 있다.

다른 표현 뷰티, 미녀

1779	생얼 미인이 빠트리지 않는 여름 자외선 대책 아이템 소개
1780	쇄골 미인을 만드는 마사지 테크닉
1781	미녀는 석류를 좋아해(롯데칠성음료)

≫ 매력적

차밍, 매혹적, 사랑받는, 사람을 매료시키는

남녀를 불문하고 매력적인 이성에게 끌리기 마련이라 정말 많이 사용하고 있는 단어다. 그런 특성상 미용 관련 상품에서 쓰다 보니 여성의 비중이 좀 더 클 뿐이다. 최근에는 남성을 타깃으로 한 그루밍 상품에도 꽤 많이 사용하고 있고 비중도 점점 늘고 있다.

1782	매력적인 눈매를 만드는 아이라이너 사용법
1783	잘생기진 않았지만 매력적인 남성의 공통점
1784	남성에게 여성이 매력적으로 보이는 순간

≫ 세련된

스타일리시한, 고저스, 멋진

'스타일리시하고 도시적이고 사람들이 선망한다'는 뜻을 모두 품고 있는 카피 단어다. '매력적인'과 마찬가지로 미용 관련 상품에 자주 쓰지만, '세련된'의 경우에는 패션이나 소품, 일반 잡화, 인테리어 등등 그 활용 범위가 훨씬 넓다.

1785	고급스럽고 세련된 여성 오피스룩 전문점
1786	세련된 조명으로 거실의 분위기를 바꿔보지 않겠습니까?
1787	패딩 하나면 세련된 사람으로 보일 수 있다

≫ 엄마(맘)

자녀를 둔, 어머니, 어머님, 패밀리

타깃을 '아이를 가진 여성'으로 좁힌(N) 경우, 정말 많이 사용하는 단어다. 특히 어린 아이를 둔 엄마는 다른 고객층이 구매하지 않는 특정 상품(기저귀나 이유식, 아이 옷)을 사는 사람들이기 때문에 확실한 고객층을 형성하고 있다.

1788	엄마들을 위한 육아 필수템
1789	육아에 지친 엄마를 위한 힐링 캠프
1790	갱년기 때문에 힘든 엄마를 위한 필수 영양제

타깃 고객별 카피를 따로 만들어라

'○○를 위한'이라고 카피를 쓰면, 해당되는 사람 외의 사람에게는 팔기 어렵다고 아쉬워하는 분들도 많을 것이다. 하지만 걱정할 필요는 없다. 예를 들어, 남녀 모두 입을 수 있는 패딩이 있는 경우에, 남성에게는 '겨울에 더 멋진 남자로 만들어주는 패딩', 여성에게는 '꾸미지 않아도 아름다운 여자로 만들어주는 패딩'이라는 식으로 각각 타깃에 어울리는 카피를 써서 홍보하면 된다.

Action

행동을 촉구하는 카피

카피라이팅이란, 새로운 세계를 만드는 작업이다.
카피라이터인 당신은 밥벌이라는 현실을 뛰어넘어,
로망이 흘러넘치는 세계로 가는 다리를 만드는 사람이다.

행동하게 만드는 것이
카피의 진짜 목적이다

Action, 즉 행동을 촉구하는 카피는

고객이 직접 구매 버튼을 누르거나 사게 만드는 카피를 말한다.

고객이 '반응하는 확률(반응률)을 높이는 카피'라고도 할 수 있다.

당신은 여기 나오는 카피 단어를 사용하면서
지금까지 나왔던 모든 이야기들을 능숙하게 매듭지을 수 있을 것이다.

만약 온라인에 나온 카피라면

구매 버튼 바로 위에 써 있는 카피일 수 있는데 구체적인 예를 들면,

'신청은 지금 당장!'

'등록은 매우 간단!'

'오늘 10시까지 주문하시면 내일 도착 가능합니다'

와 같은 문장이 바로 행동을 촉구하는 카피들이다.
서둘러서 주문하라고 이야기하는 식의 간단한 카피라고 생각할지 모르지만,
무시할 수 없는 카피다.
이 카피를 어떻게 쓰느냐에 따라 고객의 반응은 크게 달라질 수 있기 때문이다.
그렇다면 이제 행동을 촉구하는 카피를 쓸 때 어떤 법칙이 있는지에 대해 이야기해보겠다.

1. 고객의 수고를 덜어주는 단어를 고른다

가장 중요한 순간은 구매 버튼을 누르기 직전인데
이때 **'고객의 수고를 덜어주는'** 뭔가가 있어야 한다.

구체적으로 말하자면 구매 버튼 하나를 누르기만 하면 모든 것이 일사천리로 해결되는 게 가장 좋다. 절차가 복잡하고 다음 단계로 넘어가기가 까다로우면 그 순간 고객이 떨어져 나간다고 생각해야 한다. 고객의 수고를 덜어주는 것이 팬심을 더 두텁게 하고 고객 만족도를 높이는 데 효과적이라는 것은 이미 미국 다수의 기업이 조사한 결과 사실로 판명되었다.

(『대접 환상(おもてなし幻想)』 매튜 딕슨, 닉 토만, 릭 델리시, 실업지일본사, 2018 *원제: 『The Effortless Experience』
*국내 미출간)

'…그런데 그건 카피라이터가 아니라
웹 디자이너가 해야 할 일 아닌가요?'

물론 이 말이 맞긴 하다. 하지만 고객이 똑같은 구매 과정을 거친다 해도
어떤 카피로 안내했느냐에 따라 느낌은 전혀 달라진다.

기업의 조사 결과에 따르면, 어떤 카피를 썼느냐에 따라 고객의 행동량이 두 배 차이나 난다고 한다(『대접 환상』).

고객의 수고를 덜어주는 단어는
1) 고객의 입장에 서서
2) 권하고 싶은 베스트 선택지를,
3) 친근감 있게, 긍정적인 단어로 전달하는 것이다.

예를 들면,

'○○일까지는 발송할 수 없습니다'

→ **'○○일부터 드디어 발송을 개시합니다!'**

'시간 지정은 불가능합니다'

→ **'공교롭게도 시간 지정은 어렵습니다만, 최단 시간 안에 발송해드리겠습니다'**

'○○일 이후에는 자동적으로 배송료가 발생합니다'

→ **'○○일까지는 배송료가 무료입니다. 간단하게 지불 정보를 기입해주세요. 만약 원치 않으시면 ○○일까지 취소해주세요. 3일 전에 확인 메일을 보내드리겠습니다. 또한, 언제라도 온라인으로 취소가 가능하니 안심하세요'**

한마디로, 구입 조건이나 주의 사항을 있는 그대로 쓴다기보다는 긍정적인 면을 부각해서 친근하게 이야기해주는 방식으로 카피를 쓰면 된다.

2. 고객이 이것저것 생각하게 만들지 않는다

선택지가 많은 것이 상품 판매에 어떤 영향을 미치는지, 콜롬비아 대학에서 실험을 했다.
가게 앞에서 잼의 시식 행사를 해봤는데, 실험 결과는 다음과 같았다.

- **24종류**의 잼을 준비한 경우 → 시식 행사에 온 **3%**의 사람이 구입
- **6종류**의 잼을 준비한 경우 → 시식 행사에 온 **30%**의 사람이 구입

이와 같이, **선택지가 적었을 때 오히려 판매율이 10배나 상승했다.**

물론 파는 사람 입장에서는 자신이 갖고 있는 온갖 종류의 상품을
소개하고 싶겠지만, 선택지가 적어야 오히려 판매가 올라가는 사실을 꼭 숙지해야 한다.
또한 '**추천 상품**'이라는 걸 만들어서 판매하면 오히려 반응은 더 좋아진다는 것도 알아두면
유용하다.

3. FAQ는 딱딱한 규정문이 아니라 친근한 문장으로 바꾼다

FAQ(자주 하는 질문)는 대단히 중요하다.
고객 입장에서 궁금한 것들에 대한 답변을 미리 친절하고 자세하게 안내받으면
구입할까 말까 고민하던 불안한 마음도 가라앉게 된다.
실제로 FAQ는 구매율을 올리는 촉매제 역할을 한다.

그런데 대부분의 FAQ 문장이 **사무적이고 딱딱한 말투**로 쓰여 있다.
하지만 고객과의 관계를 소중하게 생각한다면, **인간미를 느낄 수 있는 말투와 친근한 문장**으
로 바꾸는 것을 검토해봐야 한다.
실제 사례를 소개해보겠다. 미국의 어느 가정용 수영장의 시공, 판매업체가 주가 폭락으로

수주가 일제히 취소되어, 도산 위기를 맞았을 때의 이야기다. 방문 영업을 할 수 없게 된 한 영업자가 홈페이지의 FAQ난에 고객에게 받은 질문에 대한 답을 성실하게 올리기 시작했다. 그리고 얼마 지나지 않아 그는 곧 1억 원이 넘는 스케일의 계약을 하게 되었다. 도대체 어떻게 답변을 올렸기에 이런 결과가 나왔을까?

그것은 고객의 질문에 숨김없이 상세하게 답변하는 것이었다. 이를테면 그전까지는 '수영장 공사는 얼마입니까?'라는 질문에 '전화 주세요'라고 짧게 답하는 게 다였는데, 고객이 궁금해하는 것을 세세하게 답변해주는 걸로 방침을 바꾼 이후에는 다음과 같이 답변한 것이었다.

"저희에게 문의하신 고객님들이 가장 궁금해하시는 것은 '파이버글라스제 수영장은 얼마?'라는 것입니다. 이것은 답변드리기 매우 어려운 질문이지만, 일반적인 견적 방법에 대해 가능한 한 정확히 알기 쉽게 설명해드리겠습니다. 수영장을 구입하신다는 것은 자동차 또는 주택을 구입하시는 것과 마찬가지로, 몇 가지의 옵션이 있기 때문에, 가격대가 매우 다양합니다(이하, 견적산출법으로 다른 타입의 수영장 공사, 시공, 보수 비용과 상세히 비교해드립니다)."

(미국 리버풀사의 웹사이트. 가격에 관한 FAQ 페이지 https://www.riverpoolsandspas.com/cost)

이렇게 상품을 자세히 알고 있는 담당자가 마치 바로 눈앞에 고객을 두고 말하는 것처럼, 문장을 정리해서 올리는 것이 좋다.

FAQ에 답하는 것은 그 후, 웹사이트의 카피나 이메일을 쓸 때에도 매우 좋은 훈련이 되기 때문에, 카피라이팅 스킬 상승을 원하는 사람은 부디 꼭 도전해보길 바란다.

4. 마지막으로…, 추신

마케팅 카피의 경우 '제목'을 가장 많이 보고, 그다음으로 많이 보는 것이 마지막으로 덧붙이는 '추신'이다. 그렇다면, 추신에는 무슨 말을 써야 할까?

정답은 **당신이 가장, 인상 깊게 남기고 싶은 말이다.**

고객이 구매를 결정짓도록 마감일을 다시 한 번 언급할 수도 있고,
제목으로 사용한 카피 문장을 다시 한 번 강조할 수도 있다.

여기서 나는 잘 만들어진 영화의 라스트신처럼 추신을 써보라고 이야기하고 싶다.
바로 등장인물들이 모두 나와서 축하를 하는 장면 말이다.
이런 장면에서는 은근슬쩍 그 영화의 진짜 주제를 드러내면서 여운을 자아낸다.

그러므로 이 상품을 통해 '당신이 하고 싶은 이야기,
진짜 테마란 무엇인가?'를 생각해보자.

애플처럼 미의식으로 가득 찬 창조성인가?
구글처럼 세계를 장악한 기술인가?
아니면 리츠 칼튼처럼 배려 넘치는 직원들인가?
당신이 고객에게 남기고 싶은 진짜 중요한 메시지를
맨 마지막에 어떻게 표현할 것인가.

이 마지막 한마디를 뭘로 하느냐에 따라 인상이 전혀 달라질 수 있다.
또한 이 한마디가 당신 자신에게도 영향을 미치면서
고객과 만나는 마음의 준비를 하게 된다.
카피라이팅이란, **새로운 세계를 만드는 작업**이다.
카피라이터인 당신은 밥벌이라는 현실을 뛰어넘어,
로망이 흘러넘치는 세계로 가는 다리를 만드는 사람이다.

구체적인 행동을 촉구하기

카피라이팅 스킬 중 하나로 CTA(Call To Action)라는 것이 있다. 이것은 '읽는 사람에게 어떤 행동을 촉구하고 싶은지, 확실하고 구체적으로 호소하는' 것을 말한다. 주변에서 흔히 보이는 카피들을 살펴보면, 바로 이 CTA가 빠져 있는 문장이 많다. 예를 들면, '친목회는 19시에 시작됩니다. 바쁘신 줄은 알지만, 정시에 시작될 수 있도록 부디 여러분의 이해와 협조를 부탁드립니다'라는 식의 정중해 보이는 카피 문장들이 많다. 여기서 문제는 '시작하기 전에 와주세요'라는 '가장 중요한 메시지'가 빠져 있다는 것이다.

물론 '그런 말은 군이 하지 않아도 다 알지 않나요'라고 할 수도 있겠지만, CTA를 도입하면 다음과 같은 문장으로 바뀐다.

'친목회는 19시에 시작합니다. 전원이 모여서 건배를 하고 즐거운 시간을 만끽했으면 합니다. 따라서 18시 50분까지 회장에 도착해주시기 바랍니다.'

이렇게 읽는 사람에게 원하는 바(18시 50분까지 도착하라는)를 구체적으로 말해주면, 상대방은 '뭘 해야하지?' 하고 생각하지 않아도 된다. 당연하게 들릴지도 모르겠지만, 이 차이는 매우 크다. 상대에게 원하는 행동을 확실하게 제시하면, 그 행동을 취해줄 확률은 극적으로 상승하게 된다.

≫ 지금 당장 **해 주세요

다른 표현 금방 **를 부탁드립니다, 바로 **해주세요

현대는 대량의 정보가 매일 쏟아져 나오기 때문에 일단 뒤로 미룬 것은 다시 생각할 겨를이 없다. 그러므로 카피를 봤을 때 바로 행동으로 옮기게 하는 것이 좋다. 이 카피는 어떤 행동을 해야 할지(CTA)를 구체적이고 확실하게 쓰는 것이 포인트이다.

1791	지금 당장 아래 버튼을 클릭해주세요
1792	지금 당장 신청 엽서에 필요 사항을 기입해서 반송해주세요
1793	무료 전화 070−××××−××××로 지금 당장 전화주세요

≫ 우선은 **해 주세요

다른 표현 어쨌든 **해주세요, **부터 시작합시다

지금 당장 판매해야 하는 상품을 바로 직전 단계에서 어필해야 한다면 이 카피가 더 어울린다. 또 '지금 당장 **해주세요'보다 더 편한 느낌이 들기 때문에 고객 입장에서 압박감이 적다. 다만, 사용할 수 있는 경우와 그렇지 못한 경우가 있다. 바로 주문으로 이어지는 버튼을 '우선 클릭해주세요'라고 표현할 수는 없을 것이다.

1794	무료 전화 070−××××−××××로 우선 전화주세요
1795	우선은 연락주세요
1796	우선은 무료 체험 레슨을 예약해주세요

≫ 나중에 알려드리겠습니다

다른 표현 답은 ＊＊에, ＊＊로 말씀드리겠습니다

읽는 사람에게 '수수께끼'를 내고, 그 '답'은 굳이 다른 곳에서 알려주는 표현이다. '다음 내용은 광고 후에'와 같은 식으로, TV 프로그램 등에서도 빈번하게 사용하는 카피로 이를 본 사람은 당연히 다음 내용이 알고 싶어진다.

1797	당신은 포켓몬, 울트라맨. 아니면? 답은 제1장에 (『임팩트 컴퍼니』)
1798	퀴즈의 답은 12페이지에!
1799	정답은 이어지는 무료 동영상 세미나에서 말씀드리겠습니다

≫ 여기로

다른 표현 여기를 클릭, 다음을 읽다, 더 보다

웹상에서 문장이 길어지거나 공간이 부족할 때, 다른 페이지로 유도할 때 사용한다. 또는 '애태우는' 효과를 노려 의도적으로 사용한다. 잠깐 틈을 주면서 흥미를 돋운다. 다만, 화면이 바뀔수록 이탈하기 쉽기 때문에 주의해서 사용해야 한다.

1800	답은 여기로 ☞
1801	그다음 내용은 여기로 ☞
1802	자세한 사항은 여기로 ☞

≫ 추신

다른 표현 P.S., 마지막으로, 보충, 깜빡했습니다

일찍이 편지를 손글씨로 쓰던 시절, 본문에 다 쓰지 못한 내용을 추가하기 위해 쓰는 단어였다. 카피로 사용하는 경우에는 마지막으로 반복하면서 강조하고 싶을 때 쓰거나, 일부러 본문에 쓰지 않고 따로 쓰면서 강조할 때 쓰곤 한다.

1803	추신. 신청자가 초과되는 경우, 선착순으로 마감하오니 서둘러주세요
1804	P.S. 이것은 소득 공제 대상입니다
1805	마지막으로, 강사 두 사람으로부터…

≫ 서둘러주세요

다른 표현 이제 곧, 아직 가능합니다

서둘러서 움직여주었으면 좋겠다는 것을 단도직입적으로 전달한다. 이 카피를 쓸 때 포인트는 '왜 서두르지 않으면 안 되는지'에 대한 설명을 함께 표기하는 것이다. 뭔가 특별한 이유도 없는데, '서둘러주세요'라고 하면 신용도가 떨어진다.

1806	서둘러주세요. 한번 열린 기회의 창이 닫히기 시작합니다
1807	선착순 100분까지. 희망하시는 분은 서둘러주세요
1808	재고 소량. 서둘러주세요! 재고가 없어지는 대로 판매 완료하겠습니다

≫ 앞으로 ○일

다른 표현 남은 ○일, ○일 후까지 접수 중, D-○일

'남은 날짜'를 구체적으로 나타내는 것으로 행동을 촉구한다. 뭔가를 신청하라고 촉구하는 카피로 쓸 때는 날짜를 너무 여유 있게 하면 안 된다. 예를 들어 '신청 마감까지 앞으로 25일'이라고 하면, 읽는 사람 입장에서는 서두를 필요가 별로 느껴지지 않을 것이다.

1809	신청 마감까지 앞으로 2일
1810	내일까지 신청하는 분에 한해서 특별 혜택 3종 세트를 드립니다
1811	디자인 공모전, 마감까지 앞으로 10일 남았습니다

≫ 종료

다른 표현 이제 곧 종료, 끝

'종료일'이나 '폐점일'이 다가오는 것도 행동을 유도하는 큰 요인이 될 수 있다. 어떤 가게에서 폐점 세일을 파격적으로 할 때 고객이 붐비는 것이 가장 쉬운 예이다. 이때 '종료 타이밍'을 명확히 하면, 고객 입장에서는 빨리 가서 사지 않으면 좋은 기회를 놓칠 수도 있다고 생각하게 될 것이다.

1812	마감 전이라도 정원이 차면 모집을 종료하겠습니다
1813	오늘 종료!
1814	특별 가격 신청은 내일로 종료됩니다

≫ 마지막

다른 표현 완결, 라스트, 파이널, 클라이맥스, 최후의

평소에는 손님이 별로 없어서 폐점하게 되어도, 폐점 세일을 하면 손님이 쇄도하는 경우는 매우 빈번하다. 그와 마찬가지로 뭐든 '마지막'이라고 말하면 고객 수가 증가하는 효과가 있다. 다만, '마지막 세일'이라고 말해놓고 나중에 또 세일을 하면 고객들에게 신용을 잃게 되므로 조심히 잘 사용해야 한다.

1815	베스트셀러를 쓰는 방법에 대한 최후의 노하우
1816	가격 인상 전의 마지막 세일을 놓치지 마세요
1817	연말 특별 세일, 올해의 마지막 찬스

읽자마자 기억에 남는 헤드라인 쓰기

큰 제목은 '헤드라인'이라 부르고, 문장 도중에 나오는 소제목을 '서브 헤드'라고 부른다. 방대한 정보가 쏟아지는 스피드 시대인 지금, 꼼꼼하게 카피 하나하나를 다 읽어보는 사람은 많지 않다. 대부분은 그냥 흘려 읽는다. 그러므로 읽자마자 순식간에 기억에 남는 '헤드라인'을 쓰는 것이 정말 중요하다. 또한 '헤드라인'과 '서브 헤드'가 자연스럽게 연결되면서 핵심 메시지를 알 수 있게 쓰는 것도 카피라이터가 꼭 기억해야 할 점이다.

쏠림 현상 이용하기

사람의 심리 중에는 주변의 대다수가 '좋다'고 하면 자신도 덩달아서 좋아하는 특징이 있다. 이런 심리를 '밴드왜건(bandwagon) 효과'라고 부른다. '밴드왜건'이란, 원래 퍼레이드의 맨 앞에서 음악대(밴드)를 이끄는 자동차(왜건)를 말하는데 미국의 선거 유세 때 군중을 모으는 도구로 이용된 이후, 대세에 따르거나 승산이 있을 것 같은 후보를 지지하는 현상을 일컫는 용어로 쓰이고 있다.

이렇게 인기 있는 것에 사람들이 몰리는 쏠림 현상은 전 세계 공통적인 것이지만 한국이나 일본을 비롯한 아시아 국가에서는 그것이 더욱 두드러지는 경향이 있다. 그러므로 카피를 쓸 때도 이런 군중 심리를 잘 이용할 필요가 있다. 지금 이 글을 읽는 독자들도 한 번쯤은 '지금 유행하는', '현재 가장 핫한 상품', '요즘 대세**', '이거 모르면 간첩' 같은 카피에 끌린 적이 있을 것이다. 여기서는 이렇게 사회적 동물인 인간의 심리를 이용한 카피에 대해서 알아보자.

≫ 요즘 대세

다른 표현 장안의 화제, 지금 화제의 **

'대세'라는 말은 큰 인기를 끌고 있는 것에 쓰는 단어다. 앞에 '요즘'이 붙으면 지금 진행 중이라는 느낌이 들기 때문에 읽는 사람 입장에서는 이걸 모르면 뒤처지지 않을까 하는 생각이 들어서 집중하게 된다.

1818	요즘 대세가 된 유튜버의 3가지 성공 요인
1819	요즘 대세, 혼술할 때 적당한 와인 모음전
1820	요즘 대세 건강 음료, 타트체리 시음하세요

≫ 소문난

다른 표현 트렌디, 멋있는, 패셔너블, 핫한

'요즘 대세'와 같은 뜻이다. 소문이 널 징도로 많은 사람이 이용하고 있다는 것을 말해준다. 역시 화제에서 소외되거나 뒤처지고 싶지 않은 사람들의 심리를 공략하는 카피다.

1821	여고생들 사이에서 소문난 타피오카 소프트 아이스크림
1822	아름다운 뷰로 소문난 호텔 베스트5
1823	전국에서 가장 맛있다고 소문난 막국수 집

≫ 친숙한

다른 표현 낯익은, 잘 알려진, 모두가 아는

'요즘 대세'나 '소문난'과 비슷하지만, '모두가 알고 있다'기보다는 '당신이 잘 알고 있다'는 뉘앙스로 사용하는 경우가 많다. 기존에 알던 사람이나 정보에 안정감을 느끼는 심리에 기대는 카피다.

1824	친숙한 메뉴로 더 푸짐하고 더 맛있게(본설렁탕)
1825	드링크제로 친숙한 '타우린', 난치병 치료약으로 (아사히신문 디지털, 2019년 2월)
1826	의외로 잘 알려지지 않은, 운동회에서 친숙한 BGM 명곡

≫ 가장 많이 팔린

다른 표현 베스트 바이, 선택받아 No.1, 베스트셀러

'많은 사람이 구입했다'는 것을 직접적으로 드러내는 카피다. 언제, 어디서 가장 많이 팔렸는지에 대한 정보와 함께 쓰면 더 현실감이 느껴진다.

1827	지난 30년간 가장 많이 팔린 경차 베스트 10
1828	우리 브랜드에서 올해 가장 잘 팔린 청바지
1829	한국에서 가장 많이 팔리고 있는 건강 관리 어플

≫ 거의 모든 사람

다른 표현 대부분이, 90%가

'거의'라는 말은 추상적이지만 사람의 마음을 움직이는 힘이 있다. 이 표현 외에도 '모두가 원하는', '대부분이 하고 있는' 같은 표현도 효과적인데 구체적인 수치를 제시할 수 있다면 그것이 훨씬 바람직하다.

1830	매장에 방문하신 거의 모든 분이 구입한 제품입니다
1831	거의 모든 사람이 오해하고 있는 진실
1832	거의 모든 사람이 재구매하는 건강식품

≫ **가(이) 선택한(고른)

다른 표현 **셀렉트, **초이스, **픽업

유명인이나 특정 직업군의 사람이 선택했다고 하면 권위가 생기면서 설득력이 강해진다. 만약 앞에 일반인을 넣는다면 '친근감'을 느끼도록 쓰면 된다.

1833	대기업 직원이 선택한 수트 브랜드
1834	회사원이 고른, 친구 결혼식에서 착용하고 싶은 액세서리 10
1835	모두가 선택한 1000원 아이템 베스트 30

≫ 성황리에

사람이 많이 모였다는 뜻으로 대부분 '잘 팔리고 있다'는 뉘앙스로 쓰인다. 비슷한 단어로 '대성황'이나 '대호평'도 있다. 어느 쪽이나 모두 열기를 느끼게 하는 단어다.

다른 표현	사랑받아, 성원에 힘입어, 대호평, 대성황
1836	사랑받아, 성원에 힘입어, 대호평, 대성황
1837	성황리에 종료된 전시회, 앙코르 연장 결정!
1838	고객들의 성원에 힙입어 스페셜 기간을 연장했습니다

≫ 줄 서서 먹는

맛집이라고 소문이 난 가게들은 길게 줄 서서 기다렸다가 먹어야 하는 경우가 꽤 많다. 주로 먹는 음식점에 많이 쓰는 카피로 현재 가장 인기 있는 먹을거리라는 것을 가장 강력하게 표현해준다.

다른 표현	애타게 기다린, 기다리고 기다린, 예약이 불가능한
1839	줄 서서 먹는 고속도로 휴게소 맛집
1840	겨울에도 줄 서서 먹는 해장국 집
1841	미식가들이 줄 서서 먹는 수제 햄버거 집

≫ 국민**

'많은 사람에게 사랑받는 **'라는 것을 짧게 표현할 수 있는 카피 단어다. 싫어하는 사람이 별로 없으면서 탄탄한 마니아층이 있는 상품이라고 피력할 수 있다. 브랜드명으로도 빈번하게 사용되고 있다.

다른 표현	한국을 대표하는, 한 집에 한 대
1842	KB국민은행
1843	국민 안주, 계란말이가 맛있는 집
1844	국민 간식, 떡볶이의 색다른 매력

≫ 쉽게 따라 하는

뭐든 초보자들 내상으로 하는 상품에 쓸 수 있는 카피다. 선뜻 시작하기 힘든 것도 이 카피를 보면 왠지 용기가 나면서 '나도 할 수 있을지 몰라'라고 생각하게 된다.

다른 표현	쉽게 따라 할 수 있는, 간편하게 할 수 있는, 참 쉽죠?
1845	초보자도 쉽게 따라 할 수 있는 식빵 만들기
1846	누구나 쉽게 따라 하는 스트레칭 기초반
1847	음치였던 사람도 쉽게 따라 할 수 있는 보컬 학원

신뢰감 심어주기

당신이 빵집에서 선물을 고르고 있다고 치자. 점원이 '저희 가게의 추천 상품은 바로 이 치즈케이크입니다'라고 권했다. 그러고 보니 가게 입구 유리문에도 그 치즈케이크 사진이 붙어 있었다. 잠시 고민에 빠져 있는 동안, 옆에 있던 다른 손님 두 명의 대화를 우연히 듣게 되었다.

"지난번에 이 치즈케이크 선물로 사갔더니 엄청 좋아하더라."

"아, 정말? 그럼 나도 그걸로 사갈까?"

두 사람은 점원이 권한 것과는 다른 종류의 치즈케이크에 대해 이야기하고 있었다.

이때 만약 당신이라면 어떤 치즈케이크를 사겠는가? 점원이 좋다고 권한 것인가? 아니면 옆에 있던 모르는 사람 둘이 '좋다'고 말한 것인가? 십중팔구는 후자를 고를 것이다. 소비자가 상품을 구매할 때는 판매자의 의견이 아닌 '제3자의 의견'을 더 신뢰하게 마련이기 때문이다.

이것이 바로 유명한 사회심리학자인 로버트 치알디니가 말한 '사회적 증명'이라는 효과다. 광고나 웹사이트에 '고객의 소리'를 삽입하는 것은 바로 이 '사회적 증명'을 얻기 위해서다. 이때 고객의 실명과 실제 사진이 함께 올라가는 것이 가장 바람직하다. 그렇지 않을 경우 '조작'이라고 의심받을 수 있다.

≫ 고객만족도

다른 표현 ○인의 고객이 **에 만족하고 있습니다.

제삼자의 기관 등에 의한 조사 결과라면 더 강력한 증거로서 사용할 수 있다. 실제로 고객만족도는 자사에 의한 앙케이트 결과가 거의 대부분이기 때문에, 검증을 할 수 없는 경우도 많다. 따라서 더욱 정확하고 객관적으로 수치를 제시하는 노력이 필요하다.

1848	2년 연속 고객만족도 No.1
1849	고객만족도 97.4%(당사 조사)
1850	본 학원에 다니는 아이의 만족도 95.6%(본원 조사)

≫ ○명이 구입(선택)

다른 표현 ○명이 신청, ○명이 고른, 누적 판매 ○대

비율을 제시하는 카피의 경우, 무책임한 데이터가 될 가능성이 있지만, 실제 수치를 있는 그대로 드러내는 카피는 거짓말하기 쉽지 않기 때문에 훨씬 신뢰감을 준다.

1851	국토 횡단 강연에는 지금까지 22,075명의 이노베이션 리더가 참가했습니다
1852	창업 10년 만에 누적 10만 명 이상이 이용하고 있습니다
1853	테슬라 누적 판매 100만 대 달성

≫ 수상

수상 실적을 이야기하면 '권위'가 실리면서 읽는 사람의 '신뢰'를 얻을 수 있다. 굿디자인상, 대통령상 등등 품질을 증명하는 수상 실적이 있다면 적극적으로 사용해보자. 어떤 상의 예선 통과나 입선 등등도 사용할 수 있다.

다른 표현 **를 쟁취한, 어워드, 입선, 우승

1854	세종호수공원, 아시아 도시경관상 수상
1855	제주감귤농협 '불로초' 대한민국 퍼스트브랜드 대상
1856	넥슨의 'V4' 대통령상 수상!

≫ 감사장

공공기관이나 단체 등에서 받은 감사장도 읽는 사람의 신뢰를 얻기에는 좋은 도구다. 일종의 '고객의 소리' 중 하나로 기능을 발휘한다.

다른 표현 인증, 표창장, 상장

1857	**경찰청장으로부터 감사장을 받았습니다
1858	**주식회사로부터 품질 우수상을 받았습니다
1859	**초등학교 학생들로부터 귀여운 감사장을 받았습니다

≫ 효과 검증 완료

'효과가 있다는 것이 확인되었다'고 직접적으로 말해주는 카피다. 카피의 특성상 반드시 그 근거나 증거를 제시해야 하는 점이 번거로울 수도 있지만, 데이터만 확실하다면 설득력이 매우 강한 카피가 될 수 있다.

다른 표현 과학적으로 검증된, 실증 완료

1860	효과 검증 완료된 확실한 다이어트
1861	고객 모집 효과가 검증된 홈페이지 디자인 양식
1862	과학적으로 검증된 숙취해소제

≫ 역대 ○위

'많은 사람들이 관심 갖는 상품이다'라는 것을 순위를 통해 드러내는 카피다. 특히 '역대'라는 단어가 들어가면서 오랫동안 사랑받았다는 것을 강조한다. 가장 임팩트가 있는 것은 역시 1위겠지만, 3위 정도까지는 좋은 효과를 노릴 수 있을 것이다.

다른 표현 TOP ○에 선발된, 베스트 ○, 랭킹 ○위

1863	아마존 비즈니스 역대 1위 도서
1864	현직 소설가들이 뽑은 역대 노벨문학상 베스트 3
1865	독자들이 뽑은 역대 만화 베스트 3

≫≫ 반신반의

다른 표현 의심스러운, 불안한, 믿을 수 없는

'의심할 정도는 아니지만, 믿지도 않는다'라는 뜻이다. 물건을 살 때는 이것이 진짜 자신이 원하는 것인지, 혹은 정말 효과가 있는 것인지 의심스러울 수밖에 없다. '걱정했는데 괜찮았다'라는 문맥에 사용할 수 있는 카피 단어다.

1866	사용해보기 전까지는 반신반의했던 고급가전제품의 진실
1867	반신반의했던 가정용 태양광 발전. 도입 후, 그 효과에 놀라다
1868	솔직히 반신반의했습니다. 하지만 도착해보니…

≫≫ **에 의하면

다른 표현 출처, 출전, cf.

출처를 드러내는 카피 단어로 데이터 혹은 권위 있는 연구기관, 회사, 인물 등과 함께 쓴다. 사회적으로 인정받는 개인이나 단체일수록 설득력이 강해진다.

1869	보고서에 의하면 전 세계 어린이 사망 원인 1위는 설사
1870	통계청에 의하면 한국인의 사망 원인 1위는 암
1871	혈액 검사 데이터에 의한 질병 조기 발견

≫≫ 최애

다른 표현 인기 No.1, 공전의 히트 상품, 가장 주목받고 있는 **

'많은 사람이 사고 있다'는 것을 간접적으로 말해주는 카피다. '많은 고객이 찾는 가게, 많은 고객이 선택한 메뉴' 등등 다양하게 범위를 지정해서 사용할 수 있다.

1872	우리 가게 손님들의 최애 메뉴
1873	개미들의 최애 주식 종목은?
1874	결혼 축하 선물로 인기 No.1.

≫≫ 체계적

다른 표현 질서정연하게

질서가 있고, 조리 있게 정돈된 것을 표현하는 단어로 어떤 정보나 상품이 사리에 맞고 빈틈없는 것이라 신뢰할 만하다고 말할 때 쓸 수 있다. 조금 딱딱한 단어이기 때문에 캐주얼한 상황에는 어울리지 않는다.

1875	현역 사장이 말하는 체계적인 법인 영업으로 돈 버는 법
1876	체계적으로 입소문 내는 방법
1877	전직 IT 대기업의 시스템 엔지니어에 의한 체계적인 결혼 상담

≫≫ 경력 ○년의

다른 표현 족적, 공적, 업적, 증거, 실적

오랫동안 어떤 분야 일에 종사했다고 말하면 읽는 사람 입장에서는 안심이 된다. 분야 전문가가 양질의 서비스를 제공한다는 식의 카피 문장에 쓸 수 있다.

1878	경력 20년의 베테랑 마케터가 컨설팅해드립니다
1879	누적 7000건 이상의 상담 경력이 있는 카운슬러가 대기 중
1880	30년 경력의 전문가들이 시공합니다

이메일은 제목이 생명

당신은 광고성 이메일에 제목을 붙일 때, 세심한 것까지 신경 쓰고 있는가? 클릭하게 만들기 위해 어떤 아이디어를 쓰고 있는가? 흔히 하는 실수 중 하나가 단순히 내용을 요약하는 제목을 붙이는 것이다. 일반적으로 제목에는 '발신인 이름'과 '용건'을 꼭 넣는 것이 원칙이다. 즉 '누가 보낸 메일인가?', '용건은 무엇인가?'라는 질문에 미리 답해주는 것이라 할 수 있다.

하지만 이것만으로는 충분하지 않다. 하루에도 수십 통의 광고성 이메일이 쏟아지는 시대에 웬만한 메일은 바로 쓰레기통으로 직행하기 때문이다. 그러므로 받는 사람이 제목을 보는 순간, '나한테 이득이 되겠다' 혹은 '이건 재미있겠다'고 생각하게 만드는 한 문장을 꼭 넣어야 한다. 그렇지 않으면 클릭조차 하지 않을 확률이 높다. 이메일 내용이 아무리 훌륭해도, 고객에게 진짜 도움 되는 것이라고 해도 일단 클릭을 하지 않으면 아무 소용이 없다.

과거에 미국에서 다이렉트 편지가 주류였던 시대에도 마찬가지였다. 그때는 '얼마나 많은 사람들이 봉투를 열어볼 것인가'가 성공 여부를 결정했다. 봉투째 쓰레기통에 버려지는 경우가 비일비재했기 때문이다. 그래서 로버트 콜리어는 받은 사람이 봉투를 열어보게 하기 위해 온갖 궁리를 짜냈다. 그가 만든 기법 중 하나가 바로 '티저(teaser=애태우는 것)'라 불리는 테크닉이다. 지금은 광고에도 많이 사용하는 기법으로 어떤 상품인지 알려주지 않고 그저 궁금증만 유발하는 것이 바로 이 기법의 특징이다. 다이렉트 메일의 경우 겉봉투에 단순히 흥미를 유발하는 카피 한 줄이나 이미지만 살짝 노출하는 방식을 썼다. 이메일의 경우에는 제목 한 줄이야말로 티저 역할을 수행한다. 그러므로 '이메일은 제목이 생명'이라고 말해도 과언이 아닐 것이다.

권위에 기대기

병원에서 감기에 걸린 환자에게 하얀 가루약을 처방했는데, 사실 그것은 감기약이 아니라 밀가루였다. 하얀 가운을 입은 의사가 '목 통증에 잘 듣는 약이에요'라고 말하면서 처방했다. 그러자 신기하게도 어느 정도 효과가 있었다고 한다. 이것은 우리가 잘 알고 있는 '플라시보 효과'다.

고객의 신뢰를 얻으려면 '파는 사람의 의견'보다 '제삼자의 의견'이 더 중요하다고 앞서 이야기한 바 있지만, 이제 좀 다른 상황에 대해 생각해보자. 만약, 치즈케이크를 권한 사람이 그냥 가게 점원이 아니라, 지역에서 유명한 파티시에였다면 어땠을까? 그 파티시에가 추천한 것을 사고 싶지 않을까?

이 두 가지 예에서 공통점은 바로 의사, 유명 파티시에라는 '권위' 있는 존재들의 추천이다. 사람들은 그 분야에서 유명한 사람, 전문가들이 권하는 것이라면 믿고 구매하는 경향이 있다. 똑같은 말도 누가 하느냐에 따라 반응이 180도 달라지는 경우가 많다. 이러한 대중 심리를 이용하기 위해 광고에서는 '○○ 프로 선수가 사용', '○○ 씨(연예인)가 사용하고 있다' 같은 카피를 많이 사용한다. 카피에 권위 있는 개인이나 단체를 사용하면 이렇듯 설득력을 높일 수 있다.

≫ **(프로)가 반드시 하는

다른 표현 **가 절대 빠트리지 않는, **가 이것만은 확보하는

권위 있는 직업이나 유명인의 이름을 넣어서 설득력을 높이는 카피다. '프로가 반드시 하는' 것만 똑같이 따라 한다면 나도 할 수 있을 것 같다는 기대감을 갖게 된다.

1881	의사가 감기 초기에 반드시 행하는 응급 처치
1882	유능한 변호사가 법정에 나가기 전에 반드시 하는 준비
1883	승무원이 비행 때 반드시 챙겨 가는 편리한 아이템 베스트 3

≫ **인증(공인)

다른 표현 **가 인정한, **절찬, **추천

인증한 단체가 유명하다면 매우 강력한 카피가 되고, 반대로 무명이라면 그다지 효과는 기대할 수 없다. '세계가 인정한'이라는 말처럼 조금 추상적이라면, 다양한 상황에서 사용할 수 있다. 또는 '** 씨의 추천'처럼 인물을 제시하는 것도 가능하다.

1884	국가 공인 자격증의 모든 것
1885	BMW가 인증한 중고차(BMW)
1886	미슐랭이 인정한 레스토랑

⟫⟫⟫ **(권위)가 선택한

다른 표현 **셀렉트, **가 애용하는, **도 감탄한

어떤 권위자로부터 좋은 평가를 얻고 있는 경우, 그 점을 어필하면 효과적인 카피를 만들 수 있다. 외과의사나 헤어디자이너 등의 전문 직업인이 선택했기 때문에 그만큼 기술력이 확실하다는 생각이 들기 때문이다.

1887	외과의사가 선택한 외과의사
1888	프로 주식 투자자가 선택한 앞으로 3년 안에 주가 상승이 기대되는 종목 10
1889	프랑스의 일류 레스토랑 셰프 3명 중 1명이 선택한 주방 식칼

⟫⟫⟫ **애용

다른 표현 애호, **가 사랑한, 사랑해 마지않는

카피를 쓰기 전에는 그 상품을 유명인이나 유명 단체에서 사용하고 있는지를 정확하게 파악하는 것이 중요하다. 1892처럼 유명인이 아니더라도, 특정 직업군이나 같은 업계 사람들을 넣어도 설득력 있는 카피가 된다.

1890	전 세계 셀럽이 애용하는 하이주얼리 브랜드
1891	올 여름 파트너는 이것! 에디터가 애용하는 스테디백 (보그걸, 2019년 7월)
1892	문구 회사 직원들이 회사에서 애용하는 고급 볼펜

⟫⟫⟫ **납품용

다른 표현 **도 빠져 있는, **도 **했다

원래는 왕실이나 정부에 납품하는 지정 사업자를 가리키는 말이다. 실제로는 '애용'과 거의 같은 의미로 쓰인다. 그러한 유래로부터 '애용'보다는 조금 '어마어마한', '유서 깊은', '공식적으로 인정받은'이라는 분위기를 풍긴다.

1893	**호텔 납품용의 식재료 가게
1894	왕실 납품용. 벨기에서 직수입한 최고급 다크 초콜릿
1895	청와대 납품용 절임 배추

⟫⟫⟫ **는 이렇게 말합니다

다른 표현 **에 의하면, **도 말한 것처럼

제삼자의 말을 빌려서 주장을 뒷받침하는 표현이다. 앞에 들어가는 사람은 반드시 대중에게 인지도가 있으면서도 전문적인 지식이 있는 사람으로 넣어야 한다.

1896	스티브 잡스는 이렇게 말했다
1897	일론 머스크는 이렇게 말했다
1898	오프라 윈프리는 이렇게 말했다

≫ **만이 알고 있다

다른 표현 **만이 알고 있는, **가 말하려 하지 않는

비밀이나 비결이 있다는 뉘앙스로, 그 비밀을 알고 있는 사람에게 권위가 있어야 한다는 점이 포인트다. 반드시 유명인일 필요는 없고, 1899나 1900처럼 사람들이 선망하는 회사의 직원이거나 특정 직업군을 내세우면 된다.

1899	구글 직원만 알고 있는 단어 19개(비즈니스 인사이더 재팬, 2018년 1월)
1900	간호사만 알고 있는 심야 병원의 자초지종
1901	급성장하는 회사는 알고 있다!

≫ **(일인자)가 밝히는

다른 표현 **가 말하려 하지 않는, No.1 **가 밝히는

사람들은 '어떤 분야의 전문가에게는 경험과 지식에서 비롯된 비밀이나 비결이 있을 것이다'라고 생각한다. 만약 이런 비결을 이야기해준다고 하면 많은 사람들의 이목을 끌 수 있을 것이다.

1902	거장이 밝히는 앞으로 10년 투자 전망
1903	국립과학수사대 연구원이 밝히는 사건의 진실
1904	인플루언서가 밝히는 요즘 화제의 핫 스팟

≫ **는(은) 절대 하지 않는

다른 표현 하지 않는, 보통은 하지 않는

잘되는 사람, 성공한 사람이 절대 하지 않는다고 하면, 누구나 그것이 뭔지 궁금해할 것이다. 지금 자신의 방법이 잘못된 건 아닌지 확인하고 싶은 마음에 적중하는 카피다.

1905	부자들은 절대 쓰지 않는 5가지 언어 습관
1906	일이 빠른 사람은 절대로 하지 않는 업무 습관
1907	성공하는 사람들이 절대로 하지 않는 7가지

≫ **가 하고(쓰고) 있는

다른 표현 실행하는, 계속하는, **가 몰래 하는

잘되는 사람들에게는 공통점이 있다고 암시하는 표현이다. '이걸 모르니까 잘 안 되는 것일지도 몰라'라고 생각하게 만든다.

1908	성공하는 리더가 몰래 쓰고 있는 인재 관리 비법
1909	서울대에 합격한 아이들이 초등학생 때부터 하고 있는 공부법
1910	근무 시간은 짧은데 매출은 해마다 늘어나는 회사가 쓰고 있는 특별한 규칙

안심시키기

앞에서도 소개한 인간의 심리 패턴이지만 사람은 얻는 것보다 손해 보는 것을 더 싫어한다.

이와 관련된 심리 실험 하나를 더 소개해보려고 한다.

어떤 학교에서 절반의 학생에게만 학교 마크가 새겨진 머그컵을 나눠주었다. 컵을 받지 못한 나머지 절반의 학생들에게도 그 머그컵을 찬찬히 살펴보게 했다. 얼마 후, 머그컵을 받은 학생들에게 그 컵을 받지 못한 나머지 학생들에게 팔라고 지시했다. 받지 못한 나머지 학생들에게도 마찬가지로 사라고 지시했음은 물론이다. 이때 양쪽에게 '얼마면 팔고, 얼마면 사겠는가?'를 조사해봤다. 결과를 보니 파는 사람 입장의 평균 가격은 5.25달러, 사는 사람 입장의 평균 가격은 2.75달러였다. 즉 거의 두 배의 차이가 났던 것이다(『승자의 저주(The Winner's Curse)』 리처드 H. 탈러, 이음, 2007).

이 심리 실험은 새로운 것을 갖는 것보다 이미 갖고 있는 것을 잃는 것에 더 큰 고통을 느끼는 인간의 '손실 회피 편향'을 잘 설명해준다. 여기서는 이 심리를 역이용해서 '손해 보는 게 아니에요'라고 말해주는 카피를 소개해보겠다. '맘에 들지 않으면 환불해드릴게요', '이 물건을 사도 당신이 손해 볼 게 없어요'라고 말하는 것이 대표적인데 이렇게 미리 리스크를 제거한 상태에서 고객을 안심시키는 것을 '리스크 리버설(risk reversal)'이라고 부른다.

≫ 일절

다른 표현 전혀, 완전, 이게 전부, 전액

부정적인 말과 세트로 쓰이는데 '전혀'라는 뜻이다. '절대 손해 볼 게 없다'는 걸 알리는 카피로, 상품에 대한 자신감을 보여주면서 읽는 사람의 불안한 마음을 없애준다.

1911	샘플 신청 기간에는 5000원 이외의 요금은 일절 발생하지 않습니다
1912	자료를 신청하셔도 구입 의무는 일절 없습니다
1913	할부 수수료, 배송료, 일절 무료

≫ 환불

다른 표현 반품, 반환 보장

'마음에 들지 않으면 환불해드립니다'는 가장 인기 있는 리스크 리버설(사는 사람의 리스크를 파는 사람이 부담하는)이다. 특히 온라인 쇼핑에서 환불 보장 카피는 구매율을 크게 높여주는 요인이다.

1914	만족이 안 되시면 전액 환불해드립니다
1915	실제로 사용해보시고 아니다 싶으시면, 이메일 한 통으로 전액 환불해드립니다.
1916	이유 불문하고 환불해드립니다

⫸ 요금은 받지 않습니다

다른 표현 환불해드립니다. 대금은 돌려드립니다

결과적으로 환불과 같지만, 아예 돈을 내지 않아도 된다고 말하기 때문에 더 강력한 카피다. 약간 변형된 카피로, 약속을 지키지 못한다면 파는 사람이 패널티를 지불하겠다고 공언하는 것도 있다. 또 추가 요금은 필요 없다고 하는 형태도 있다.

1917	만약 성과가 나오지 않는다면, 요금은 받지 않습니다
1918	만약 5일 안에 공사를 완성하지 못한다면, 하루당 3만 원을 지불하겠습니다
1919	프로젝터 등 비품 이용 요금은 받지 않습니다

⫸ 후결제(후불)

다른 표현 나중에 결제, 입금, 이체, 페이먼트

보통의 경우 매장에서 물건을 살 때는 결제를 하자마자 상품을 받지만 온라인 쇼핑의 경우 상품을 직접 보지 못한 상태에서 결제를 하게 되는데, 이때 후불이라고 말해주면 사는 사람 입장에서는 불안한 마음이 가시게 된다.

1920	상품 도착 후 10일 이내에 결제하시면 됩니다
1921	선구매 후결제 서비스를 도입합니다
1922	30일간 실제로 상품을 사용해보시고, 그 후에 결제하세요

⫸ 보증

다른 표현 **을 약속, 개런티

대표적인 사용법으로는 전자제품에 대한 품질 보증이 있다. 표준 보증 기간으로 가장 많은 것은 1년이다. 보증 기간이 길수록 고객에게 믿음을 줄 수는 있지만, 그만큼 리스크도 높아진다. 이 외에도 최저가를 약속하는 '최저 가격 보증' 등으로 사용할 수 있다.

1923	지금 구매하면 무상 보증 기간 3년 연장
1924	품질 보증 기간 최대 10년!
1925	업계 최저 가격 보증 상품

⫸ 후회하지 않을**

다른 표현 손해 보지 않습니다, 실망시키지 않습니다

물건을 구매한 후 '아, 사지 말걸 그랬어' 하고 후회하는 일은 종종 있다. 이를 마케팅 용어로는 '바이어즈 리모스(buyer's remorse: 구매자의 후회)'라고 한다. 이 카피는 괜히 샀다가 후회하게 될까 봐 걱정하는 마음을 달래주기 때문에 효과가 좋다.

1926	저의 제안에 넘어오셔도 절대 후회하지 않으실 거예요
1927	맛에 대한 정평 있는 가게. 절대 후회하지 않을 맛!
1928	후회하지 않을 최고의 공연, 티켓 오픈!

≫ 무조건 당첨(드립니다)

다른 표현 꼭 받을 수 있는, 빠짐없이 **를 받을 수 있는

몇 명만 추첨해서 상품을 주는 이벤트에는 당첨되기 힘들기 때문에 크게 매력을 느낄 수가 없다. 하지만 가입이나 참가만 하면 무조건 당첨되는 이벤트는 강력한 동기부여가 된다. 단 당연한 말이지만 필요 없는 물건을 선물로 주면 안 된다.

1929	10개 구입하시면 무조건 사은품을 드립니다
1930	무조건 당첨 이벤트! 참가하시는 모든 분께 무료 담요 증정
1931	스탬프를 10개 모으시면, 특제 파스타오일을 무조건 드립니다

≫ 노마진

다른 표현 타당한, 이득인, 이런 가격, 가성비 좋은

'가격이 싸다'고 말하는 카피 중 가장 강력한 것으로 '어디를 가도 이 가격으로는 살 수 없다'는 것을 암시한다. 싼 물건을 비싸게 살까 봐 걱정하는 고객 입장에서는 안심이 되는 카피 단어다.

1932	3주년 기념. 감사의 마음을 담아 15분께 노마진으로 최고급 로제와인 판매
1933	노마진 오피스 용품점
1934	반려동물 용품 노마진 대방출

 # 전문용어는 써야 할까, 말아야 할까

빨래집게 같은 도구로 손가락을 집어서 혈액 중의 산소 밀도를 측정하는 기기가 있다. 그렇게 측정한 산소 밀도를 '세츄레이션(saturation)'이라고 부른다고 한다. 만약 당신이 홍보할 물건이 병원과 관계가 있고, 타깃이 의사나 간호사라면, 이 단어를 그대로 사용해도 문제가 없다. 오히려 '제대로 아는 사람이다'라는 신뢰감을 줄 것이다. 하지만 병원에 온 환자가 이 단어를 본다면 무슨 뜻인지 모를 것이다.

기본적으로 카피는 '읽는 사람의 머릿속에 들어 있는 단어'를 사용하는 것이 원칙이다. 카피를 쓰는 사람은 이 사실을 잘 알고 있으면서도 종종 '자기 머릿속에만 있는 단어'를 늘어놓는 우를 범하곤 한다.

그러므로 어떤 전문용어를 써야 하는 상황이라면 그 단어가 타깃에게 친숙한 단어인지 아닌지를 먼저 생각해보자. 만약 타깃에게 생소한 단어지만 꼭 사용해야 할 필요가 있다면 보충 설명을 제대로 해줘야 한다. 만약 타깃이 이미 다 알고 있는데 설명이 달려 있다면 오히려 반감을 사게 될 수도 있다. 그러므로 어떤 단어를 쓰든, 그것이 '읽는 사람의 머릿속에 들어 있는지, 그렇지 않은지'를 먼저 잘 생각해보는 것이 중요하다.

분위기 끌어올리기

지금부터 소개하는 것은 분위기를 띄우는 카피들이다. '슈퍼', '최강의', '대단한' 같은 단어를 보면 알 수 있지만, 말 자체에 큰 의미가 있다기보다는 '양념' 역할을 하는 것들이다.

평범하고 클리셰 같은 문장이라도 이런 양념 역할의 단어가 하나 들어가면 읽는 사람의 주의를 끌 수 있다. 예를 들면, '화이트'를 내세우는 세제나 치약 같은 제품에 '슈퍼 화이트'라는 단어를 쓰면 더욱 특별한 청량감이 느껴진다.

다만 이런 단어를 쓸 때는 과잉하지 않도록 주의해야 한다.

양념을 너무 많이 쓰면 재료의 맛을 죽이고 맛이 없어지는 것처럼, 여기 소개하는 단어도 포인트로 한 번 사용해야지 남발하면 오히려 역효과를 낸다는 것을 명심해야 할 것이다.

≫ 단연코 톱

다른 표현 몹시 뛰어난, 뛰어넘은, 따라 할 수 없는

다른 경쟁 상품들과 비교가 되지 않을 정도로 좋다는 것을 나타내는 단어로 자신감이 느껴진다. 비슷한 제품이 쏟아지는 상황에서 무엇을 골라야 할지 힘들어하는 사람들에게 고민을 해소해주는 카피다.

1935	단연코 톱인 라면집. 테이블마다 세심한 배려가 보인다
1936	사용하면 알게 된다! 효과가 단연코 톱!
1937	단연코 톱인 인기 No.1 메뉴

≫ 궁극의

다른 표현 최고의, 천하제일의, 최고의 ★★

'갈 때까지 가봤다', '최고다'라는 뜻이다. 실제로는 '매우 우수하다' 정도의 뉘앙스로 쓰이는 경우도 많다. 1940처럼 음식과 조합해서 쓰면 '타협하지 않고, 철저하게 고품질을 추구한'이라는 느낌을 줄 수 있다.

1938	궁극의 로맨스 패키지(리츠칼튼)
1939	서울의 아름다움을 느낄 수 있는 궁극의 걷기 여행 코스
1940	프렌치 레스토랑의 주인도 감탄하는 궁극의 떡볶이

≫ 최강의

다른 표현 유례없는, 비교 대상이 없는, 발군의

원래는 '가장 강하다'라는 뜻인데 광고 등에서 실제로 쓸 때는, '매우 우수하다', '매우 편리하다' 등의 폭넓은 의미로 통한다. '최고의'와 같은 뜻이지만 '최강의'는 훨씬 더 구어적이면서 강하게 느껴진다.

1941	2020년 세계 최강의 브랜드는?
1942	Mac 사상 최강의 퍼포먼스(애플)
1943	최강의 설득 심리학

≫ 대단한

다른 표현 압도적인, 훌륭한, 엄청난, 장난 아닌

흔한 말이기는 하지만, 뒤에 오는 단어에 강력한 인상을 부여한다. 대체로 구어체 문장에서 정말 놀랐을 때 쓰는 단어이기 때문에 객관성이 필요한 상황보다는 '감정'을 전달할 때 효과를 발휘한다.

1944	드론 시장의 대단한 가능성
1945	듣기 능력을 비약적으로 성장시키는 대단한 영어 학습법
1946	우리의 일상 속 대단한 물건들

≫ 슈퍼

다른 표현 초, 대규모, 그레이트, 울트라, 익스트림

원래 대단한 뭔가에 슈퍼라는 단어를 중복해서 붙이면 더더욱 대단한 느낌을 연출할 수 있다. 여기에 울트라까지 붙여서 '슈퍼 울트라'라고 사용하면 세 배나 더 강력하다는 것을 과장해서 표현하는 카피를 만들 수 있다.

1947	슈퍼 스마트 쇼핑으로 안내합니다
1948	슈퍼 울트라급 노트북 세일
1949	6개월에 한 번 하는 슈퍼 세일, 20일까지 실시

≫ 중독되다

다른 표현 습관이 되다, 빠지다, 홀딱 반하다, 가슴을 애태우다

무언가에 열중하게 된다는 의미로, 어딘가 병적인 정도로 빠져 있다는 느낌을 풍긴다. 주로 식품에 쓰이는 경우가 많지만, 1952처럼 먹을 수 없는 것에 쓰는 경우도 있다. '빠지다'라는 표현은 음식 이외에도 취미나 오락 등 다양한 것에 쓰인다.

1950	여름 피로에 최고의 디저트! 식혜 파르페에 중독되다
1951	엄청 맵지만, 한번 먹으면 중독되는 매운맛 소시지
1952	한 번 신으면 중독되는 편안함

≫ 월등한

'이것보다 위가 없다, 빼어나다, 최상급이다'라는 뜻이다. 왠지 모르게 기운이 느껴지는 말이다.

1953　심플한 한식 메뉴를 월등하게 보이게 하는 플레이팅 요령

1954　빡빡함 제로. 월등히 맛있는 쌀가루 빵

1955　바로 옆에서 공연을 듣는 듯한, 월등한 사운드

≫ 위험한

'위험한'은 최근 들어 긍정적 의미로 많이 쓰이고 있다. 원래는 '곤란하다'라는 뜻이지만, 카피로 사용할 때는 '대단하다', '흥분될 정도로 좋다'라는 문맥으로 곧잘 쓰인다.

1956　『위험한 심리학』(송형석. 2018. 알에이치코리아)

1957　『책 읽는 여자는 위험하다』(슈테판 볼만. 웅진지식하우스. 2012)

1958　한번 먹으면 중독될 만큼 위험한, 바로 그 특제 탕수육

≫ 엄청

정도가 큰 것을 나타낸다. 뒤에 오는 말이 무엇인지에 따라서, '심하다'라는 부정적인 의미와 '대단하다'라는 긍정적인 의미로 나뉜다. 일상 속에서 자주 쓰는 단어이기 때문에 격식을 차리는 문장과는 어울리지 않는다.

1959　엄청난 해물 요리로 유명한 맛집

1960　엄청 즐거운, 신입생 대상 배드민턴 교실

1961　설 선물세트 사전 예약, 엄청난 이득!

≫ 제대로

'마지막의 마지막까지' 혹은 '철저하게'라는 뜻으로 쓰이는 표현이다. 뭔가 철두철미하게 신경 쓴 제품을 원하는 고객의 마음에 어필하는 단어다.

1962　치과의사가 제대로 만든 치약

1963　엄청 맵지만, 한번 먹으면 중독되는 매운맛 소시지

1964　태국의 맛을 제대로 살린 똠양꿍

≫ 갓god(신神)

'훌륭하다, 믿을 수 없다'라는 감동을 '신'에 비유하여 표현하는 단어로 최근 많이 사용하고 있다. 대단히 캐주얼한 표현이다. 갓연아, 갓정국, 갓세리 등 유명인의 이름에 붙이거나, 갓명곡, 갓무대, 갓게임 등 인터넷상에서는 다방면으로 활발히 쓰이고 있다.

1965	이것이 바로 갓게임
1966	신들린 요리집
1967	몇 번이나 보고 싶어지는 유튜브 갓영상 15

≫ 폭발

솟구치는 듯한 느낌을 잘 전달하는 카피 단어다. 급격하게 변화하는 모습을 표현하고 싶을 때 쓸 수 있다. 거의 모든 경우 '정말 대단하다'라는 의미로 통한다.

1968	귀여움 폭발하는 애견 미용숍
1969	이거 하나 있으면 캠핑장에서 분위기 폭발!
1970	SNS에서 폭발적 인기를 자랑하는 블로거 추천의 스마트폰 케이스

≫ 강렬

'매우 강하다'라는 뉘앙스를 강조할 때 쓸 수 있다. 강한 인상을 남기는 단어이기 때문에 사용할 수 있는 상황이 한정된다. '그 아티스트는 개성이 있다'라고 하면 무난하지만, '그 아티스트는 강렬한 개성이 있다'고 하면, 약간 위험하고 걱정된다는 뜻도 들어 있기 때문에 주의해서 써야 한다.

1971	강렬한 색채의 향연. 앙리 마티스 특별전
1972	1분 안에 강렬한 임팩트를 주는 자기소개 멘트
1973	강렬한 직사광선으로부터 아기 피부를 지키는 유모차용 양산

≫ 필살기

부드럽지 않은 말이지만, '강력한 효과가 있다', '결정적인 수단이다'라는 것을 표현하고 싶을 때 적합한 단어다. 또한 '극적인 효과를 올리는 수단'이 있다고 말해주기 때문에 해결책을 찾고 있는 사람에게는 혹할 수 있다.

1974	유저를 잡고 놓주지 않는! 어느 크리에이터의 장난기 가득한 웹디자인 필살기
1975	잘 지워지지 않는 얼룩에 요긴한 필살기 아이템 5
1976	회사 생활 필살기, 이것만 지키면 힘들지 않다

≫ 메가

메모리 용량을 나타내는 단위로서 친숙한 표현이다. 카피로 사용할 때는 데이터 용량과는 상관없이, '매우 크다'는 뉘앙스로 쓰일 때가 많다. 앞으로는 '테라'나 '페타(peta)', '엑사(exa)'가 나올 수도 있다.

1977	보통 사이즈의 2.5배 크기. 메가 돈까스
1978	반도체 산업의 비전과 메가 트렌드
1979	기가 텐동에는 새우가 자그만치 10개

≫ 초超

다른 표현 울트라, 진정, 뛰어난

명사 앞에 '초'를 붙이는 것만으로 파워풀한 느낌이 든다. 1980이나 1981처럼, 일반적으로 널리 쓰이는 명사에 '초'를 붙이면 약간 긴장을 불러일으키는 문장이 탄생한다.

1980	초스피드 인터넷, 바로 가입하세요
1981	『초집중력』(멘탈리스트 다이고, 글로세움, 2020)
1982	완소템, 희귀템을 초득템할 기회!

≫ 폭풍

다른 표현 격(激), 다이너마이트, 호쾌한

정도의 크기를 강조하고 싶을 때 효과적인 단어다. 폭소, 폭음 등 일상적으로 쓰이는 표현뿐만 아니라, 폭풍 구매, 폭풍 인상, 폭풍 증가, 폭풍 속도, 폭풍 판매 등 다양한 단어와의 조합이 가능하기 때문에 융통성 있게 쓸 수 있다.

1983	소문의 마파두부. 이 맛은 매운맛? 아니면 폭풍 매운맛?
1984	일을 '폭풍 속도로 끝내는 사람'은 무엇을 하고 있는가 (동양경제 온라인, 2018년 2월)
1985	앞으로 3개월간 폭풍 상승을 기대할 만한 10가지 주식 종목

≫ 자이언트(점보)

다른 표현 거대, 거인, 킹사이즈

자이언트와 점보 모두 '아주 거대하다'는 것을 표현하는 단어다. '자이언트 바바'라는 유명 프로레슬러도 있는데, 이름만으로도 '아주 크다'는 느낌이 잘 전달된다.

1986	모노그램 자이언트 컬렉션(루이비통)
1987	자이언트 펭수(EBS)
1988	우리 가게만의 점보 사이즈 새우튀김

≫ 메가톤급

다른 표현 빅, 거대한

이 단어 역시 '아주 크다'는 것을 나타내는데 구체적인 사물뿐 아니라 추상적인 사건 등등에도 사용할 수 있다는 점에서 훨씬 더 범위가 넓다고 할 수 있다.

1989	앞으로 TV는 메가톤급 시대, 당신의 집을 영화관으로!
1990	곧 메가톤급 호재가 터집니다!
1991	대식가도 고군분투하는 메가톤급 메뉴 특집

≫ 미친

다른 표현 광기의, 크레이지, 비상식적인, 있을 수 없는

원래 부정적인 단어지만, 보통과는 달리 '상상을 뛰어넘는'이라는 뜻으로 통할 때는 긍정적으로 쓸 수 있다. 보통의 방식과는 다르다는 느낌을 풍기기 때문에 그 '차이'가 무엇인지 궁금하게 만든다.

1992	『미쳐야 미친다』(정민, 푸른역사, 2004)
1993	미친 시대를 돌파하는 미친 독서법(『바보가 될 정도로 책을 읽어라』)
1994	'빨간 차' 금지 룰을 바꾼 것은 누구? 미친 위인전(포브스 재팬, 2019년 5월)

≫ 가득한

다른 표현 특집, ＊＊투성이의

종류와 양이 많은 정보가 들어 있는 잡지처럼 뭔가 알알이 차 있다는 것을 알릴 때 쓰는 카피 단어다. '무언가가 많이 들어 있다'라는 상태를 폭넓게 나타낸다.

1995	다른 곳에서는 들을 수 없는 성공 비결로 가득한 인터뷰집
1996	실용성으로 가득한 스마트 워치, 12월에 출시!
1997	개발 호재로 가득한 부동산 가이드

≫ 풍성한

다른 표현 푸짐한, 각양각색, 가지각색

'가득한'과 같은 뜻인데 '푸짐하다', '양이 박하지 않다'는 의미가 강하다. 음식 등에 자주 쓰이며 '많이'를 강조하는 표현으로서 다양한 상품에 쓸 수 있다.

1998	맛과 양이 풍성한 장어집
1999	설 맞이 풍성한 이벤트전
2000	20종류 이상의 싱싱한 해산물로 풍성한 해물찜 요리집

'단어의 힘'을 알게 되면 새로운 인생이 펼쳐진다

이런 세계가 있었다니!

이 책을 선택한 당신은 어떤 계기로 카피라이팅에 흥미를 갖게 되었는가? 어쩌면 지금도 뭔가를 팔기 위해, 어떤 카피를 써야 할지 고민하고 있을지도 모르겠다.

나의 경우는 우연이었다. 사실 나에게는 뇌성마비에 걸린 아이가 있는데 아내 혼자 그 아이를 돌보고 있는 상황이 나를 힘들게 했다. 계속 나 혼자 회사에 다니면서 아내에게만 모든 짐을 맡기는 것에 부담을 느낀 나는 결국 회사를 그만두기 위해 집에서 할 수 있는 다른 일을 찾으려고 고군분투했다.

처음에는 파티시에, 그다음엔 마사지사가 되는 것을 진지하게 고민했고 그때는 마케팅이 뭔지, 카피라이터가 뭔지 알지도 못했다.

그러던 어느 날 나는 우연히 간다 마사노리 씨가 쓴 책『금단의 세일즈 카피라이팅』을 읽게 되었는데 그 안에 나오는 다음 문장에 충격을 받고 제2의 인생을 살아보겠다고 결심했다.

'여기서 내가 말하고 싶은 것은….

단순히 카피를 쓰는 노하우가 아니다.

카피라이팅이라는 기술은,

불타는 들판에 서 있어도,

종이와 펜만 있으면 다시 일어날 수 있는 힘이다.'

모든 것을 잃은 상황, 희망이 보이지 않는 상황에서도

카피를 쓰는 기술만 알고 있으면, 다시 일어날 수 있는 힘을 얻을 수 있다니, 너무나 신기하다고 느꼈다. 그런데 나의 이런 느낌을 똑같이 표현해주는 다음과 같은 문장이 있었다.

'카피라이팅이라는 말을 들어본 적이 없는 사람이

일단 이 분야에 발을 들이면 공통적으로 하는 말이 있다.

그것은 바로 "이런 세계가 있었다니!!!!!!!!!!"라는 것이다.'

정말로 이 말 그대로였다. 나는 그 책을 읽고 나서 무릎을 치며 '세상에, 이런 세계가 있었다니!!!!!!!!!!!'라는 말을 연신 내뱉고 있었던 것이다. 만약 당신도 이 책을 계기로 카피라이팅이라는 세계를 처음 알게 되었다면 분명 나처럼 저렇게 이야기했을 것이다.

불타는 들판에서도 다시 일어날 수 있는 힘

이렇게 카피라이팅의 세계를 알게 된 후, 그 전까지 회사에서 썼던 기획서나 사내 자료 등등에도 이 기술을 활용할 수 있다는 걸 점점 더 깨닫게 되었다.

그러면서 '사람의 마음을 움직이는 문장은 이러한 원리로 탄생했던 거구나' 하고 납득하는 일이 많아졌다. 문학을 전공한 후 철강회사에 입사해서 약 30년 동안 영업과 기획 업무를 했는데, 카피라이팅 기술을 공부하고 익히게 되자 모든 업무가 더 능숙해졌다. 또 그와 동시에 '물건이 팔리는 매커니즘'이 뭔지 터득하게 되자 일에 자신감이 붙었다.

정말로 불타는 들판에 서 있어도 처음부터 다시 일어설 수 있다는 생각이 들었던 것이다.

당신이 지금 어떤 일을 하고 있는지, 어떤 상황인지 모르지만, '언어의 힘'을 갈고닦는 것은 당신의 인생에 어떤 형태로든 큰 도움을 줄 것이다. 아니 어쩌면 그 힘이 당신의 인생을 크게 바꿔놓을지도 모를 일이다.

카피라이팅의 묘미는 파는 사람과 사는 사람 모두가 원하는 것을 얻고 행복해질 수 있다는 것이다. 파는 사람은 자신만의 유니크한 재능이나 아이디어를 팔 수 있으니 행복해지고, 사는 사람은 자신의 고민을 해결하거나 원하는 것을 이룰 수 있기 때문에 행복해진다. 이것이 바로 카피라이팅 기술을 배우고 써먹을 때 느낄 수 있는 또 다른 매력이다.

언어의 힘으로 미래를 개척하다

카피라이팅을 공부하고 또 간다 마사노리 씨와 함께 일을 하게 되면서 정말 많은 것을 배우게 되었다. 초반에는 그가 대충 써놓은 아이디어를 내가 랜딩 페이지에 올리고, 문장으로 만들어진 것을 보고 다시 아이디어를 짜내고, 때로는 상품 그 자체를 바꾸기도 했다.

나의 경우는 주로 재택근무를 했기 때문에 하루에도 몇 시간씩 그와 일대일 화상 회의를 하면서 수많은 아이디어를 주고받았다. 그런 과정에서 사람의 마음에 꽂히는 문장에는 일정한 패턴이 있다는 걸 알게 되었다. 그 패턴을 일목요연하게 정리해서 많은 사람들과 공유하고 싶은 마음이 들었던 것이 이 책의 시작이었다.

이 책을 만드는 과정에서 SB크리에이티브의 편집자인 스기타 모토무 씨에게 많은 조언을 받았다. '좋은 책을 만들고 싶다'는 그의 열정 덕분에 멋진 단어의 세계를 전달할 수 있게 되었다. 너무나 감사하다. 또한 표지를 맡아주신 북디자이너 이노우에 신파치 씨에게도 진심으로 감사의 말씀을 전하고 싶다.

그리고 집필의 기회를 주신 간다 마사노리 씨, 언제나 지지해주는 가족과 알마 크리에이션의 훌륭한 동료들, 그곳에 모여 배우고 있는 분들, 퇴직 후에도 응원해주고 있는 많은 관계자분들에게도 이 자리를 빌려 깊은 감사의 말씀을 전한다.

카피라이팅 기술은 학교나 직장에서 가르쳐주는 것이 아니기 때문에 잘 모르고 있었을 뿐, 조금 배우기만 하면 누구나 사용할 수 있다. 어쩌면 다른 기술보다 더 쉽게 배울 수 있는 것일 수도 있다. 그럼에도 카피라이팅 기술을 아는 사람은 의외로 소수다.

그러므로 이 책에 나오는 카피 단어를 보면서 조금만 기술을 연마한다면 분명 당신의 인생에 변화가 시작될 것이다. 만약 언젠가 어딘가에서 이 책을 읽은 당신을 만나게 된다면 어떻게 해서 인생이 바뀌었는지 꼭 알려주기를 바란다.

기누타 준이치

PS

여러분, 이 글에도 **PASONA** 법칙이 들어가 있는 걸 눈치채셨나요?

P - 당신이 지금 고민하고 있는 상황.

A - 힘들었던 나의 인생, 카피라이팅의 세계를 알게 된 계기.

S - 카피라이팅 기술은 당신의 인생에 플러스가 된다.

O - 카피라이팅 기술은 익히기만 하면 누구나 배울 수 있다.

N - 하지만 아직 소수의 사람만 그 기술을 알고 있다.

A - 열심히 카피라이팅 기술을 연마해서 인생이 바뀐 이야기를 들려주세요.

1판 1쇄 발행 | 2021년 3월 22일
1판 14쇄 발행 | 2024년 5월 10일

지은이 | 간다 마사노리, 기누타 준이치
옮긴이 | 이주희
발행인 | 김태웅
기획편집 | 정상미, 엄초롱
디자인 | design PIN
마케팅 총괄 | 김철영
마케팅 | 서재욱, 오승수
온라인 마케팅 | 김도연
인터넷 관리 | 김상규
제 작 | 현대순
총 무 | 윤선미, 안서현, 지이슬
관 리 | 김훈희, 이국희, 김승훈, 최국호

발행처 | (주)동양북스
등 록 | 제2014-000055호
주 소 | 서울시 마포구 동교로22길 14 (04030)
구입 문의 | 전화 (02)337-1737 팩스 (02)334-6624
내용 문의 | 전화 (02)337-1739 이메일 dymg98@naver.com
네이버포스트 | post.naver.com/dymg98
인스타그램 | @shelter_dybook

ISBN 979-11-5768-695-7 03190

＊이 책은 저작권법에 의해 보호받는 저작물이므로 무단 전재와 무단 복제를 금합니다.
＊잘못된 책은 구입처에서 교환해드립니다.
＊(주)동양북스에서는 소중한 원고, 새로운 기획을 기다리고 있습니다.
 http://www.dongyangbooks.com